JAKARE-OUASSOU,

LES TUPINAMBAS.

PARIS, IMPRIMERIE DE A BELIN,
rue des Mathurins St -J., n° 15

JAKARÉ-OUASSOU,

ou

LES TUPINAMBAS,

CHRONIQUE BRÉSILIENNE,

PAR

D. GAVET ET P. BOUCHER.

« Rien n'est beau que le vrai. »

PARIS,
TIMOTHÉE DEHAY, LIBRAIRE,
RUE NEUVE-DES-BEAUX-ARTS, N°. 9.
1830.

PRÉFACE.

Elle apparaît bien étonnante à notre vieille Europe, usée par une longue civilisation, cette vaste et mystérieuse Amérique, berceau ignoré de peuples qui n'ont laissé que quelques ossemens blanchis, poudreux, horribles; qui n'ont rien écrit sur eux-mêmes; qui sont nés sans se connaître; qui sont morts sans graver sur le marbre une seule pensée : le temps a dévoré jusqu'à leur souvenir dans la mémoire des hommes, au milieu des solitudes du Nouveau-Monde, où ils s'élevaient peut-être comme des géans *.

Ce peuple, effacé sans bruit de la liste des peuples, et qui laisse l'histoire muette, a disparu comme l'ouragan meurt peu à peu dans les gorges des montagnes, comme les derniers bruissemens de la brise du soir se perdent au loin, dans les savanes fleuries.

Suivez le cours de certains fleuves, soulevez cet amas de lianes, écartez ces grands arbres tombés de vieillesse : jadis pleins de santé et de vie, ils pourrissent maintenant dans la fange, où ils sont à moitié ensevelis. A travers ces forêts de ronces, creusez la terre; creusez-la : c'est un

* L'Amérique tout entière est réellement un pays mystérieux. Ces peuples dont nous parlons n'ont jamais été connus ; ils ne le seront probablement pas. On sait seulement que sur les bords de l'Ohio, et en d'autres lieux, on trouve des tombeaux singuliers qui renferment de singuliers ossemens. Parmi tous ces débris on croit reconnaître la physionomie de trois peuples différens, qui ont précédé les sauvages proprement dits au Nouveau-Monde.

sol mystérieux... Arrêtez! Voyez! Des tombeaux : — partout la mort! Des fondations, de grandes fondations, rongées par les ans : — une ville!... Des canaux, des fragmens d'armes singulières, des vases, des figures bizarres sur ces vases : — une civilisation!

Oh! puisque vous en avez le courage, redemandez à la tombe les hommes qui ont vécu dans les temps! Comme vous avide, le ver carnassier s'ouvrit ici un passage... : bien des jours se sont écoulés depuis.

Les siècles avaient scellé d'un profond oubli des cercueils perdus dans la boue des fleuves, sur le bord des lacs : eh bien! troublez le silence de ces lieux où les voiles impénétrables de la Providence étaient tendus comme un immense réseau : rien ne s'en est échappé..... Brisez la pierre du cercueil : qu'avez-vous vu? Des os, d'énormes os : — un peuple!!!

Ce sont là les secrets du désert, de ce désert qui fait jaillir l'inspiration de toutes parts, qui se pénètre d'harmonies, et qui s'assied sur un trône de lianes embaumées.

Comme il est noble dans ses tristesses! Comme il est beau dans toutes ses joies!

Qui n'aimerait ses pompes et ses voluptés si chastes, ses molles langueurs, sa fraîche parure de feuilles toujours vertes, de fleurs qui ne fanent point, et son vêtement de rosée!

Ah! c'est dans le Nouveau-Monde que le poëte peut étudier son art; c'est là que doit germer, bien forte et bien supérieure, sa pensée créatrice : il y trouve le gracieux à côté du sombre et de l'horrible; il est en face d'un tableau palpitant de vie, immense, majestueux, et brûlant de poésie; de grands souvenirs de tous genres l'environnent, l'électrisent, le tourmentent, et lui demandent des larmes, de longs tressaillemens, et les chants qui ne meurent point, les chants sublimes! Que le génie frissonne d'aise! qu'il fasse résonner les cordes d'une lyre nouvelle dans un monde nouveau! Rien d'usé, rien qui sente la lime européenne ne doit se faire entendre dans un pays de merveilles, où tout est neuf, où tout vit d'une sève de feu, où la pensée s'élève et s'agrandit libre, vierge, naïve et belle. L'Amérique ressemble-t-elle à notre continent? La poésie qu'elle révèle doit-elle ressembler à la poésie que l'on enseigne dans les livres? Non, elle est trop forte pour être applicable à tout, et indistinctement à tout, comme celle dont on trouve les règles fixées et reproduites depuis des siècles. Là où tout se montre étincelant de sublimes beautés, rayonnant des plus riches couleurs; là où des montagnes gigantesques s'élèvent roides, âpres, terribles, sur des gouffres dont les flancs ténébreux recellent je ne sais quelles eaux, rugissant entre des rocs, et d'où semblent sortir des voix qui font frémir; là où les forêts plient sur les forêts, où les lacs tombent dans les lacs, où les cascades bondissent dans les cascades; là, certes, pour exprimer ce que l'on sent, pour peindre ce que l'on voit, il ne faut point garotter la pensée : il faut un pinceau ge, hardi, neuf et audacieux, une touche vigoureuse et vraie. Si votre palette n'est point à vous, si vous imitez les hommes là où il n'y a d'autre imitation à chercher que celle de la nature, froid copiste, le désert vous renie, ce n'est point pour vous qu'il se revêt de magnificences et qu'il exhale des odeurs suaves : non, vous n'avez jamais compris ce que c'est qu'une forêt où la hache de vos peuples civilisés n'a pas fait crier les vieux troncs sur le bord des torrens ; vous n'avez pas compris ce que c'est qu'une hutte de sauvage, au milieu de cette forêt qui ne vous a rien inspiré ; allez chercher une ame, et vous reviendrez après vous égarer dans les labyrinthes frais et verts. Voyez : tout ce que votre souffle a touché, tout ce qui est sorti de vos mains après un pénible travail, est sec, inanimé, vide d'intérêt et d'idée ; nous ne voulons pas d'un cadavre, là où tout est plein de jeunesse et de vie. Faites une différence entre les hommes et entre les lieux ; nous ne voulons pas que l'Amérique vous inspire comme la France ou l'Italie. Oh ! qu'elle vous dise quelque chose de plus, cette belle Amérique avec sa longue chevelure de forêts vierges, ses races d'hommes éteintes sans avoir été connues, ses tribus sauvages que le glaive européen a dévorées lentement, ses masses de rochers suspendues aux abymes, ses mille parfums, ses fleuves, ses massifs, ses grands tapis de verdure, de pourpre et d'or, ses merveilles d'un sol qui a porté et englouti cent nations que nous nommons barbares, mais dont le courage nous étonnera toujours, dont nous avons à déplorer les malheurs, et dont le meurtre apparaîtra hideux aux âges qui naîtront, comme une vieille honte de l'Europe!

N'est-ce pas là, dans cette terre si féconde pour le génie, que l'inspiration s'empare d'un cœur de poète, le remue, et lui fait rendre des sons qui n'ont jamais été entendus? N'est-ce pas là que le grand livre de la nature s'ouvre éblouissant, et se déroule, page à page, aux pieds de l'Éternel?

Le Brésil est un beau pays que l'on connaît peu. L'un de nous l'a habité sept années. Il a parcouru les côtes et l'intérieur de cette contrée toute poétique, où l'âme se trouve si bien, et sur laquelle il est étonnant qu'on n'ait pas encore fait un ouvrage d'imagination : *Jakaré-Ouassou* est le premier :

Le sujet est historique.

Les caractères sont historiques.

Le style est historique.

Et à propos de style, ce serait ici le lieu de parler de nos longues discussions littéraires : on semble exiger aujourd'hui qu'en tête de chaque ouvrage chaque auteur fasse sa profession de foi, et brise une lance en faveur du classique ; ou bien que, sur son écusson, il grave des mots tels que ceux-ci : Liberté ! Enthousiasme ! Quant à nous, nous dirons naïvement, à ceux qui voudront bien nous lire, que nous n'avons pas écrit dans un système : nous avons toujours suivi l'inspiration. Si toute la nouvelle école est là, nous sommes romantiques. Croyant que l'enthousiasme est une chose belle et noble au cœur de l'homme, et convaincus que l'enthousiasme ne peut être l'imitation, nous n'avons pas imité.

S'il fallait absolument singer pour faire un livre, nous n'écririons pas une ligne. N'imitons personne, qu'on nous voie tels que nous sommes ; pourquoi des masques, quelque beaux qu'ils puissent être ? Nous avons tous un visage, montrons-le, qu'on nous connaisse : nous ne voulons pas être pris pour d'autres.

Et puis il s'agit d'être conséquens.

Nous voulons peindre une nature sauvage; or, ne croira-t-on pas que nous sommes des charlatans, si nous ne montrons pas des hommes différens des autres ? On dira que nous sommes restés à Paris, que nos amis seuls nous ont fait faire des milliers de lieues, et que, pour compléter la jonglerie, nous avons pris de pauvres Européens, auxquels nous avons percé les lèvres et les oreilles, que nous avons barbouillés de mille couleurs, et ornés d'une vaste ceinture de plumes; mais que cette plate contrefaçon du désert ne trompe personne, et que nos sauvages de circonstance, tels qu'on les improviserait pour un ballet d'Opéra, se trahissent par leur démarche et leur accent. — Non, en littérature point de tour de passe-passe: les habits des Européens couvrent mal l'homme des forêts; il faut que toutes ses formes s'accusent d'elles-mêmes; il faut montrer ses épaules à nu.

Nous aurions bien désiré que cet ouvrage ne fût qu'une suite de tableaux de mœurs, sous une forme dramatique, et ne pas être obligés de suivre *une intrigue*. Lorsqu'on a tant à dire, à peindre, à faire sentir, à penser, à *risquer*, il y a quelque chose d'aride et quelquefois de décourageant dans un cadre romanesque; nous dirons même qu'il y a du danger à rétrécir tout ce que les sauvages et la nature du Nouveau-Monde inspirent si profondément. Quoi qu'il en soit, *puisqu'il le faut*, nous avons fait une intrigue; et dès-lors que cela est nécessaire, nous avons tâché qu'elle eût aussi son cachet de nouveauté, de couleur locale, d'étrangeté.

DANIEL GAVET, PHILIPPE BOUCHER.

NOTICE.

NOTICE.

> L'Amérique, brillante de jeunesse, doit avoir des pensées neuves et énergiques comme elle . . . . .
> . . . .
> Dans ces belles contrées si favorisées de la nature, la pensée doit s'agrandir comme le spectacle qui lui est offert ; . . . .
> elle doit rester indépendante, et ne chercher son guide que dans l'observation.
>
> (FERDINAND DENIS, *Résumé de l'Histoire littéraire du Portugal et du Brésil.*)

Le Brésil[1], ce pays immense de l'Amérique du sud, découvert par le navigateur portugais *Cabral*[2], la dernière année du quinzième siècle, fut long-temps négligé. Les Lusitaniens, éblouis par les trésors que leur offraient les Indes orientales, théâtre de leurs triomphes, semblaient mépriser une contrée qui, au premier aspect, avait paru ne produire ni or ni argent; et plus de trente ans après sa découverte, aucun établissement sérieux ne s'élevait sur les côtes du Brésil. La métropole se contentait d'y envoyer, si l'on excepte quelques navires d'exploration, les plus grands scélérats du royaume et des femmes perdues; les vaisseaux qui transportaient ces êtres dégradés revenaient chargés de singes et de perroquets. Cependant le roi de Portugal Jean III divisa le Brésil en neuf *capitaineries* ou gouvernemens héréditaires; on les accordait aux nobles, ou *fidalgos*, les plus entreprenans et les plus ambitieux.

Quoique dévot et grand ami de l'inquisition, Jean III ne manquait pas de politique, car s'il récompensait un seigneur des services rendus à la couronne en lui accordant une capitainerie du Brésil, il se réservait aussi par le même moyen la facilité d'éloigner généreusement de sa personne ceux des fidalgos qu'il aurait pu redouter secrètement. Comment se plaindre d'un si brillant exil? Les nobles concessionnaires se trouvaient investis de presque tous les droits royaux; ils avaient sur leur territoire respectif une autorité absolue. Ainsi, le premier gouvernement établi au Brésil, au sein de la liberté, fut un gouvernement despotique Quoi de plus simple en effet? Les Européens étaient les plus forts, et les naturels qui occupaient les cinquante ou soixante lieues de terrain, accordées si largement à chacun de ces suzerains, n'étaient considérés que comme un vil troupeau de bétail; il était permis d'en faire des esclaves. De là une haine implacable entre les conquérans et les Brésiliens. Ces noms de maître et d'esclave étaient bien étranges dans cette partie de l'Amérique, et frappaient bien singulièrement l'oreille des peuples indigènes. Ces peuples belliqueux, qui offraient, comme on l'a dit, le contraste bizarre d'une grande férocité jointe à des mœurs souvent patriarchales, ne pouvaient guère nous comprendre.

Les seigneurs concessionnaires emmenaient ordinairement à leur suite quelques moines fanatiques qui bénissaient toutes leurs actions, et sanctionnaient tous leurs excès honteux.

Si les missions du Nouveau-Monde ont produit des hommes réellement dignes du nom de chrétiens, ils sont rares; ils ne se sont montrés que de loin en loin; mais enfin il y en eut de ces hommes vraiment religieux; ils surent échapper à la corruption de l'époque: les peuples sauvages les ont bénis.

La capitainerie de *Bahia* [3] (*la baie*), ou San-Salvador, s'étend jusqu'à la grande rivière de San-Francisco [4]. A l'est, l'Océan atlantique baigne ses côtes, et forme une baie* immense, en s'avançant vers l'intérieur des terres. Bahia est une contrée vaste et fertile; la nature y déploie toute sa magnificence; ce sont des bois d'orangers qui, au moindre vent, sem-

* Cette baie reçut du navigateur Cristovâo Jacques le nom de *Baie-de-tous-les-Saints*.

blent couvrir la terre de neige en laissant tomber leurs fleurs; aux rayons d'un beau soleil, le bananier courbe son bouquet d'or, non loin des mélastones et des convulvulus. Une odeur suave descend de la cime des arbres. L'Indien qui a traversé une forêt répand autour de lui les parfums de mille plantes : sa chevelure est embaumée, son haleine est fraiche et pure.

Si l'on approche des massifs que des plantes grimpantes environnent de toutes parts, et où le jaguar * se trouve souvent enfermé comme dans les rets du chasseur, on sent qu'une harmonie vague et délicieuse s'en exhale, et la nature parle tout entière à l'ame.

Quelquefois, brisée dans un orage, la branche d'un jacquier, qui porte des fruits plus gros que le melon, est poussée par le vent sur le jambeiro à la fleur pâle, ou sur un mélastone, et s'y ente [5] d'elle-même.

Le soleil laissant tomber dans l'épaisseur

* Le tigre du Brésil

des forêts quelques rayons brisés par le feuillage, jette çà et là des gerbes de feu qui se jouent avec les lianes.

Les premiers habitans de Bahia furent, dit-on, les *Quinnimuras*, que chassèrent les *Tapuyas*, forcés à leur tour de fuir devant les *Tupinaès*, accourus de l'intérieur; mais les redoutables *Tupinambas* [6], grande nation brésilienne de la fameuse race tupique [7], maîtres des deux rives du San-Francisco, fondirent sur les Tupinaès, les dispersèrent, et s'emparèrent totalement du *Reconcave*, nom qu'ils donnaient à la baie avec toutes ses criques; tranquilles possesseurs des bords de la mer et des vastes forêts qui l'avoisinent, ils se divisèrent en plusieurs hordes indépendantes les unes des autres. Toujours alliées lorsqu'il fallait marcher contre un ennemi commun, elles se combattaient quelquefois entre elles pour des injures particulières.

Les Tupinambas, dont les mœurs si bizarres, si extraordinaires, offrent à l'œil de l'observateur un tableau étonnant et curieux, sont, pour la plupart, des hommes robustes, bien faits et belliqueux. Leur jugement est naturellement sain et juste; ils aiment la vérité. Sans rougir d'avouer qu'ils se sont trompés, ils se rendent facilement à la raison. Spirituels et braves, ils l'emportent sur tous les naturels du Brésil. Leur visage a plus de noblesse que de grâce, leurs yeux sont noirs et animés, leur peau est cuivrée; ils se peignent le corps avec un grand nombre de couleurs, et ils font un usage habituel de l'huile de rocou. D'anciens voyageurs disent que toutes ces peintures ne les déparent point [*].

A l'exemple de presque toutes les tribus brésiliennes, les Tupinambas se percent la lèvre inférieure (et quelquefois les oreilles); ils introduisent ordinairement dans cette ouverture une coquille, une pierre ou simple-

[*] *Voy.* la lettre de *Vas de Camina* (traduite par M. Ferdinand Denis), écrite du Brésil, 1500, lors de sa découverte, au roi de Portugal Emmanuel.

ment un morceau de bois rond. Le Tupinambas, dont le nom signifie *brave*, se dit le fils de *Tupan*, ou du tonnerre; il reconnait deux principes, celui du bien*, un Grand-Esprit, auquel il ne rend aucune espèce de culte, et les Anhangas ou génies du mal, qui balancent le pouvoir du Grand-Esprit. Ils ont des espèces de jongleurs ou *devins*, nommés *piayes*; chaque piaye vit, dit-on, seul dans une grande case, éloignée de toutes les autres : sans son ordre, nul n'oserait y entrer. Les devins prédisent l'avenir à l'aide des songes; et, par leur intercession auprès des génies, ils savent positivement si la chasse sera bonne ou mauvaise, et si on fera beaucoup de prisonniers à la guerre. Ils ont la connaissance d'une grande quantité de simples qu'ils emploient avec succès pour les maladies, dans lesquelles ils font un usage assez fréquent de la saignée; ils savent aussi amener de fortes transpirations; mais c'est principalement le pouvoir qu'ils prétendent

* Il est probable que c'est *Tupan* lui-même.

exercer sur les êtres malfaisans qui attirent aux jongleurs une si grande vénération de la part d'un peuple qui ne craint rien tant que de se voir tourmenté par des esprits. Il serait trop long d'entrer dans tous les détails nécessaires pour démontrer toute l'influence des piayes sur des sauvages ignorans; contentons-nous de dire que si le jongleur prédit à un naturel sa fin prochaine, le malheureux Indien se couche tranquillement dans son hamac, qu'entourent ses parens et ses amis; alors son imagination s'exalte, le sang bouillonne dans ses veines, le délire s'empare de lui, et il ne tarde pas à accomplir la prédiction.

La seule autorité qui égale l'autorité des piayes est celle des vieillards, dont il n'est pas rare, disent plusieurs historiens, de voir la vie se prolonger au-delà de cent années. Rien ne saurait altérer le respect porté à ces vieillards : c'est une espèce de culte; les cheveux blancs ont toujours été bien puissans chez les peuples sauvages.

Les Tupinambas aiment beaucoup les combats : ils s'y préparent en se faisant de longs discours ; ils s'excitent en se donnant des coups sur les bras; lorsqu'ils marchent à l'ennemi, ils se choisissent des chefs de guerre. Ils ensevelissent leurs morts, debout dans de grands vases de terre, qu'ils savent orner de plusieurs figures.

En temps de paix, les hommes ne font absolument rien ; seulement ils prennent le plaisir de la chasse ou de la danse qu'ils aiment avec passion, et à laquelle ils se livrent dans leurs villages ou *aldées*, au son du *maraca* *; ils restent des jours entiers dans un repos continuel. Il n'y a que les femmes qui travaillent : tout ce qui se trouve dans la hutte des sauvages sort de leurs mains. Outre les vases de terre, les panniers, les touffes et les manteaux de plumes, qui sont toujours les

---

* Cet instrument est une coloquinte pleine de noyaux, de graines ou de petites pierres : il est très-vénéré : c'est la sonnette de divination des piayes.

fruits de leur industrie, elles cultivent le *manioc*; c'est une racine qui, préparée, remplace le pain.

La massue *, l'arc, de longues flèches, qu'ils portent toujours à la main, et l'arc à deux cordes, qui leur sert à lancer avec tant d'adresse des balles de terre durcies au soleil ou des pierres rondes, sont les armes principales des Tupinambas. Comme ils aiment à l'excès les chants, ils estiment beaucoup certains Indiens appelés *chanteurs;* ces Indiens peuvent, sans nul péril, traverser les camps ennemis; on les accueille partout avec empressement. Les forêts retentissent presque toujours d'hymnes barbares, où l'on célèbre les combats, les exploits, la vie des guerriers et de leurs ancêtres.

L'hospitalité est le premier devoir d'un Tupinambas; mais il l'exerce d'une manière assez bizarre [8]. Il est aussi implacable à la

* Ils la nomment *tacape*; elle est ordinairement fort longue, tranchante, et de bois d'ébène.

guerre qu'il est généreux chez lui; le plaisir de se venger de son ennemi fut toujours sa plus grande jouissance. Les prisonniers de guerre, auxquels on rend la captivité très-douce, sont massacrés et dévorés avec de grandes cérémonies.

Lorsque les vainqueurs arrivent près de leur village, et que les femmes accourent au devant d'eux, ils forcent les prisonniers à dire à ces femmes : « *Voici la viande que vous aimez tant qui s'approche de vous.* »

Les Tupinambas habitent ordinairement les forêts qui avoisinent la mer, les lacs ou les rivières. C'est en mettant le feu aux arbres et aux grandes herbes qu'ils forment l'emplacement circulaire de leurs aldées; des roseaux et des feuilles de palmiers servent à construire de longues cabanes ou *cases*, que nulle cloison ne sépare dans l'intérieur, et qui contiennent souvent un grand nombre de familles alliées. Toutes ces cases entourent la place du massacre.

Une palissade, formée de pieux * enfoncés profondément dans la terre, défend les villages des attaques nocturnes. A travers les palissades, les Indiens lancent sur leurs ennemis des flèches de guerre **, assez bien travaillées pour les mains grossières qui les fabriquent : elles sont fort solides et très-meurtrières.

Les Tupinambas boivent en abondance, particulièrement les jours de massacre, d'une boisson nommée *cauin* [9], qu'ils aiment à l'excès, et d'autres liqueurs qu'ils tirent de la racine de manioc et des fruits de l'*acayaba*.

Jean III avait donné à Francisco Pereyra Coutinho [10] (*Coutigno*) la capitainerie de Bahia, avec la condition d'y fonder une ville et d'autres établissemens, soit en subjuguant, soit en civilisant les naturels. Coutinho, après avoir

* Sur ces pieux ils placent les têtes des prisonniers qu'ils ont dévorés.

** Il y en a de trois espèces.

équipé une flottille, arriva au Reconcave, suivi d'un grand nombre de soldats, d'aventuriers et d'autres hommes dévorés d'ambition. Mais la Providence avait déjà placé [*] un Européen dans cette contrée long-temps avant que le roi de Portugal eût disposé du pays en faveur de Coutinho. Son étonnement fut extrême en apercevant des germes de civilisation parmi les Tupinambas.

Un Portugais, nommé Diego Alvarez-Corréa [**], allant aux Indes orientales, avait fait naufrage sur la côte de Bahia; il avait eu le bonheur de sauver quelques effets, de la poudre et un mousquet. Ses inventions d'Europe lui attirèrent les adorations de la tribu des Tupinambas de la baie. Les chefs indiens ne tardèrent pas à le regarder avec la plus profonde vénération.

Un jour, qu'Alvarez avait tué avec son mousquet un oiseau de proie perché sur un arbre, les Indiens qui l'entouraient s'écrièrent: « *Cara-*

[*] 1516.

mourou! caramourou! » c'est-à-dire *homme de feu* [*].

Il conserva ce nom.

Un vaisseau français, qui faisait un voyage de découverte et de commerce, s'arrêta quelques jours à Bahia. Caramourou, qui avait épousé la fille du principal chef de la horde du Reconcave, s'embarqua [**] sur ce vaisseau avec *Paragouaçou*, emportant des échantillons de la richesse et des curiosités du pays.

Henri II et la célèbre Catherine de Médicis régnaient alors en France : ils accueillirent les voyageurs avec consideration. On peut juger combien ils devaient piquer la curiosité. Paragouaçou fut baptisée aussitôt en grande cérémonie; elle eut le roi pour parrain, et pour marraine Catherine, qui donna son nom à la chrétienne tupinambas.

[*] D'autres disent : *dragon de la mer* : cela ne nous paraît pas aussi probable.

[**] Il est bon d'avertir que tous les historiens ne s'accordent point sur ce voyage.

Caramourou voulait aller à Lisbonne demander à Jean III les secours nécessaires pour achever un établissement qu'il avait commencé sous de si heureux auspices; mais Henri II le flatta si bien, qu'il le détourna, dit-on, de ce premier dessein, et Caramourou repartit pour Bahia * avec une expédition marchande française. Là, son épouse, fière du nom de Catherine et des talens qu'elle avait acquis en Europe, réunit ses efforts à ceux de son époux pour convertir et pour civiliser les Tupinambas, qui revirent avec des transports de joie inexprimables leur ami Caramourou. Déjà une église était achevée **, et l'on s'occupait de la culture des terres.

Coutinho arrive, armé de l'autorité royale :

* Ou San-Salvador. Caramourou, après son naufrage, ayant trouvé son salut sur les côtes de cette province, l'avait nommée *San-Salvador* (Saint-Sauveur). La capitainerie et la ville capitale portèrent long-temps ce nom.

** Voy. *Voyage au Brésil* de M. Lindley (1802), et l'*Histoire du Brésil* de M. Alphonse de Beauchamp (1815).

il commence par flatter **Caramourou**, dont il ne pouvait se passer alors pour ces détails précieux que lui seul pouvait donner sur le pays et les habitans.

Il est probable que le gouverneur et ses aventuriers ne se donnèrent que le temps de connaître la langue et les usages d'un peuple qu'ils voulaient asservir, enchaîner, et non pas civiliser ni convertir, pour montrer à l'infortuné **Caramourou**, dont ils redoutaient l'influence sur l'esprit des naturels, qu'il n'avait servi que des ingrats, et que les Tupinambas avaient désormais tout à craindre d'avides oppresseurs.

Coutinho méprisa la douceur dont Caramourou avait usé envers les peuples qui l'avaient accueilli, et dont il était devenu, pour ainsi dire, le chef suprême; il condamna tout ce qu'il avait fait, et commença une cruelle persécution contre une nation peu accoutumée à la sévérité, contre les naturels du Brésil les plus vaillans et les plus jaloux de leur liberté.

Caramourou ne tarda point à éprouver les effets de la basse vengeance de son rival : on l'arracha à ses enfans les sauvages, et il fut retenu prisonnier. On répandit le bruit de sa mort, afin de décourager les Indiens, qui se voyaient privés de leur plus ferme appui; mais ils ne furent point abattus par ce revers : ils comprirent le danger de leur situation; ils voulurent y faire face. Ils abandonnèrent aussitôt le terrain * où, par les soins de Caramourou, on avait jeté, dit-on, les fondemens d'une ville; Coutinho et ses compagnons s'en emparèrent entièrement, et dirigèrent leurs batteries sur les forêts d'alentour, où les sauvages se réfugièrent, préférant leur première existence au joug qui les menaçait.

Là, ils poussent des hurlemens de rage; ils maudissent les Européens; chaque jour voit de nouveaux combats; les Tupinambas qui

---

* Coutinho fixa son établissement dans la baie, au lieu appelé maintenant *Villa-Vellora*, qui était le séjour de Caramourou. (ALPHONSE DE BEAUCHAMP, *Histoire du Brésil.*

tombent entre les mains des Portugais sont livrés au supplice ou réservés pour servir comme esclaves, et les Portugais qui tombent entre les mains des Tupinambas sont impitoyablement massacrés et dévorés.

JAKARÉ-OUASSOU,

ou

LES TUPINAMBAS.

Non, jamais des tyrans nous ne serons esclaves ;
Qu'ils nous immolent tous, qu'ils égorgent nos braves,
Nos ossemens épars, d'un mutuel accord,
Se rassembleront tous pour les combattre encor.

La Caroléide, D'ARLINCOURT.

C'EST l'heure où le flambeau du jour, à la fin de sa carrière, s'élance vers l'occident, entouré d'une immepsité de feu. Déjà l'astre des nuits envahit et couvre l'horizon de sa lumière incertaine. Rien ne trouble le majestueux silence de la nature, si ce n'est le doux murmure du zéphyr, qui ride en frémissant la surface azurée du golfe de Bahia. Le ciel est pur et serein comme les esprits qu'il renferme. Cette multitude de globes errans et enflammés que le Créateur fait rouler à son gré au milieu des espaces se réfléchissent dans les ondes transparentes de la mer, qui viennent expirer mollement au pied des murs de San-Salvador.

Mais ce spectacle enchanteur, ces soirées si délicieuses au Brésil, où, par sa douce fraicheur, la brise fait oublier à l'Américain une journée brûlante, sont dépourvus d'attraits pour des yeux baignés de pleurs. L'œil du malheureux, semblable à une glace fatale, ne réfléchit au cœur que des images déchirantes: pour lui la nature entière est inanimée. C'est ainsi que seul, seul avec sa douleur, prisonnier au fort de San-Salvador, un jeune chef indien, l'infortuné Tamandua, la tête appuyée contre les barreaux de sa prison, déplore sa cruelle captivité et la tyrannie des Portugais. Ses regards sont tournés vers les montagnes où il a reçu le jour : il pense à son vieux père, qui gémit retiré dans sa case. Oh! combien il la trouve déserte! son fils chéri n'est pas à ses côtés. Ombu n'avait qu'un enfant, les tigres d'Europe le lui ont arraché!

Tamandua songe encore à l'ami de son jeune âge, à Jakaré ¹¹; Jakaré était absent lorsque le fils d'Ombu tomba dans les fers de Coutinho, le barbare suzerain qui règne par le crime sur l'établissement portugais de San-Salvador. Le jeune Indien mêle ses larmes aux flots de la mer, et s'écrie, emporté par le désespoir :

« Hommes méchans, que vous ai-je fait?
« que vous a fait ma tribu? que vous ont fait
« les os de nos pères? Ah! vous êtes envoyés
« par le génie du mal chez les Tupinambas,
« puisque vous m'avez arraché des bras de
« mon père. Songez-vous qu'il a été guerrier
« et qu'il est sage, Ombu? Songez-vous que
« le Grand-Esprit aime tous les hommes de
« cent ans, qu'il les protège, qu'il les venge?
« Vous autres, qui venez de si loin pour faire
« le mal, vous n'avez donc pas de père, puis-
« que vous laissez pleurer un vieillard? Trem-

« blez : la flèche de nos guerriers donne la
« mort, la massue de mon ami écrase les ro-
« chers ; dans ses bras il étouffe le tigre, et
« vous êtes des tigres!

« Des songes ont dû avertir Jakaré que Ta-
« mandua est prisonnier : ô Portugais! crai-
« gnez la fureur de mon ami, craignez la
« rage de ma tribu! Les braves que je com-
« mande viendront me délivrer; alors crai-
« gnez celui que vous nommez votre esclave!
« Mon père est malheureux parce qu'il ne me
« voit pas : eh bien! je le jure par les cheveux
« blancs de mon père, je reviendrai vous
« combattre avec mon ami, jusqu'à ce que
« nous soyons vengés, jusqu'à ce que nous
« ayons vengé Caramourou, l'ami de l'aldée.
« Caramourou, qui était, lui, un bon Eu-
« ropéen, vous l'avez fait mourir parce qu'il
« n'a pas voulu être méchant comme vous, et
« parce qu'il nous aimait.

« Coutinho, Tamandua ne dormira pas
« tranquille dans son hamac s'il ne te tue, et
« si, au grand festin de la victoire, il ne
« mange ta chair en buvant de la liqueur avec

« ses amis, auxquels il dira : « Mangez aussi de
« cet homme, et réjouissez-vous! » Oui, Portu-
« gais, vos tonnerres ne vous défendront pas
« toujours : nous les éteindrons dans votre
« sang. »

Le chef tupinambas a cessé de parler : ses traits, tout à-la-fois mâles, nobles et gracieux, respirent la fureur; il se promène agité. Soudain un bruit s'est fait entendre; la porte de la prison s'ouvre : un soldat portugais s'avance :

— « Brésilien, dit-il, suis-moi auprès du
« gouverneur; déjà dans la chambre du conseil
« sont rassemblés les juges.

« — Dis les bourreaux. Marchons : je veux
« voir ce qu'ils ont à me reprocher.

« — Esclave, cet orgueil te sied mal.

« — Esclave! il n'y en a qu'un ici, et ce
« n'est pas moi. »

L'Indien suit son guide farouche, et pénètre dans l'enceinte fatale, au milieu d'une haie de soldats. Il est devant Coutinho. L'œil noir du tyran étincelle d'un feu sinistre. Élevé dans les camps dès sa plus tendre enfance, environné du fracas des armes, habitué au carnage et à la domination, la cruauté lui est familière. Les nombreux replis de son front hâve et sombre trahissent toute la férocité du caractère de Coutinho. La voix de l'humanité n'arrive point jusqu'à lui : l'or, voilà son dieu : il lui sacrifierait tout!..... tout jusqu'à ses enfans; car le monstre est père, et le Ciel, par un contraste bizarre, voulut donner à cet homme au cœur de roc un fils généreux, humain et brave, et une fille douée de toutes les vertus. Elle est tendre, sensible, compatissante, belle : et Coutinho a pu se résoudre à passer les mers pour chercher des trésors sur des rivages inconnus! Lui le père d'Inez, le père! non, il ne le fut jamais! Jamais en la serrant contre son sein il n'a senti une larme de bonheur humecter sa farouche paupière : tout entier à l'égoïsme et à l'ambition, la nature est morte en lui. Si quelquefois il sourit à Inez, c'est lorsqu'au milieu des aventuriers de San-Salvador, elle est l'objet de tous les vœux, c'est lorsque ses talens lui attirent un concert unanime de louanges, c'est lorsqu'elle fascine tous les regards, qu'elle subjugue tous les esprits par ses touchans attraits et par le charme de sa voix. Alors Coutinho jouit du triomphe de sa fille; mais jamais son ame n'a compris l'ame d'Inez: il ne voit dans la jeune Portugaise que son éclat et sa beauté, et ne considère que comme des vertus communes la douceur de son caractère, sa sensibilité, ses sentimens élevés. Ah! malheureux est celui qui, jeté au milieu des grandeurs et des vaines illusions de la terre, n'a jamais connu la vie du cœur!

Cependant Coutinho, entouré de deux moines fanatiques, vils complaisans de tous ses désirs, et de quelques-uns de ses aventuriers portugais qu'il métamorphose quelquefois en juges, et dont les mains sont teintes encore du sang des malheureux sauvages, s'adresse avec hauteur au jeune Brésilien.

« — Esclave, ton nom?

« — Tyran, je suis Tamandua, fils d'Ombu.
« Homme à cheveux blancs, je te hais, toi et
« ta tribu!

« — Orgueilleux jeune homme, pour parler
« ainsi, penses tu être au milieu de tes misé-

« rables idolâtres? Sais-tu que je puis t'en-
« voyer au supplice?

« — Et toi, me prends-tu pour un homme
« d'Europe? crois-tu que tes paroles feront
« trembler un Tupinambas qui, dans le der-
« nier combat, a brisé les os de tes amis!
« Coutinho, je suis jeune, mais j'ai déjà fait
« neuf fois la guerre, et tes Portugais reculent
« devant ma massue. Ecoute : toi, le chef des
« méchans, je te hais plus que les Cahètes [13],
« nos ennemis; plus que le crocodile [14] du
« lac, plus que le tigre [15] du désert [16]. Si tu ne
« me tues pas, je viendrai brûler ce fort, je
« viendrai te faire mon prisonnier. Tu es l'i-
« mage du génie malfaisant : il faut que la
« massue tombe sur ta tête. Je dirai à mes
« enfans, mes enfans diront à leurs enfans :
« C'est là que le portugais Coutinho a répandu
« sur la terre le sang des Tupinambas; » et
« tant que les Tupinambas vivront, ton nom
« doit être haï dans les aldées. Tu ne me
« verras jamais trembler devant toi ; la chair
« du fils d'Ombu ne souffre pas, son cœur est
« un rocher : ordonne, si tu le veux, qu'on

« torture ma chair, et qu'on m'arrache le
« cœur, tu verras si je suis une femme ; tu
« verras comme le brave dit au feu : « Tu ne
« brûles pas, » et à la pierre : « Tu ne coupes
« pas. »

« — Portugais ! s'écrie le gouverneur, vous
« le voyez ! ce captif m'insulte. Son orgueil ne
« fléchit point sous mon autorité légitime ; il
« ose me menacer, il me brave au milieu de
« vous ! Il pouvait encore avoir des droits à ma
« clémence, quoiqu'il ait versé le sang des
« nôtres ; peut-être, en faveur de son âge, lui
« aurais-je accordé sa grâce : maintenant qu'il
« périsse ! que ce nouvel exemple intimide ses
« compatriotes !

« — Oui, s'écrie le P. Manoël, qui jette là
« son masque hypocrite de juge pour pren-
« dre le rôle d'accusateur ; qu'il périsse ! N'a-
« t-il pas, suivi de misérables idolâtres, porté
« le carnage et la flamme dans les murs de
« San-Salvador ? Plusieurs fidèles sont tombés
« sous ses coups. Ce chef est le seul qui ait eu
« l'audace de franchir ces remparts à la faveur
« de la nuit ; mais le Seigneur, qui veille sur

« vous, Portugais, a terrassé l'impie : le Sei-
« gneur a voulu se servir de son indigne ser-
« viteur pour abattre cet homme soumis au
« démon. Ah! sans doute l'ange de la victoire
« l'a frappé de son glaive de feu, car, à côté
« de l'église, le blasphémateur qui aurait brûlé
« l'image de la Vierge a poussé un cri per-
« çant, puis il est tombé à mes pieds, au mo-
« ment où, pour l'arrêter, je lui présentais le
« symbole des chrétiens.

« — Robe noire, tu mens! interrompt Ta-
« mandua; c'est toi qui m'as frappé par der-
« rière. Je dis vrai, robe noire..... tu tenais
« un poignard.

« — Tais-toi, malheureux, reprend le
« missionnaire, n'élève plus ta voix sacrilége
« au milieu de nous : tu nous pénètres d'hor-
« reur; le démon te dicte tes discours : avant
« peu tu iras rejoindre le démon. Coutinho,
« soyons sans pitié pour l'idolâtrie; plantons
« la croix sainte sur ses autels renversés par
« nos bras. Que l'impie soit foudroyé !......
« C'est nous qui devons être ici organes de
« la colère de Dieu; c'est nous qui devons

« frapper et anéantir l'impiété; point de fai-
« blesse! Noble gouverneur, le crime de ce
« sauvage est avéré : prononcez la sentence,
« j'aurai soin de son ame.

« — Oui, mon frère, dit à son tour le fou-
« gueux Fernandez, le second missionnaire,
« en s'adressant au P. Manoël, frappons impi-
« toyablement ces misérables qui emploient
« des sortiléges. Lorsqu'il s'agit de la cause du
« Seigneur, l'indulgence, mon frère, serait
« un crime; si les Tupinambas ne veulent
« point se courber sous le joug de la foi, dé-
« truisons-les, hâtons-nous : l'oisiveté est la
« mère de tous les vices. »

Il dit : les gardes entourent Tamandua condamné à mort unanimement; mais Coutinho
veut se couvrir du masque de la religion; les
soldats portugais conduisent le chef brésilien
dans l'église de San-Salvador. Les gardes s'arrêtent à l'entrée, ferment la porte, et croisent
leurs mousquets. On a laissé le jeune cacique
seul dans l'église, où il doit attendre le P. Manoël, chargé par Coutinho de se rendre près

de lui, afin de voir s'il veut, avant de périr, oublier ses devins et se convertir [17]. Le P. Manoël doit préparer à la mort le jeune chef, qu'il vient de condamner; et la bouche qui proposa froidement un crime va porter à la victime des paroles de paix !

> L'amour dans le cœur de l'innocence n'est souvent qu'un sentiment religieux. L'ame sensible a besoin de prier autant qu'elle a besoin d'aimer.
>
> D'Arlincourt.

Seule, en présence du Très-Haut, inclinée sur les marches de l'autel, une femme prie dans le silence. Immobile, on la prendrait pour la statue de la plus belle des saintes, si des pleurs ne coulaient de ses yeux. Sa taille élancée se dessine sous un vêtement noir, qui offre un contraste mélancolique en se mariant à la blancheur de sa peau; le lis et la rose se nuancent tendrement sur son visage; son œil noir et enflammé, que surmonte un long sourcil d'ébène, porte le trouble dans l'ame; sa chevelure, assemblée en tresses, laisse à découvert un cou d'albâtre, et couronne sa tête de chaînes ondoyantes, retenues par une aiguille d'or, d'où se détache un voile qui descend en flocons de neige jusqu'aux pieds de la vierge.

C'est Inez.

A cette vue, Tamandua s'arrête frappé d'étonnement : la parure européenne que porte l'étrangère le charme autant que l'éclat de sa beauté. « Qu'elle est belle ! se dit-il. »

Née sur les bords enchanteurs du Mondego, la jeune Portugaise y avait passé ses premiers ans au sein du bonheur. L'amour ne tarda pas à lui faire goûter ses charmes enivrans... Mais qu'elles durèrent peu ces douces illusions! que de larmes amères succédèrent bientôt à des larmes délicieuses! Le jeune Fernand demanda aux genoux de l'orgueilleux Coutinho la main de son amie : ses vœux furent repoussés; Fernand n'avait point, hélas! pour justifier son amour aux yeux du seigneur portugais, d'illustres ancêtres, une grande fortune : son nom, connu de tous les malheureux, béni par la famille indigente, ne parvenait point à l'oreille des rois. Fernand ne rampait point au pied des trônes; Fernand n'était pas digne de s'élever à cette alliance!

Toujours aimé d'Inez, mais accablé des mépris de Coutinho, qui lui défendit l'entrée de son palais, le jeune Lusitanien, plein d'une généreuse résolution, sûr de la constance d'Inez, voulut être illustre par lui seul : les Indes orientales étaient alors un champ vaste ouvert au courage des Portugais. Fernand s'élança sur les mers, espérant signaler son bras sur le brillant théâtre où les honneurs, la gloire et la richesse étaient le prix de la valeur et de la persévérance. Inez, fidèle au guerrier qu'elle aimait, ne fit aucun choix parmi tous les seigneurs qui l'entouraient et lui prodiguaient leurs soins. Enfin, lorsque son père fit voile pour le Brésil, il fallut abandonner un pays où elle attendait le retour de son amant, où elle se flattait de rencontrer le bonheur. Avant de quitter le rivage portugais, une lettre brûlante d'amour et de regrets instruisit le valeureux Fernand, déjà terrible aux souverains des Indes, du fatal voyage de la vierge en Amérique, et lui renouvela cette douce certitude d'être toujours aimé.

Cependant, à quelques pas du sauvage, qu'elle n'avait point aperçu, Inez, le front pâle et voilé de tristesse, adressait à la divinité une prière naïve. Soudain à son esprit se retracent les malheurs des Indiens de cette capitainerie accordée à son père. Son cœur souffre des maux que font souffrir les siens à des hommes leurs semblables, et la jeune fille compatissante s'écrie :

« Dieu juste ! Dieu clément ! jette sur les Bré-
« siliens un regard de bonté ; qu'ils embras-
« sent ton culte, mais qu'on ne prodigue pas
« leur sang comme celui des animaux. Fais, ô
« toi qui peux tout, fais que mes compatriotes
« connaissent la pitié, que les guerres cessent
« enfin, et que les infortunés sauvages ne soient

« plus massacrés par des hommes qui appar-
« tiennent à la religion du Christ !

« Les Tupinambas sont ignorans, mais ils
« ne sont pas coupables. Quel peut être leur
« crime ? l'amour de la liberté, l'horreur de
« l'esclavage ? C'est toi qui as mis ces sentimens
« dans leur cœur. O mon Dieu ! épargne les
« Tupinambas !

« — Quelle est donc, pense le jeune sauvage,
« cette femme qui parle de nous ? »

Il s'approche : Inez a jeté un cri d'effroi. Elle
croyait que Dieu seul entendait sa prière.

« — Femme, dit Tamandua, qui es-tu ? Ta
« bouche nous plaint.

« — Je suis Inez, je suis la fille de Coutinho.

« — Inez ! Ah ! chez les tiens sans doute
« ce nom veut dire la plus belle [18]; mais que
« je te plains d'être la fille de Coutinho ! Et
« c'est lui que tu implorais pour les Tupi-
« nambas ! Je te remercie ; tu es bonne, mais
« lui, qui est méchant, ne t'écoutera que pour
« se rire avec ses amis de tes douces paroles.

« — Jeune sauvage, ce n'est point à mon
« père que je parlais : c'est à mon Dieu.

« — Ton Dieu ! Quel est-il ? Quelle est sa
« puissance ?

« — Mon Dieu pourrait te rendre libre, ici,
« dans ce fort, au milieu de tes ennemis ; mon
« Dieu pourrait t'ôter la vie, te renverser en
« cet instant où je te parle.

« — Je ne le craindrais pas si j'avais ma
« massue !

« — Pauvre idolâtre !........ Les hommes ne
« peuvent rien sur lui ; il peut tout sur les
« hommes.

« — Et tu le priais pour nous ! Fille d'Eu-
« rope, tu ne devrais pas être chez les Portu-
« gais : tu étais digne de naître parmi les Tu-
« pinambas. Mais..... comme tu es belle !!!
« Ecoute : ton cœur est bon, si tes yeux ne
« mentent pas, et si ta bouche disait la vérité
« lorsque tu nous plaignais ; tu dois passer ta
« vie à pleurer ; tu dois gémir de la méchan-
« ceté de tes compatriotes. Hé bien, ajoute-t-il,
« oubliant qu'il est dans les fers, viens avec
« moi, fuis ces barbares : je te protégerai, je
« te défendrai.

« — Jeune Tupinambas, que me proposes-

« tu? De fuir avec toi dans les bois, d'aller
« habiter parmi des hommes que je ne con-
« nais pas, qui haïssent les Portugais! Et mon
« père, je ne le reverrais donc jamais? Et ma
« patrie?.....

« — Ta patrie, ô femme qui n'aimes point,
« tu devrais la renier; ton père... ah! pourquoi
« faut-il qu'en Europe le tigre enfante la co-
« lombe! Mais ces paroles te font pleurer! Toi,
« pleurer!...... jamais les cocotiers de la forêt
« n'ont ombragé rien d'aussi beau que toi!
« Oui, tu es belle; oui, tu es la colombe. Pour-
« quoi rougis-tu? Peut-être avec moi tu re-
« gretterais ta parure d'Europe. Au désert, ton
« corps serait couvert d'un beau manteau de
« plumes; au désert, tu serais libre. Mais tu
« n'aimes pas.....

« — Malheureux! peut-être il est un moyen
« de t'échapper! fuis, hâte-toi, je t'en conjure :
« Inez ne sera point ton amante; mais elle
« veut être ton amie.

« — Tu me pries, et je ne t'obéis pas! tu
« m'ordonnes de fuir, et tu me retiens! Depuis
« quelques momens que je suis près de toi, je

« t'aime plus que la jeune mère n'aime son
« nouveau-né. Si je pouvais fuir, je ne fuirais
« pas seul..... »

En disant ces mots, Tamandua s'avance, les bras étendus, vers Inez : son regard est enflammé; la vierge fait un geste imposant, le cacique reste immobile; il éprouve un sentiment qui lui est inconnu : une femme l'a intimidé. Habitué, chez les siens, à ne trouver aucun obstacle à ses désirs, à donner un libre cours à ses passions, le sauvage, qui regarde comme esclave du sien un sexe assez malheureux chez les sauvages, s'étonne d'être vaincu par une jeune fille qui s'offre à lui sans défense; mais Tamandua n'avait point encore vu chez une femme cette dignité simple, quoique imposante, ce regard fier, cette voix sonore et ces manières nobles qui, aux yeux de l'Indien, font de la vierge portugaise un être étonnant, enchanteur et nouveau.

« — Oh! dit-il en tombant à genoux, si tu
« me promettais de me suivre, je te promet-
« trais de m'échapper. Tamandua a dédaigné
« les filles de vingt caciques, eh bien! tu seras

« mon épouse! tu seras l'épouse d'un Tupi-
« nambas. Maintenant, je ne puis plus te quit-
« ter : tu es pour moi ce qu'est le ruisseau au
« chasseur altéré; ta voix fait battre mon cœur;
« tes yeux font trembler tous mes membres.
« Près des filles de nos tribus, je ne me sentis
« jamais tant d'amour; et cependant elles sont
« belles les filles des Tupinambas! Oh! si tu
« m'avais trompé, lorsque ta bouche a dit :
« Je suis la fille de Coutinho! » Serais-tu l'une
« des filles du Grand-Esprit?

« — Insensé! interrompt Inez, tu parles
« d'amour, et demain!......

« — Demain!...... Ah! j'oubliais que je devais
« mourir! »

Au même instant, la porte de l'église s'ouvre : c'est le P. Manoël. Il jette sur Inez un
regard farouche :

« — Fille de Coutinho, est-ce ici votre
« place?

« — Père Manoël, je suis à l'autel du Sei-
« gneur.

« — Et cet idolâtre? Vous lui parliez?

« — Le hasard nous a réunis. J'étais venue

« prier; les soldats l'ont fait entrer dans le
« temple.
« — A son approche, il fallait vous éloi-
« gner : blanche colombe du Seigneur, le
« souffle de l'idolâtrie flétrit l'innocence..... Ce
« sauvage renie le vrai Dieu!
« — Cela ne peut être : il ne le connaît
« pas.
« — Vous prenez sa défense.....
« — Il est malheureux!
« — Il périra!
« — Le Sauveur crucifié vous présente ici
« ses mains ensanglantées : il s'immola pour
« nous; ordonna-t-il de verser le sang? Il vous
« dit : « Pardonnez! » Père Manoël, vous devez
« le savoir, et cependant le glaive arme votre
« bras! Au lieu de frapper ce jeune Brésilien,
« ouvrez ses yeux à la lumière divine; instrui-
« sez-le, et ne le tuez pas. Songez que le fer
« donne la mort sans servir le Ciel; que la clé-
« mence fait abjurer l'erreur, et qu'elle seule
« suffirait pour révéler un Dieu! Pour con-
« quérir le monde, les apôtres se saisirent-ils
« de l'épée? Oseriez-vous approcher de l'autel,

« si vos mains..... Père Manoël, vous êtes un
« ministre de paix; vous devez être le média-
« teur entre le Seigneur et l'homme abusé ;
« que votre mission sur la terre est admirable !
« mais pour en être digne, que la houlette du
« pasteur n'immole point la brebis égarée ! »

Elle s'éloigne.

Tamandua n'a pu comprendre les paroles d'Inez; mais lorsque sa voix frappait son oreille, il l'écoutait avec ravissement, dans une immobilité complète, et restait comme suspendu à ses lèvres.

Le missionnaire essaie en vain d'accomplir les ordres de Coutinho, en cherchant à parler de sa religion à l'amoureux sauvage, qui ne veut rien écouter :

« — Laisse-moi, dit-il; que me veux-tu ?
« N'est-ce pas toi qui as fait sortir Inez ?.....
« Ramène-la, et je t'écouterai après, si tu le
« veux. »

Le P. Manoël voit l'inutilité de ses efforts, et cesse de parler à l'Indien, que les soldats reconduisent dans sa prison.

La fille de Coutinho s'est retirée dans ses

appartemens. Elle a besoin d'être seule : elle a besoin de pleurer. Un odieux hymen, un hymen qu'elle abhorre, ne peut tarder à s'accomplir. Grand Dieu ! il faut donc l'oublier à jamais ce Fernand, l'objet de tant d'amour ! Oui, l'oublier ! et pour qui !!

Que de victimes l'orgueil a faites sur la terre !

De son côté, le jeune Brésilien gémit au sein de sa prison :

« — Hélas ! dit-il, j'ai donc offensé les Es-
« prits ; les hommes n'avaient jamais résisté à
« ma flèche ou à ma massue, et mon arc a été
« brisé ; et ma massue ! ce sont des Portugais
« qui me l'ont enlevée ! Ils ont lié mes mains ;
« mes mains ont-elles perdu leur force ? Pour-
« quoi n'ai-je point encore brisé leurs chaî-
« nes ? Et cette femme !...... quel pouvoir elle a
« sur moi ! O mon ami, ô Jakaré, où donc es-
« tu ? C'est demain que mon sang sera répandu
« par de lâches guerriers, et nous nous étions
« cependant promis que nous ne péririons pas
« l'un sans l'autre. »

En achevant ces paroles, sa tête retombe tristement sur son sein.

Amitié ! fruit délicieux que le ciel a permis à la terre de produire pour faire le charme de la vie, le nectar que l'abeille exprime des fleurs est moins doux que toi.

Young.

Au milieu d'une forêt, à quelques lieues de San-Salvador, est la principale aldée des Tupinambas.

Les sages, les devins, les guerriers, les jeunes filles et les matrones de Cotiva se rassemblent sous les palmiers : un Tupinambas vient de naître [9]; Acarapep-le-Nageur en est le père; il a pour mère Nassoua aux petites mains.

« — C'est un guerrier! s'écrient les sau-
« vages. »

« — Oui, un guerrier! reprend le père. » Et sur le berceau formé de la liane odoriférante, lier de son nouveau-né, Acarapep place un couteau de pierre, un arc et des flèches. Un jeune églantier est planté par la famille auprès du berceau. Le fils du nageur, auquel on a donné le nom d'Oropacum, l'arc et la corde, doit grandir avec cet arbre.

Le jeune amant regarde sa maîtresse et sent battre son cœur, tandis que le vieillard, en contemplant le fils d'Acarapep, embrasse plus tendrement les siens.

Appuyée contre un manglier, une Indienne pleure à l'écart. La malheureuse est stérile [10].

Un guerrier s'est avancé vers le berceau de l'enfant :

« — Il sera brave. Je lui apprendrai à ma-
« nier la massue, à tuer l'homme ennemi, à
« vaincre le jaguar, et à affronter le crocodile
« dans les eaux du fleuve. »

Un chasseur : « — Il sera adroit. Je lui apprendrai à bander l'arc, à lasser le daim à la course, et à tendre des filets. »

Le grand-père : — « Il sera sage, il respectera son père, car son père a respecté mes cheveux blancs. »

Une jeune fille : « — Il sera beau.... »

Tous : « — Il saura se venger! »

A ces mots, le piaye agite le maraca, et, au son de cet instrument, les danses se forment. Là, c'est une scène de victoire : les sauvages feignent qu'une fille de leur tribu vient d'être enlevée par une tribu ennemie; la jeune fille est ramenée en triomphe au milieu des massues qui se heurtent. Ici, c'est une scène de défaite : un Tupinambas succombe sous les coups de vingt adversaires, et en mourant il insulte à ses ennemis. Plus loin, on voit des Indiennes, les bras entrelacés, former un ovale gracieux; elles se balancent mollement, et imitent la marche et le mouvement d'une pirogue. Aux danses succèdent les chants.

« — Nous sommes les braves; nous sommes les enfans de Tupan : Tupan, c'est le ton-

« nerre. Nous avons vaincu tous nos ennemis;
« les Cahètes nous avaient déclaré la guerre:
« la moitié des Cahètes ne sont plus! Nos de-
« vins connaissent tout, nos femmes sont les
« plus belles, nos vieillards les plus sages, et
« nos guerriers les plus courageux, car :

« Nous sommes les braves; nous sommes les
« enfans de Tupan : Tupan, c'est le tonnerre.

« Et si les Portugais sont un moment les
« plus forts, si Tamandua est encore un de
« leurs prisonniers, s'ils ont fait mourir Ca-
« ramourou, qui nous aimait et qui haïssait
« les méchans, c'est que les génies du mal sont
« contre nous. »

Un vieillard : « — Honte aux Européens!
« Chez eux, lorsqu'un vieillard souffrant et
« mourant de faim se présente à la porte de
« leurs grandes cases, ils lui crient, de la table
« des festins : « Retire-toi! » et ils le chassent,
« sans pitié pour ses cheveux blancs!

« Honte aux Européens! »

Une femme : « — Plaignons les Européens!
« Paragouaçou dit qu'à ces infortunés le soleil
« se montre moins éclatant et moins beau; un

« génie du mal, qu'on appelle l'Hiver, l'obs-
« curcit de ses ailes noires : ils se combattent
« et se chassent tour à tour.

« Un autre génie du mal, appelé le Froid,
« vient enchaîner les membres des hommes
« d'Europe. Qu'ils sont malheureux! il arrive
« un temps où ils voient tomber toutes les
« feuilles de leurs arbres!

« Plaignons les Européens! »

Un guerrier : « — Périssent les Européens!
« Les lâches ne combattent point avec la mas-
« sue; c'est de loin qu'ils envoient la mort
« à l'ennemi. Jamais le corps d'un Portugais
« ne s'est pressé contre le corps d'un Tupi-
« nambas; ils nous brûlent avec le feu qu'ils
« ont pris à Tupan.

« Il n'y a que nous de vraiment braves. Le
« brave se rit du danger. Si un Tupinambas
« devient le prisonnier d'un Portugais, le Tu-
« pinambas dit : « C'est le hasard de la vie!
« Suis-je une femme, moi, pour craindre la
« mort? Non, la mort est l'amie du vaillant :
« elle le berce et l'endort dans ses bras. » O

« Portugais! peut-être, comme nous, vous
« savez vaincre; mais, comme nous, savez-
« vous mourir?

« Périssent les Européens! »

« — Périssent les Européens! » répond une voix sortie de la forêt avec l'éclat du tonnerre.

C'est Jakaré, le Grand-Crocodile, qui a poussé ce cri, Jakaré, l'ami de Tamandua. Il revient à Cotiva avec ses trente guerriers. Une immense tacape arme ses mains; un bouclier de coton piqué avec art est fixé à son bras robuste : c'est là que viennent s'amortir les flèches ennemies. Sur les cheveux noirs et lisses du chef s'élève une coiffure bizarre faite des plus belles plumes du perroquet et des guaras. Le corps du sauvage autour duquel se noue l'inis, ou le hamac du voyage, est peint avec le génipaba et le rocou; le catua, teinture rouge, décore une partie de son mâle visage; quelques touffes de plumes jaunes et bleues pendent à ses oreilles; une pierre de jade vert * traverse sa lèvre inférieure. A ces or-

* *Voyez* Hans Stade, le premier qui ait écrit quelques détails

nemens du Tupinambas, se joint encore un collier où plusieurs dents d'ennemis se mêlent à des coquillages, et qui tombe à double rangs sur sa poitrine large et cuivrée. Le lacet de coton tordu qui serre les reins du guerrier voyageur soutient une énorme courge remplie de la liqueur que donne le manioc ".

Cependant à l'aspect de Jakaré, que ses parens ont appelé le Grand-Crocodile, et que les guerriers ont surnommé le Fort, tout s'émeut, tout s'agite. On l'entoure, on le presse ; vingt bouches l'interrogent à la fois; mais les vieillards ont parlé : on se tait. Le calme se rétablit. Ombu, le sage de l'aldée, Ombu, le père de Tamandua, s'avance vers le chef brésilien :

« — Vaillant Jakaré, dit-il, les vieillards
« écoutent : parle. Que pouvons-nous espérer
« de nos voisins ? »

Jakaré dit : « Je vais parler. Sage Ombu, nos
« voisins viendront à notre aide, ils viendront
« avec l'arc et la massue.

sur le Brésil. Il avait été prisonnier pendant long-temps chez les Tupinambas

5.

« — O Grand-Crocodile, s'écrie le vieil-
« lard, voilà qui est bien : nous te remer-
« cions. »

Jakaré reprend : « — J'entrai dans l'aldée de
« nos amis au premier chant de l'oiseau. Le
« cacique Jacoupéma-le-Faisan vint me re-
« cevoir, suivi des anciens et des guerriers de
« la nation; alors j'ai dit ces paroles : « Sage
« Jacoupéma, voici cinquante peaux de tigre,
« cent peaux de chevreuil, un hamac, de la
« boisson, des plumes de perroquet et des
« gorges de toucan. » Et l'homme aux cheveux
« blancs a répondu : « Écoute, ô toi le Grand-
« Crocodile, qui es l'envoyé des tiens : j'accepte
« tes peaux, ton hamac, ta boisson et tes plumes,
« parce que toi et les tiens vous n'avez jamais
« mangé les miens. Tamoyos, déchargez les
« épaules des hommes tupinambas; prenez les
« peaux, le hamac, la boisson et les plumes. Dis-
« nous, Jakaré, ce que veulent les anciens de
« ta tribu : veulent-ils des secours contre les
« tyrans? » Alors, moi, qui aimais déjà ce bon
« vieillard, j'ai répondu : « Oui, les anciens

« veulent des secours contre les tyrans. » Et
« Jacoupéma a dit : « Compte sur nos guerriers ;
« encore dix soleils, et ils arriveront à votre
« grand village. N'oublie pas, à ton retour
« chez les Tupinambas, de laisser des mar-
« ques sur le tronc des arbres, afin que les Ta-
« moyos " prennent le chemin le plus court.
« Mais, dis-moi, cet étranger que le Grand-
« Esprit vous avait envoyé pour votre bon-
« heur, et qui vous a enseigné des choses si
« utiles, Caramourou, l'homme de feu, ne s'est
« donc pas opposé à la barbarie de ses com-
« patriotes, ou bien était-il d'accord avec eux
« pour vous tromper et pour vous faire es-
« claves? » J'ai dit : « Vieillard, tu ne connais
« pas notre ami : c'est pour avoir voulu nous
« défendre qu'ils l'ont tué, les Portugais : oui,
« notre ami est mort! O Tamoyos, vengeance !
« vengeance!

« Jacoupéma a dit encore : « J'ai accepté tes
« présens : accepte aussi mon présent : prends
« cet arc dont le bois ne rompt jamais; les jeunes
« filles de la tribu ont tressé la corde de ton arc. »
« J'ai répondu : « Jakaré-Ouassou ne se sert

« pas d'arc : lorsqu'il jouait encore avec les en-
« fans, un chasseur voulut montrer à Jakaré à
« lancer la flèche sur les daims, mais la flèche
« se brisait entre ses doigts, sur la corde de son
« arc. Voici mon arme; c'est une tacape dont le
« bois ne rompt jamais. Cependant je te remer-
« cie, vieillard, et je donnerai l'arc des Ta-
« moyos à l'un de nos plus braves chefs, au fils
« du sage Ombu, à Tamandua : il est mon ami. »

« — Tamandua!... interrompt le vieil Ombu.
« Grand-Esprit! » Et il allait faire connaître
à Jakaré le sort du jeune Tupinambas; mais il
renferme aussitôt sa douleur; il dévore ses larmes, car il sait que l'ami de son fils voudra
voler, sans nul retard, au secours du prisonnier de San-Salvador. Il ne peut douter que,
déjà fatigué par une longue marche, le courageux Jakaré ne succombe..... Ce serait une
victime de plus. Il veut dans un autre moment
dire son malheur au bouillant cacique, et mûrir avec lui les projets de délivrance; mais
c'est en vain qu'il croit faire oublier, par le
silence le plus profond, ce cri échappé à l'ame

d'un père. A travers son calme apparent perce son agitation intérieure; d'un coup d'œil rapide Jakaré a tout vu, tout compris, tout su : l'amitié n'a pas besoin d'yeux pour voir, d'oreilles pour entendre..... Il lui suffit d'un cœur pour sentir.

Le front ridé par la colère, Jakaré s'écrie :
« — Ombu! ton fils est tombé au pouvoir
« des Portugais. Crois-tu me tromper par ton
« silence ? Crois-tu que je ne pensais pas déjà
« à ce qui pouvait être arrivé ? Et vous, ô vieil-
« lards, croyez-vous qu'en vous parlant Jakaré
« était tranquille ? Non : je souffrais plus que
« ne fait souffrir un mauvais songe, la nuit,
« dans la cabane. Quoi! après vingt soleils
« d'absence, Tamandua n'accourt point se je-
« ter dans mes bras! Sa flèche ne frappe pas
« les arbres de la forêt pour m'annoncer de
« loin qu'il vient à ma rencontre! Je me disais,
« en voyant que les vents ne m'apportaient
« point sa voix si douce à mon oreille : Ou
« mon ami est mort, ou mon ami est enchaîné.
« O Tupinambas! pourquoi m'avez-vous chargé
« d'aller renouveler l'alliance chez les Ta-

« moyos ? Ma tacape eût écrasé l'homme qui
« a menacé la tête de Tamandua; j'aurais eu
« plus de force alors : j'aurais frappé pour lui;
« mon ami écouterait encore les leçons des
« anciens. Mais où sont les lâches qui le sui-
« vaient au combat? Où sont-ils? Honte à ces
« hommes de la tribu : ils n'ont pas su défendre
« leur chef; ils dorment tranquilles dans les
« hamacs de l'aldée, et ils n'ont plus leur ca-
« cique : ce sont des femmes..... ce sont des
« Portugais !!! »

Dans ces derniers mots de Jakaré, que d'intérêts attaqués, que de cœurs froissés ! Ils excitent parmi les Tupinambas un murmure général, et des cris se font entendre. Tous regardent Jakaré avec des regards courroucés.

Un guerrier s'est avancé vers l'ami de Tamandua.

« Jakaré, dit-il, nous respectons ta douleur,
« pourquoi ne respectes-tu pas la nôtre? N'in-
« jurie point ceux qui ne peuvent te répondre.
« Jakaré ! tu les appelais Portugais, et ils sont
« tous morts en combattant ! Ils dorment,
« non pas dans les hamacs, à côté de leurs

« femmes, mais avec leurs pères, du sommeil
« des braves. Ils n'ont pu sauver Tamandua,
« qui avait porté la massue jusque dans les
« retranchemens européens; les tonnerres ont
« brûlé les guerriers de ton ami; un seul
« d'entre eux est venu affliger nos cœurs par
« cette nouvelle. Il a vu Tamandua qu'on en-
« chainait. Comme ils étaient joyeux d'avoir un
« cacique vivant! Tamandua avait été frappé
« par derrière. Celui qui nous a dit cela a bien
« montré qu'il était Tupinambas, car il mou-
« rut avant qu'un soleil s'achevât : deux ton-
« nerres l'avaient atteint. Jakaré, tu n'as pas
« été sage : tu as fait de la peine aux pères,
« aux femmes, aux enfans et aux amis des
« guerriers qu'avait commandés Tamandua. »

Jakaré répond : « — Guerrier, j'ai eu tort. »
Puis, se tournant vers Ombu :
« — Vieillard, je te le promets, tu reverras Ta-
« mandua.
« — Eh quoi! encore tout couvert de sueur
« et de poussière, tu voudrais aller au fort!
« Songes-tu que les Portugais ont toujours un

« grand nombre de sentinelles, et que sur leurs
« remparts la mort ne dort jamais?

« — Vieillard, tu reverras Tamandua!

« — Tu périras!

« — Je périrai peut-être, vieillard, mais tu
« reverras Tamandua! »

Alors, le devin s'approche de Jakaré, en agitant le maraca :

« — Guerrier, dit-il, je viens de converser
« avec les esprits : tant que le soleil ne sera pas
« tombé au fond de la mer, où il devient noir
« comme un charbon éteint dans l'eau, tu ne
« dois pas combattre, tu ne dois rien entre-
« prendre. Tu entends que ce sont les esprits
« qui ont dit cela? Va te reposer avec tes trente
« guerriers, et, au premier vol de la chauve-
« souris, lorsque le fort fera entendre son ton-
« nerre du soir, tu viendras à la Grande-Case
« avec ceux que tu auras choisis pour t'ac-
« compagner; je te donnerai des conseils, et,
« avec le secours du Génie du bien, tu pourras
« peut-être délivrer ton ami. »

Jakaré a fait un signe d'obéissance; le piaye

regarde Ombu avec orgueil, et cherche à déguiser par une gravité feinte la joie qu'il éprouve d'avoir pu vaincre seul l'imprudente mais généreuse résolution de Jakaré. O pouvoir de l'ignorance et du fanatisme! tu sais triompher même de l'amitié unie à la valeur!

Le chef indien, qui ne se rend point à la voix de la sagesse, cède au charlatanisme d'un sauvage un peu moins ignorant que lui; le piaye l'a séduit par un air d'inspiration. Ah! le sort de l'homme est-il donc, ici-bas, d'être toujours trompé, d'être toujours en butte au mensonge et à la fourberie?

> C'est elle que je perds!
> Mad. Amable Tastu.

Jakaré et ses compagnons se sont retirés dans leurs cabanes; ces derniers se livrent au repos, mais Jakaré, en proie à l'inquiétude, à la douleur, se refuse au sommeil : il attend avec impatience le moment de voler au secours du prisonnier. Oh! s'il savait que c'est demain que Tamandua doit tomber sous le fer de l'étranger! s'il savait que Coutinho a fixé ce jour pour la mort de son ami! Comme il s'élancerait afin de sauver le chef ou de périr avec lui! Cependant il semble qu'un pressentiment l'agite : des images cruelles viennent en foule l'assaillir; il croit voir le glaive des Portugais prêt à immoler Tamandua..... Soudain Jakaré, saisissant sa massue, frappe autour de lui; ses dents s'entrechoquent avec violence : déjà il croit fouler des cadavres ennemis; mais sa massue n'est point ensanglantée. L'Indien retombe dans son abattement.

Cependant le soleil a quitté l'horizon. Sur le fort portugais le tonnerre a résonné : Jakaré tressaille d'alégresse; il se hâte de prendre sa massue, son bouclier, et se rend à la Grande-Case, suivi de fidèles compagnons. Alors, au son du maraca, des danses lentes et mystérieuses s'exécutent dans le silence de la cabane; les danses achevées, les Tupinambas reçoivent, par un long cornet que tient le jongleur, la fumée du pétum, qui exhalte leur imagination. C'est ainsi que le piaye souffle aux guerriers l'esprit du courage [15]. Pour inspirer plus de terreur à l'ennemi, ils défigurent leurs traits, et se peignent le visage de différentes couleurs; Jakaré surtout donne à sa figure une expression terrible, et, bouillant d'impatience, il quitte la case, l'aldée et la forêt.

Il côtoie les bords de la mer.

Il est déjà près de San-Salvador.

Tout-à-coup l'atmosphère s'épaissit, les éclairs sillonnent la nue; l'hôte harmonieux des bois se cache sous la branche, et le terrible jaguar regagne en hurlant sa tanière. La foudre gronde au loin sur le golfe de Bahia, où les flots, accumulés en montagnes menaçantes, se heurtent et mugissent.

Jakaré continue sa marche entre les rochers et les arbres qui bordent le rivage; il n'a qu'une pensée, cette pensée n'a qu'un but : il faut sauver Tamandua. Il le sauvera : comment? il l'ignore, mais il le sauvera. Plus il approche du fort, plus il sent redoubler son courage et son espoir. Soudain il aperçoit, à la lueur d'un éclair, un léger esquif qui, battu par la tempête, cherche à rentrer dans le fort. Jakaré reste un moment pensif; avec cette embarcation, il pourrait s'introduire dans la citadelle portugaise. Comment parvenir à s'en rendre maître? Non-seulement elle est éloignée de la côte, mais encore des Européens armés la dirigent.

Un des guerriers qui accompagnent le chef américain quitte ses compagnons, et s'avance vers Jakaré, car il a compris sa pensée :

« — Jakaré, veux-tu que je t'amène cette
« pirogue?

« — Quoi! c'est toi, Acarapep?

« — Crois-tu que je t'aurais laissé partir sans
« moi? J'ai pensé : Jakaré traversera peut-être les
« eaux, et je ne serai pas à côté de lui! Ne
« suis-je donc plus le Nageur? J'ai fui les em-
« brassemens de mon épouse et les caresses de
« mon jeune fils, afin de partager le danger
« d'un homme vaillant. Je viens te servir:
« parle : mes bras me porteront aussi loin que
« ton œil pourra me voir.

« — Brave compagnon, tu peux m'assurer
« un moyen de délivrer mon ami : vois-tu cette

« pirogue que des Portugais inhabiles con-
« duisent? il faut me l'amener. Je ne suis point
« un grand nageur comme toi ; je ne ferais pas
« ce que tu peux faire. »

Acarapep s'élance aussitôt dans la mer ; ses bras vigoureux l'éloignent du rivage; il agit de ruse, se glisse entre deux eaux, et nage ainsi jusque vers les Portugais. Sortant alors précipitamment de l'onde, il monte dans l'embarcation, et, plus rapide que la foudre qui éclaire alors le visage des trois Européens, l'intrépide nageur jette l'un après l'autre dans les flots les marins pris à l'improviste, qui, frappés de terreur, croient être le jouet d'une puissance surnaturelle. Acarapep, maître de l'esquif, et se riant des Portugais qui se débattent dans les eaux, rame avec habileté, et reparaît aux yeux de ses compagnons, au moment où l'orage, qui s'est calmé peu à peu, cesse tout-à-fait.

« — Acarapep, dit Jakaré, tu es vraiment le
« Nageur. Écoute : tu as fait une chose difficile,
« j'ai des prisonniers qui seront bientôt tués :
« au prochain massacre, tu porteras le coup
« d'honneur [4]. »

Jakaré entre avec la moitié de ses guerriers dans la pirogue dont le Nageur vient de s'emparer si adroitement. Les Tupinambas, ne doutant pas que les Européens ne laissent entrer sans crainte cet esquif qui leur appartient, et que Coutinho avait envoyé pour explorer une partie de la côte qu'il ne connaissait qu'imparfaitement, rament droit au fort, où quelques Portugais ouvrent, sans défiance et dans l'obscurité, l'écluse de la citadelle à la pirogue d'exploration.

Les soldats du gouverneur, précipités de leur embarcation par un bras aussi déterminé que celui d'Acarapep, croient échapper à la mort en abordant au rivage de Bahia; mais au sortir du gouffre où ils se sont vus un moment près d'être engloutis, ils tombent entre les mains des guerriers, qui n'ont pu suivre leur chef. Celui-ci est dans l'ivresse; il ne saurait contenir sa joie, et il se dit : « Tremblez, « Portugais! les braves sont ici ! »

Jakaré, que les ténèbres protègent, se glisse le long des murs avec ses compagnons, qui observent le plus profond silence. Ils ne sont rencontrés par aucun soldat : tout semble livré au repos; mais ils ne savent où diriger leurs pas. En quel lieu est Tamandua? ils l'ignorent. Tout à coup Jakaré entend une voix :

« — Camarade, dit une sentinelle, où vas-
« tu donc à cette heure?

« — Porter la nourriture du prisonnier,
« répond une autre voix. Ce misérable sau-
« vage, Tamandua, il me donne bien du mal :
« lorsque je vais près de lui, il a toujours à
« me répéter une foule de ces phrases de
« Tupinambas que je ne comprends pas; il
« m'appelle un Génie du mal; il ne veut point
« de notre nourriture, il demande du manioc,
« et d'autres choses dont lui seul sait le nom;
« je crois bien qu'il me parle aussi quelquefois
« du plaisir qu'il aurait à me manger. Mais tu
« ne pensais pas que c'est la fille du gouverneur
« qui l'occupe le plus. Je ne comprends point où
« il a pu la voir. Il dit qu'elle est belle, qu'elle
« est son amie, et qu'il veut l'emmener avec lui
« à Cotiva, dans la case du vieil Ombu, son père.

« — Je voudrais être à ta place, afin d'en-

« tendre le langage barbare de ce Tamandua,
« auquel tu portes, je pense, le dernier repas.

« — Oui, c'est le dernier; car.....

« — Tu mens! » s'écrie Jakaré, ne pouvant plus contenir sa rage; et, d'un coup de massue, il fracasse le crâne de l'imprudent aventurier. Il sait maintenant où est Tamandua, car le Portugais qu'il vient de tuer avait montré plusieurs fois de la main la prison du fils d'Ombu; il sait où trouver son ami : que lui importe d'être découvert? Jakaré veut immoler l'autre soldat; mais celui-ci évite le coup, fuit, et donne le signal d'alarme. Au même instant, presque tous les Lusitaniens accourent; les compagnons de Jakaré mordent la poussière; mais rien ne peut arrêter le chef de Cotiva : il s'élance à la prison de son ami, brise toutes les portes qui lui ferment le passage, renverse les soldats portugais, et, haletant, blessé par plusieurs balles, il arrive en poussant des cris de joie jusque dans les bras du prisonnier.

« Jakaré! Tamandua ! » sont les seuls mots qu'ils peuvent se dire.

Revenu de son émotion : « — Entends-tu le

« bruit de leurs tonnerres? dit Tamandua.
« Hélas! ils vont te combattre encore, et je
« ne pourrai t'aider à les tuer!.....

« — Rassure-toi. Hâtons-nous de fuir! Déjà
« les braves qui m'ont suivi ont été accablés
« par le nombre!..... »

Il entraîne précipitamment le jeune cacique ; mais l'entrée par laquelle Jakaré est arrivé est remplie par les satellites du gouverneur ; les Indiens ne peuvent s'échapper que par cette issue : ils parviennent néanmoins, en brisant plusieurs portes, à s'enfoncer dans de longs corridors éclairés par des flambeaux. Cependant nul moyen de salut..... Jakaré marche le premier. Une femme éperdue, saisie de terreur, frappe ses regards : c'est Inez, qui, troublée par le tumulte qu'elle entend, voulait se rendre vers son père. En la voyant, Tamandua sent battre son cœur avec violence ; mais Jakaré ne voit qu'un ennemi, il lève sa redoutable massue sur la tête d'Inez : il va frapper.....

« — Arrête! s'écrie Tamandua, ton ami t'en
« conjure! » Puis, s'adressant à la vierge : —
« Je viens de te sauver la vie : voudrais-tu donc

« me faire mourir, en refusant de fuir avec
« moi? »

La vierge se tait, et cherche à s'éloigner ;
l'horrible visage de Jakaré l'a fait frémir.

« — Fille d'Europe, s'écrie Tamandua, tu
« es aussi barbare que les tiens ! Tu ne con-
« nais pas la pitié ! Jamais Tamandua n'im-
« plora un ennemi: eh bien ! je t'en supplie,
« écoute-moi..... »

Mais Jakaré ne laisse point achever son ami;
malgré sa résistance, il l'arrache au danger. Il
le saisit dans ses bras; chargé de ce fardeau,
il remonte précipitamment. Une idée frappe
soudain son esprit; un seul moyen lui reste
pour échapper à la mort ; dans le corridor,
près de la prison du cacique, se trouve une
étroite fenêtre qui donne sur la mer : un
coup de massue en fait sauter les épais barreaux; Jakaré pousse Tamandua, et le précipite dans le golfe où il se jette après lui. Les
deux Indiens, que les Portugais ont aperçus sur
les flots, à la clarté de la lune, et sur lesquels ils
font un feu continuel, ne peuvent gagner la
côte des Tupinambas avec rapidité ; les bras de

Tamandua sont encore enchainés: son ami l'aide d'une main à se soutenir, et nage de l'autre. Les balles sifflent autour de leur tête. Jakaré en est atteint; son sang rougit l'onde amère, et aucune plainte ne sort de sa bouche; il craint trop d'attrister celui qu'il aime; son visage est riant; il anime et encourage son ami. Cependant les deux guerriers touchent au rivage, où ils se reposent un moment. Jakaré, après avoir brisé enfin les fers de Tamandua, arrête son sang qui s'échappe avec abondance: il applique sur ses blessures des feuilles vertes et fraiches.

Tamandua et Jakaré marchent ensuite vers l'aldée. « Jakaré, dit Tamandua, tu es mon
« ami! Je t'aime! Que tu es vaillant! tu n'as
« pas craint tous les hommes du fort; tu es
« venu sauver ton ami.

« — J'ai fait pour toi ce que tu aurais fait
« pour moi : je t'aime aussi. Mais dis-moi,
« pourquoi donc as-tu retenu ma tacape qui
« allait frapper une ennemie?

« — Ah! tu ne sais pas quel mal tu m'aurais
« fait! Cette femme, je l'aime : elle est belle:

« tes yeux, ô Jakaré, n'ont jamais rien vu de si
« beau. »

En parlant ainsi, ils approchent de Cotiva ;
ils y arrivent au lever de l'aurore. De toutes
parts on accourt au devant d'eux ; toutes les
cases sont désertes ; on se presse à l'envi sur
les pas des deux guerriers. Ombu, le vieil Ombu,
perce la foule : oh! qu'il verse de douces larmes,
lorsqu'il presse contre son sein Tamandua, son
fils qu'il avait cru perdu pour sa vieillesse, et
le libérateur de ce fils bien aimé.

Les jeunes filles marchent devant Tamandua, et jettent des fleurs sur son passage. L'une
de ces jeunes filles pousse des cris de joie ; c'est
la plus belle, c'est Moëma, c'est l'amante de
Tamandua.

Les amis de Jakaré l'entraînent : ils le voient
couvert de sang ; et, sur les blessures du chef
indien, les matrones expriment le jus des herbes et des plantes salutaires dont la vertu est
connue à Cotiva.

Tamandua se retire dans sa case : Moëma

l'accompagne; elle veut savoir si elle est toujours aimée; elle a remarqué sur le visage de son amant une teinte de tristesse. Elle s'approche de lui :

« — Beau Tamandua, je t'aime toujours :
« si tu savais comme j'ai pleuré lorsque tu
« étais enfermé dans ces grandes cases des mé-
« chans !......

« — Pauvre Moëma, si bonne, si douce, je
« ne veux point te tromper : Tamandua aime
« une fille d'Europe.....

« — Tu aimes une fille d'Europe, Taman-
« dua! Mais ne m'avais-tu pas dit : « Quand
« j'aurai fait passer toutes mes flèches dans le
« cœur des Portugais, je dirai à ton père : Je
« suis brave, j'ai tué beaucoup d'hommes
« d'Europe; ta fille me plaît, elle est belle
« (car tu m'as dit souvent que j'étais belle);
« voici des présens : donne-moi ta fille, et
« nos amis bâtiront en chantant la case de
« Moëma et de son ami. Je serai le grand ar-
« bre de la forêt : elle sera la liane odorifé-
« rante qui s'entrelacera au grand arbre; les
« vents la balanceront autour de moi, mais

« ils ne l'en sépareront jamais? » Tu m'as dit
« tout cela : eh bien! demande-moi à mon
« père ».

« — Hélas, j'aime une fille d'Europe.

« — Que diront mes rivales, en voyant
« que mon guerrier m'abandonne, moi qui
« l'aime tant? Comme elles seront joyeuses!
« Je leur avais dit : « Je sais plaire : retirez-
« vous dans votre case, Tamandua a choisi sa
« colombe; retirez-vous, la bouche du chef
« qui m'aime ne sourira point pour vous.
« Allez, pleurez sur le sein de vos mères. »
« Maintenant elles me diront : « La colombe
« est seule dans son nid; c'est à elle de pleurer :
« réjouissons-nous. »

« — Écoute, Moëma, tu es la plus belle des
« filles des Tupinambas; tu es l'Inez de la
« tribu, mais j'ai vu l'Inez des Européens.

« — Oh! je t'en supplie, prends-moi pour
« ton épouse. Vois-tu l'oiseau abandonner son
« nid après l'avoir habité avec celle qui ré-
« pondit à ses chants d'amour? La Portugaise
« n'est pas aussi belle que moi; cette femme
« doit être méchante comme ses amis. Oh!

« demande-moi à mon père; je ferai tout pour
« toi; je travaillerai à la terre, je planterai le
« manioc, je préparerai ta boisson, j'irai dans
« les bois, après ta chasse, pour rapporter les
« chevreuils que tes flèches auront percés; je
« peindrai ton corps lorsque tu me diras :
« Femme, je vais à la guerre. » Je te ferai
« de belles coiffures de plumes et de beaux
« manteaux de plumes. Je ne laisserai pas nos
« enfans seuls dans la case, de peur que quel-
« que méchant serpent ne vienne les manger.
« Tous les matins j'irai me regarder dans la
« fontaine du grand bananier; et s'il arrive
« un jour que je ne sois plus belle, je pleu-
« rerai dans la fontaine, et je viendrai te dire :
« Tamandua, la fontaine du grand bananier
« m'a dit que je ne pouvais plus te plaire :
« voici la moitié de nos enfans; Moëma n'est
« plus assez belle pour toi. » Mais non, je ne
« veux point vieillir, parce que je t'aime; je
« serai toujours belle. Oh! demande-moi à
« mon père!

« — Moëma, pleure, tu ne seras pas mon
« épouse; tu réjouiras toujours la vue des

« hommes ; moi, j'aimerai toujours la fille
« d'Europe. »

Le calme se rétablit à San-Salvador. Les aventuriers sont forcés d'admirer l'audace de l'ami de Tamandua; et les cadavres qui gisent le long des murs n'attestent que trop la force de son bras.

Ils n'avaient point inventé, comme les peuples qui se glorifient de leur civilisation, des prisons où l'on languit pendant des années entières, des pontons obscurs et empestés, où l'on respire tout à la fois l'horreur de la captivité et le désir de la mort.

..... Le prisonnier voué au supplice jouissait jusqu'à son dernier jour des plaisirs de la vie; on n'en voulait qu'à son existence; on était loin de souhaiter qu'il l'abandonnât au milieu des souffrances.

(*Résumé de l'Histoire du Brésil et de la Guyane*, par Ferdinand Denis.)

Les femmes ont préparé la liqueur de la fête, les vases de terre rouge, et tressé la mussurana, longue corde qui doit lier la victime ; les principaux chefs ont enduit leur corps de gomme, et orné leur tête des plumes de l'ara et du perroquet. Tout s'agite dans l'aldée; des cris féroces s'échappent de toutes les cases.

C'est le jour du massacre.

Deux prisonniers vont périr; l'un appartient à une tribu ennemie : c'est un guerrier cabète; l'autre est un soldat de Coutinho : tous deux sont à Jakaré. Depuis long-temps il brûlait de verser leur sang, mais sa mission au grand village des Tamoyos avait suspendu sa vengeance.

Les captifs sont renfermés dans une cabane, gardée par plusieurs Tupinambas; on leur a donné à chacun une jeune fille distinguée par ses attraits, pour embellir leurs derniers momens. Ils peuvent jouir de tous les plaisirs connus des Indiens. Chez les peuples civilisés, on fait souffrir au prisonnier tout ce que la cruauté peut avoir de plus horrible : on le plonge vivant au fond d'un cachot humide et infect; là, chaque instant a son supplice, la torture habite les sombres pontons. Chez les Européens, le prisonnier meurt désespéré; chez les sauvages, on le tue et on le mange.

Les sauvages sont beaucoup plus humains que les peuples civilisés.

Jakaré et Tamandua se rendent sur la place du massacre. Là sont assemblés le devin et les vieillards, les guerriers, les femmes et les enfans. Les chefs décorent de touffes de plumes la Iiwara-pemme, massue de la mort, autour de laquelle on a dansé et chanté pendant plusieurs heures. Fier de porter le coup d'honneur, Acarapep ne peut contenir son impatience, et bondit de joie.

Cependant l'une des victimes s'avance : c'est le sauvage cahète. Sa démarche est assurée ; rien sur ses traits farouches n'annonce qu'il va mourir. Tandis que les hommes le lient avec la mussurana, les femmes chantent.

— « C'est nous qui tenons l'oiseau par le « cou ; si tu avais été un perroquet pillant « nos campagnes, tu te serais envolé. »

Les Tupinambas saisissent la mussurana, promènent le captif en triomphe, et poussent des cris de joie. Le Cahète, sans manifester aucune crainte, laisse tomber sur les spectateurs un regard dédaigneux.

— « Je suis brave, dit-il, je me ris de la
« mort : la mort n'est rien pour un Cahète ; je
« l'ai vue bien souvent au milieu des combats :
« elle ne m'a pas fait reculer. J'ai été trois fois
« à la guerre contre vous; vous êtes des femmes.
« Vous avez fui devant nous comme les petits
« du chevreuil. Quant il faut marcher au com-
« bat, vous allez comme la tortue; lorsque nos
« pieds foulent la feuille sèche du désert,
« vous vous cachez dans les grandes herbes,
« plus vite que la grenouille. Vous êtes les es-
« claves des Portugais ; ils vous feront travail-
« ler pour eux comme des fourmis. »

Un Tupinambas interrompt le Cahète.

— « Regarde le soleil! c'est pour la dernière fois.

— « Il y a long-temps que ton frère ne le
« voit plus : je l'ai percé de ma flèche. »

Puis se tournant tour à tour vers chacun des sauvages :

— « Vieillard, j'ai mangé ton fils ; jeune
« homme, j'ai tué ton père ; femme, tu peux
« prendre un autre époux, car le tien est

« tombé sous ma massue : j'ai rompu ses os
« comme des branches mortes. »

On allume devant le prisonnier le feu sur lequel ses membres seront étendus ; il sourit ironiquement. Une femme présente au vieil Ombu la liwara-pemme ; Ombu, après l'avoir maniée avec les gestes et la cérémonie d'usage, la remet à Acarapep. Le Nageur dit au Cahète :

« — Avant de recevoir le coup de la mort,
« venge-toi. » Alors l'Indien, auquel on a laissé les mains libres, mais que la corde retient par le milieu du corps, écumant de rage, lance des pierres, de la terre et tout ce qu'il peut saisir, contre ceux qui l'entourent.

Lorsque, épuisé de fatigue, il prend un moment de repos, Acarapep s'approche, et dit :

« — Tu as avoué que tu avais tué et mangé
« des nôtres : tu ne vaux rien, tu dois mourir ;
« tu mourras !

« — J'ai dit vrai : rends-moi la liberté, et je
« te mangerai, toi et les tiens !

« — Eh bien ! je vais te prévenir, en te cas-
« sant la tête.

7

« — C'est le hasard de la vie! Mes amis sont
« nombreux, ils me vengeront. »

Au même instant, le Nageur lève la liwara-
pemme sur le front du captif, qui regarde fixe-
ment l'arme terrible; Acarapep frappe, et
d'un seul coup, fait jaillir la cervelle du Cahète.

Mille cris féroces applaudissent au Nageur.
Celui-ci, plus que jamais enorgueilli de l'honneur qu'il vient d'avoir, se fait une profonde
incision à la cuisse pour éterniser le souvenir
de cette journée.

Jakaré fait amener l'autre captif. L'Européen
s'avance; ses pas mal assurés, ses regards consternés, abattus, la pâleur effrayante qui couvre
son visage, sa respiration étouffée, tout décèle
sa terreur. Il frémit, et recule épouvanté à la
vue du cadavre du prisonnier cahète, que les
femmes dépeçaient déjà [16].

Les cheveux du Portugais se dressent lorsque
le sang de son compagnon d'infortune vient
baigner ses pieds.

« — Oui, disent les femmes, tu es lâche; tu
« trembles : les Portugais ne savent pas mourir.

« Va donc chercher ton tonnerre pour nous
« brûler; bientôt tous tes amis du fort seront
« massacrés comme toi. Oui, le tigre d'Europe
« est tombé dans nos filets; nous lui avons ar-
« raché les dents, nous lui avons coupé les
« griffes, et nous allons manger sa chair. »

Jakaré saisit à ces derniers mots la main de Tamandua :

« — Ami, dit-il, tu as beaucoup souffert
« des Portugais : venge-toi. J'aurais voulu te
« donner le premier sang; mais il appartenait
« au Nageur, qui m'a procuré les moyens de te
« sauver. Sans lui peut-être..... mais, tiens, tu
« peux te venger : voilà le captif ! »

Ombu donne la massue à Tamandua; Tamandua s'avance vers le Portugais :

« — J'ai été le prisonnier des tiens; j'ai
« souffert : je me venge. »

Et il le tue.

« — Le lâche ! s'écrie Jakaré; il n'a pas en-
« tonné sa chanson de mort !! »

Les Tupinambas demandent le massacre des autres Portugais que les compagnons de Jakaré ont pris sur le rivage de Bahia; mais, sur l'avis des vieillards, ils sont réservés pour fêter l'arrivée des Tamoyos.

Cependant Coutinho frémit de rage dans les murs de San-Salvador. Jakaré a trompé l'affreux supplice qui attendait son ami; et, au milieu des forêts de Cotiva, ils respirent, libres, l'air pur de la liberté. La vengeance du gouverneur ne peut être assouvie par la mort des Tupinambas qui ont suivi Jakaré ; c'est le sang de Tamandua qu'il lui faut : il brûle de le répandre goutte à goutte. S'il pouvait frapper deux coups à la fois! Qu'ils seraient doux à son oreille les gémissemens du jeune sauvage, répondant au dernier soupir de son ami !

Mais la fureur de Coutinho est portée à son comble ; un chasseur de Cotiva, qui, après la cérémonie du massacre, s'est laissé entraîner à la poursuite d'un jaguar, a été pris par les aventuriers. Il leur apprend que le fils de leur chef, qui avait disparu, est captif à Cotiva avec trois autres Portugais, et il ajoute : « Tuez-
« moi, puisque je suis votre prisonnier; mais
« votre jeune cacique et ses compagnons se-

« ront tués et mangés à l'arrivée des Tamoyos,
« nos alliés, qui viendront vous tuer et vous
« manger vous-mêmes. Je serai vengé. »

De son côté, la fille du gouverneur est agitée
de pénibles sentimens. Comme son cœur bat
avec violence! quelle pâleur couvre son front!
nul espoir ne reste à la vierge tremblante : son
père ne presse-t-il pas un hymen détesté? la
main d'Inez n'est-elle point réservée à Almada?

Fils de l'un des plus puissans seigneurs du
Portugal, jouissant lui-même d'un grand crédit
à la cour, Almada est à cet âge où les passions
se disputent tumultueusement le cœur de
l'homme, à cet âge où elles y règnent en sou-
veraines. Almada, élevé dans le fracas des armes, environné de succès et de gloire, n'a jamais
su mettre un frein à ses désirs. Séduisant au
physique, hideux au moral, son corps est la
réunion de toutes les perfections, et son ame
le siége de tous les vices; sa vie est un tissu de
fautes et même de crimes : et voilà l'époux de
la malheureuse Inez! N'aurait-il pas mieux

valu pour elle que les flots de la mer l'eussent engloutie, ou que sa tête eût orné le triomphe des sauvages? Chaque fois que la vierge songe à l'aventurier auquel on veut unir son sort, ses yeux se remplissent de larmes silencieuses. Il faudra donc l'oublier à jamais, ce Fernand qui ne s'illustre que pour elle !... Elle ne connaît que trop l'indigne époux que l'ambition lui destine. Almada n'ignore point combien il est méprisé, mais il s'attache à sa victime ; il hâte les préparatifs de leur union.... Si l'odieux hymen s'accomplit, Inez le pressent déjà, ce sera le temps d'une autre cérémonie. Ah du moins il est permis au malheureux de mourir ! Pourquoi faut-il qu'ici-bas l'homme ne puisse mettre qu'une tombe entre lui et l'infortune!

Inez s'est en vain précipitée aux genoux de son père ; elle lui avoua tout, le baigna de ses larmes, en le conjurant de ne point la sacrifier ainsi : Coutinho fut inébranlable. Dès ce moment Inez résolut de se soumettre sans murmure ; elle garda le silence. Le nom de son amant, qu'elle n'osa plus prononcer, se réfugia dans son cœur : toute l'autorité de Coutinho ne saurait l'en expulser.

Mais comment la vierge peut-elle envisager le sombre avenir? Il lui faudra vivre enchainée, par un serment horrible auquel l'ame n'a point eu de part, à l'homme qu'elle ne saurait aimer! Le titre sacré d'époux, si doux quand deux cœurs se comprennent, est un supplice continuel lorsqu'il n'est dû qu'au froid calcul de l'égoïsme.

Cependant la jeune Lusitanienne vient d'apprendre que son frère Gonzalez, prisonnier à Cotiva, serait massacré à l'arrivée de certains alliés qu'attendaient les Tupinambas. Coutinho n'espère point revoir son fils. La naissance de Gonzalez est son arrêt de mort ; le sang de l'oppresseur ne sera pas épargné à Cotiva. Inez espère pourtant encore : peut-être, par Tamandua, pourra-t-elle obtenir la liberté de Gonzalez. Elle fait appeler l'un de ses plus fidèles serviteurs, le nègre Toboroëc [15].

« — Toboroëc, oserais-tu affronter les dan-
« gers pour me servir? »

« — Bonne maîtresse, je puis mourir si vous
« le désirez.

« — Je récompenserai ton zèle. Le temps
« presse : il faut te rendre parmi les Tupi-
« nambas. Tu demanderas à parler au cacique
« Tamandua; dis-lui que la fille de Cou-
« tinho ;.... qu'Inez..... implore sa générosité
« pour un captif de l'aldée, pour son frère,
« nomme Gonzalez, et qu'il te soit rendu. »

L'esclave africain s'éloigne; il précipite sa
marche et arrive à Cotiva; il se fait conduire à
la case de Tamandua :

« — Guerrier, lui dit-il, je viens de San-
« Salvador; ma maîtresse m'envoie auprès de
« toi.

« — Ta maîtresse, homme noir! tu es donc
« esclave!

« — Je sers les Portugais.

« — Les Portugais! Tu ne hais pas ces
« hommes méchans et menteurs?

« — A quoi me servirait de les haïr? cela
« n'adoucirait pas mon sort. Chef tupinambas,
« plusieurs blancs sont captifs des tiens; l'un

« est le frère d'Inez : elle te demande sa li-
« berté.

« — Inez!..... dis-tu, c'est elle qui t'en-
« voie!.... Ah! elle embrassera son frère; car
« je veux qu'en l'embrassant elle pense à moi.
« Gonzalez n'est pas mon captif, il appartient
« à mon ami. Mais Jakaré me donnera son
« prisonnier; je conduirai moi-même le frère
« de la jeune fille du fort jusqu'aux pal-
« miers qui sont au bout de notre forêt, de
« peur qu'en voyant un Portugais, quelque
« chasseur ne puisse s'empêcher de lui tirer
« une flèche.

« — Ah! pauvre maître!......

« — Esclave, laisse-là ton maître; tu peux
« rester avec nous, ici tu seras avec des hommes
« libres.

« — Inez est si bonne, si douce, qu'elle me
« fait oublier mon malheur.

« — Ton malheur! je croyais que tes pa-
« reils venaient exprès de leur pays pour ser-
« vir les Européens.

« — Tu te trompes : ce sont les Européens
« qui viennent nous enlever de notre terre

« afin de nous faire travailler pour eux, tou-
« jours, toujours.

« — Vous ne savez donc pas lancer une
« flèche? Vous êtes donc trop lâches pour le-
« ver une massue? N'y a-t-il point de jeunes
« arbres dans votre pays, que vous puissiez
« courber pour en faire des arcs? Et à défaut
« d'armes, vos bras ne vous suffisent-ils point,
« ne pouvez-vous étouffer vos ennemis? Se-
« rait-ce parce que tu es noir que tu sers? Re-
« garde ce corbeau qui passe sur ta tête : il est
« noir aussi, le corbeau, mais il n'est pas es-
« clave. Ses pères ont vu autant de fois leurs
« nids se démolir qu'ils ont vu de petites
« pierres emportées par l'eau du fleuve, et
« cependant, chez les Tupinambas, ils n'ont
« pas encore plané sur la tête d'un esclave.

« — Homme guerrier, pourquoi me repro-
« cher toujours mon malheur? Est-ce ma faute
« à moi, si les fétiches de ma terre ne me sont
« pas favorables, et si, à ma naissance, quel-
« que méchant magicien a dit à celle qui fut
« l'amie de mon père, sous notre case, qui est
« là-bas, là-bas, derrière la mer : « Ton fils sera

« vendu aux blancs : toute sa vie il travaillera
« pour les blancs.

« — Cette femme aurait dû répondre au vi-
« sage noir qui lui parlait ainsi : « Mon fils est
« homme : il ne suera point pour servir des
« Européens. Partout il peut être libre. Il n'est
« pas besoin de beaucoup de courage pour
« mourir. »

« — Cacique, je fais plus, je vis et je souffre.
« Le cerf qui s'endort sous ta flèche n'est pas
« à plaindre; en diras-tu autant du cerf que
« tu as blessé, et qui, couché tristement dans
« les roseaux du marais, pleure sur sa bles-
« sure? Mais tu parles comme un guerrier, et
« moi comme un noir qui a quitté son pays.
« Je retourne au fort. Tu m'as promis que
« Gonzalez y rentrerait bientôt. Je t'en con-
« jure, hâte-toi, car son absence a retardé le
« mariage d'Inez.

« — D'Inez !

« — Oui, avec Almada, l'un de nos plus
« braves chefs.

« — Inez épouse d'Almada !... Almada, dont
« les reins ont plié sous ma massue dans le

« dernier combat! Almada, que j'ai frappé
« de ma flèche à l'arrivée des Portugais! Al-
« mada, qui le premier m'a fait voir le sang
« européen!..... Dis-moi : elle l'a donc ac-
« cepté pour époux? A-t-elle dit à Coutinho
« Il me plaît? » A-t-elle dit à cet Almada
« Mets ta main sur mon cœur, ô toi qui es
« mon bien-aimé, et chantons la chanson d'a-
« mour? » Non, elle ne lui a pas dit cela.....
« Inez est bonne; Almada est un méchant.
« Malheur aux Européens, si la belle fille du
« fort devient l'épouse de celui que je hais
« comme un enfant des Anhangas, et que je
« méprise comme une massue qui n'a tué au-
« cun ennemi! Oh! oui, malheur aux hommes
« du fort, si la bouche de celle que j'aime
« reçoit les baisers du lâche! »

A ces mots il quitte le nègre, auquel il a
dit de ne point s'éloigner encore. Tamandua
vole à la case où sont renfermés les prisonniers portugais. Il s'approche de l'un d'eux
« — Homme d'Europe, Caramourou a dit que
« vous saviez vous parler à une grande distance;

« qu'avec des feuilles qui viennent chez vous,
« vous pouviez vous entendre, sans vous voir,
« d'une montagne à l'autre. Tu dois savoir
« faire tout cela. Le sais-tu?

« — Oui, répond le prisonnier, qui avait
« compris le cacique; mais je n'ai pas de ces
« feuilles.

« — Oh! moi, j'en ai une dans ma case : je
« l'ai demandée à notre ami Caramourou, que
« vous avez tué. Je vais te l'apporter : je la
« gardais comme une chose belle, et parce
« qu'elle lui avait appartenu. »

Tamandua quitte le prisonnier, entre dans
sa case, et ne tarde point à reparaître :

« — Voici la feuille, dit-il, il faut qu'à
« San-Salvador elle aille parler pour moi [18]. »

Une plume tirée de la dépouille d'un oiseau
tué par les gardiens de la case des captifs, et
plusieurs gouttes de catua * versées dans
une écuelle de coco, offrent à l'aventurier les
moyens de terminer promptement la lettre que
lui dicte Tamandua, et qui doit être remise à

* On sait que c'est une couleur rouge.

la vierge du fort. Le cacique la prend avec précipitation, et, s'adressant au soldat :

« — Ne m'as-tu pas trompé ? Est-ce bien ce
« que je t'ai dit ? Je le saurai. »

Et au même instant il va trouver un autre prisonnier portugais :

« — Que te dit cette feuille ? »

Le captif lit. Tamandua écoute avec joie : ce sont les mêmes paroles qu'il a dictées; alors il se hâte de rejoindre l'envoyé d'Inez :

« — Homme noir, dit-il, tu peux retourner
« à San-Salvador. Ceci, donne-le à Inez; ce
« n'est que pour elle seule. Lorsque tu verras
« que la fauvette n'est plus que sur une patte,
« et que la chauve-souris quitte le creux des
« arbres, c'est alors que j'accompagnerai Gon-
« zalez hors de l'aldée. »

Toboroëc est rentré au fort. Il remet à sa maîtresse l'écrit du cacique, et lui annonce qu'elle embrassera le prisonnier des Tupinambas.

Inez repose sur un sopha : on voit encore sur ses joues la trace de ses larmes. Coutinho vient d'avoir un entretien avec sa fille; il ne veut plus différer l'hymen qui doit compléter ses désirs ambitieux. Un jour encore, et Almada sera l'époux d'Inez!

Coutinho a vu couler les pleurs de sa fille; il a vu la pâleur de son front, et son cœur n'a point été ému. Inaccessible à la pitié, le gouverneur est inébranlable dans sa résolution.

La vierge lit la lettre du jeune chef tupinambas :

« Oui, tu es plus belle que la colombe; tu es
« plus belle que la lune descendant au fond
« du lac à travers les feuilles des arbres; tu es
« belle comme le soleil du matin : ton haleine
« est douce comme la rosée du soir. J'aime ta
« chevelure, parce qu'elle tombe sur tes épaules
« plus belle que ne tombent le long des ro-
« chers les eaux de la cascade.

« L'homme esclave que tu as envoyé vers les
« hommes libres a dit qu'Inez demandait à
« Tamandua son frère Gonzalez. Sa mort de-

« vait fêter l'arrivée des Tamoyos, nos alliés,
« mais ta bouche a dit : « Grâce! » le sang du
« Portugais ne jaillira point sur la massue des
« Tupinambas : les femmes ne frotteront point
« le corps de leurs fils avec le sang du frère de
« mon amie.

« Inez,

« Je t'aime, je te l'ai dit : si tu veux m'aimer
« aussi, toi, Almada ne sera pas ton époux ; il
« périra, parce que je suis brave, et que je le
« combattrai. Oui, il périra, et moi je vivrai.
« On ne peut pas mourir lorsqu'on aime
« tant.

« Ne va pas orner le hamac de l'homme
« méchant avant que nos alliés arrivent au
« milieu de nous! Demain ils seront à Cotiva,
« et je me réjouirai, parce que les vieillards,
« qui ne veulent point me laisser aller tirer
« maintenant des flèches contre les guerriers
« portugais, alors ne me retiendront plus. Oh!
« oui, je tuerai Almada et ses amis! Je le tue-
« rai, parce que je suis brave, et parce qu'il
« veut m'enlever mon amie.

« Non, celle que j'aime ne sera pas son
« épouse! Celle que j'aime doit habiter la case
« des Tupinambas. Tes yeux, ô jeune fille,
« font tressaillir d'amour! »

Inez n'a pu relire sans effroi la lettre du sauvage. Les jours de son frère ne sont plus menacés, il est vrai, mais la vie de ses compatriotes est en danger. Elle connaît le courage des Tupinambas; elle sait aussi que les Tamoyos sont terribles. Tamandua, emporté par son amour, se jettera comme un tigre au milieu des Européens; peut-être le bras du chef frappera-t-il le gouverneur! Tamandua ne combat jamais sans l'implacable Jakaré, dont la massue, s'agitant comme un tourbillon, fait couler des ruisseaux de sang autour de son ami!

Que la situation d'Inez est pénible! Combien elle doit souffrir! Le violent amour qu'elle a malheureusement inspiré au jeune Brésilien pourrait causer la ruine des Portugais. Des combats souvent répétés ont diminué leur nombre; ce qui reste de soldats à Coutinho ne sauraient résister au torrent qui les menace. Les remparts de San-Salvador, élevés à la hâte, soutiendront mal un choc impétueux; les munitions de tous genres sont épuisées, et les secours qu'attendaient les aventuriers ne paraissent point : tout les abandonne; la mesure est-elle comblée? le sang va-t-il enfin se payer par le sang, et le Ciel veut-il mettre un terme aux crimes des oppresseurs?

Inez se flatte néanmoins qu'à l'approche des ennemis, son père verra qu'il lui est impossible de résister, et que les Portugais quitteront San-Salvador, en s'embarquant sur les vaisseaux qu'ils ont à l'ancre dans la baie.

Inez, pâle et tremblante, mais belle de sa pâleur, se rend au pied des autels pour implorer de ce Dieu qui se plait à nous soutenir lorsque nous chancelons, et à nous relever lorsque nous sommes abattus, une tranquillité que le malheur semble avoir chassée de son ame.

A peine la nuit a-t-elle enveloppé de ses ombres l'établissement de San-Salvador, qu'Inez presse sur son cœur un frère chéri : Gonzalez est rendu à ses compatriotes.

8.

. . . . . . *Ils ne font autre chose que banqueter, chanter, danser, sans fin ny mesure. Ils dansent en rond sans bouger d'vne place. En leurs chansons ils n'obseruent point de tons distincts, ains chantent comme d'vne teneur. Le contenu d'icelles parle de leurs exploits de guerre, dont ils se vantent à merueilles, rapportans tout à haut louez la vertu militaire; cependant les vns iouent de leurs fleustes, les autres accordent le bransle de leurs pieds au refrain de la chanson. Il y en a d'autres qui presentent à boire aux danseurs, tellement qu'à la fin tous tombent yures.*

(*Vieille Histoire de Portugal*, traduction de 1581.)

Le jour marqué pour l'entrée des Tamoyos à Cotiva, ce jour que Tamandua appelle de tous ses vœux, est enfin arrivé.

Long-temps avant le lever du soleil, le jeune

cacique a réveillé les oiseaux sur la branche. Il s'enfonce dans la forêt, rapide comme le trait du chasseur. Les guerriers tamoyos et le fils d'Ombu se rencontrent et se jettent le cri de la bien-venue à quelque distance de Cotiva. Tous se pressent à l'envi autour du jeune cacique dont la renommée a traversé le désert, et mille questions sont échangées de part et d'autre jusqu'à l'aldée.

Les Tamoyos entrent à Cotiva; leurs arcs sont détendus, et leurs boucliers se balancent suspendus à leurs épaules; ils essuient la sueur et la poussière qui couvrent leur front. Les Tupinambas se précipitent en foule au devant d'eux, et après avoir offert à leurs nombreux alliés des boissons rafraîchissantes, les jeunes filles chantent en regardant le chef des Tamoyos, Pindobuza, ou le Grand-Palmier :

« — Que tu es bon [*]! que tu as pris de peine

[*] *Voy.* **Alphonse** de **Beauchamp**, *Histoire du Brésil*; le *Voyageur français*, ou *Connaissance de l'Ancien et du Nouveau Monde*, mis au jour par M. l'abbé *Delaporte*. (Article **Brésil**.)

« à venir ! que tu es beau ! que tu es vaillant !
« que nous t'avons d'obligation ! que tu nous
« fais plaisir !

« Oui, les Tamoyos sont des hommes de
« cœur; ils ne s'endorment jamais que fati-
« gués. Vos arcs font trembler le désert; vos
« flûtes [29] ne sont faites que des os de vos en-
« nemis. Votre chanson de mort est la plus
« longue. Votre sang est comme la source d'un
« grand fleuve qui ne peut être épuisée. Votre
« flèche attache le bouclier au bras de l'homme
« qui vous fait la guerre. Les Tamoyos sont
« recherchés pour leurs chants : heureux ceux
« qui les écoutent !

« Heureuses les femmes des Tamoyos !

« Vous avez inventé les barques à trois rames,
« parce que vous avez la sagesse des vieillards.

« Lorsque vous visez un guerrier, vous dites :
« Je n'ai plus d'ennemi ! »

« Que vous êtes bons! que vous êtes vail-
« lans ! »

La voix des jeunes filles est coupée par des
sanglots * : toutes versent des larmes abon-

Voy. Léry.

dantes, et les yeux des alliés sont humides de pleurs. L'assemblée entière pousse de longs soupirs.

Le Grand-Palmier répond aux jeunes filles : — « Comme vous savez flatter les « hommes ! Vous êtes belles, filles des Tupi-« nambas. Heureux celui à qui vous dites : « Tu es mon bien-aimé ! » Heureux le chasseur « qui, en revenant de la montagne, baise le « sourire sur vos lèvres, et jette des fleurs dans « vos cheveux ! Le soleil est beau, mais il est « plus beau lorsqu'il éclaire votre visage ; la « lune est belle, mais elle est plus belle lors-« qu'elle vient se regarder dans vos yeux « comme dans les eaux d'une fontaine.

« Vos paroles font tressaillir de joie. Auprès « de vous, le guerrier oublie qu'il a un affront « à venger ; le chasseur laisse tomber son arc « et sa flèche ; le captif ne songe plus au jour « du massacre ; il regarde la grande massue « et le feu qui est à côté de la grande massue, « et il dit : « Pour qui la grande massue, et « pour qui le feu du festin ? »

« Tant vous êtes belles, ô filles des Tupi-
« nambas! »

Après la chanson de la bien-venue, on adresse des questions aux voyageurs :
« Avez-vous couru quelque danger en tra-
« versant les forêts? Les feux que vous allu-
« miez pendant votre sommeil suffisaient-ils
« pour éloigner les tigres [3], ou bien fallait-il
« que le guerrier mît une flèche sur la corde
« de son arc, en disant : « Le tigre ne veut
« pas s'en aller? » Avez-vous toujours ren-
« contré des sources pour apaiser votre soif?
« Jakaré avait-il laissé de grandes marques
« sur le tronc des arbres? Avez-vous levé la
« massue contre des hommes ennemis? Les
« lianes ont-elles arrêté votre marche, et les
« génies du mal vous ont-ils beaucoup tour-
« mentés? Et les serpens mordaient-ils la chair
« de vos pieds? »

Les matrones disent aux étrangers :
« — Vos membres sont fatigués, vous avez
« faim; venez vous reposer sous les palmiers.

« vous y trouverez des nattes tressées par nos
« jeunes filles, et nous allons vous y porter de
« la nourriture. »

On ne fait point encore entrer les alliés
dans les cases, parce qu'étant très-nombreux,
on serait obligé de les partager; chaque famille
prendrait une certaine quantité de guerriers,
et on ne pourrait ainsi les fêter tous réunis.

Les Tamoyos s'asseient, et placent à leurs
pieds les arcs et les massues. Un repas, composé de viandes et de fruits, leur est offert.

Les jeunes filles [*], en rond, et les bras entrelacés, dansent autour de leurs hôtes, sur lesquels elles jettent des fleurs. Quelquefois une
Indienne, légère comme la gazelle, se détache
du groupe de ses compagnes, et, se glissant
parmi les hommes, attache une guirlande à la
massue du Tamoyos qui lui a souri le premier en entrant à l'aldée; puis elle reprend sa
place à la danse, et elle chante :

[*] Les femmes mangeaient ordinairement à part : elles ne
se réunissaient que pour boire du cauin.

« — Beau guerrier tamoyos, tu as menti
« quand tu disais : « Je n'ai pas encore d'amie ! »
« Je l'ai vue, ton amie ; regarde : elle est venue
« attacher à ta massue la guirlande d'amour.
« Beau guerrier tamoyos, tu as menti. »

Cependant Pindobuza demande à une fille des Tupinambas de lui dire une histoire. Alors la jeune fille s'avance. Elle jette un regard douloureux, et qui peint la souffrance de son cœur, sur le cacique Tamandua ; celui-ci porte ses yeux sur la jeune fille : c'est Moëma. Moëma tressaille ; elle dit au chef des Tamoyos :

« — Grand-Palmier, si tu veux des chants
« qui te réjouissent, je ne parlerai pas : je ne
« sais plus les paroles du plaisir ; j'ai oublié
« comment on fait pour sourire.

« — O toi qui es belle, dit Pindobuza, tu
« souffres d'amour ! Comme tu es pâle ! tu res-
« sembles aux fleurs qui croissent loin du so-
« leil !

« — Autrefois, répond l'Indienne, je vivais
« auprès d'un beau soleil ; mon soleil s'est
« éteint pour moi !

« — Moëma, s'écrie Tamandua, je t'en prie,
« ne parle pas ainsi; mon cœur est affligé !

« — Eh bien ! reprend l'amante infortunée,
« je me tairai; le mal sera pour moi seule.
« Écoute, Pindobuza, ma chanson sera triste
« ma chanson n'est point une chanson des Tu-
« pinambas; c'est un guerrier étranger qui l'a
« apprise aux anciens il y a bien long-temps.
« Nous n'avons jamais entendu parler du pays
« de ce chanteur qui, fait prisonnier, avait
« échappé à ses ennemis au moment où il allait
« être brûlé, car chez lui on brûle les captifs.

« Il s'était jeté dans les forêts, parce qu'il
« était poursuivi : il se perdit.... On avait cessé
« de le poursuivre, mais il ne put jamais ren-
« trer dans la cabane de ses amis, parce qu'a-
« près avoir marché le long d'une grande mer,
« traversé de grandes montagnes, de grands
« fleuves et de grands pays, le guerrier voya-
« geur, dont le nom s'est perdu dans la mé-
« moire des hommes, arriva chez les pères des
« Tupinambas, où il mourut. Presque tous ses
« cheveux avaient blanchi, son corps était
« courbé vers la terre; et cependant il était de

« la troupe des jeunes hommes lorsqu'il fut
« pris à la guerre.

« L'étranger avait donc traversé pendant bien
« des soleils de grandes montagnes, de grands
« fleuves et de grands pays. Or, voici l'his-
« toire que chantait l'étranger : il chantait les
« amours de la mort !

« — Oui, la nuit était belle; le voyageur
« pouvait voir dans la forêt quelques unes des
« lianes qui arrêtaient ses pieds, car la lune
« était ronde, et brillait à travers les feuilles.
« Des guerriers descendaient la montagne ;
« ils disaient à un jeune prisonnier qui mar-
« chait au milieu d'eux : « Tu fais bien, Nouk-
« tiaka, de nous réjouir par des chansons, car
« tu seras brûlé avec de grandes souffrances. »
« Nouktiaka répondait : « On parlera de moi
« parmi les vaillans, car ma chair vous défie;
« saurez-vous seulement la torturer assez, la
« chair d'un brave?.... » Et le captif chantait
« gaiement en descendant la montagne.

« Mais pourquoi les hommes vainqueurs

« ne frappent-ils plus le fils de leurs ennemis
« pour le faire marcher aussi vite que le che-
« vreuil ? Oui, les hommes qui frappaient le
« beau captif viennent d'être étendus à ses
« pieds; ils ne le donneront pas en spectacle
« à leurs femmes.... : ils sont morts!

« Qu'elle était belle, la grande femme que
« Nouktiaka avait aperçue derrière un grand
« arbre!..... c'était la Mort [1] qui a conversé avec
« nos pères, et qui dansera sur la tombe de tous
« les enfans de nos pères!... Comme son œil était
« terrible lorsqu'elle a renversé ceux qui met-
« taient en sang les épaules du beau Nouk-
« tiaka!

« Nouktiaka voulut s'élancer vers la grande
« femme, mais elle étendit la main, et fit un
« signe qui arrêta le guerrier. S'il s'était ap-
« proché d'elle, il fût tombé le visage contre
« terre. La Mort ne voulait point le faire périr,
« parce qu'elle l'aimait.

« Elle s'enfonça dans la forêt, où elle souf-

« trait cruellement; sa bouche prononçait des
« paroles d'amour, mais elle était obligée de
« fuir celui dont elle avait sauvé la vie; car il
« aurait été renversé, si son corps avait touché
« le corps de la grande femme.. Mais Nouk-
« tiaka poursuivait son amante pendant le
« soleil et pendant la lune; et son amante s'é-
« loignait sans cesse de lui en faisant de longs
« détours dans les bois : elle ne se reposait ja-
« mais, craignant que Nouktiaka ne la surprît
« au moment du sommeil.

« Un jour la grande femme était accablée
« de lassitude. Semblable au scoassou qui veut
« échapper à une troupe de chasseurs, ou telle
« que le nageur repoussé par l'orage des bords
« que ses bras cherchent à saisir, la grande
« femme s'assit sur les feuilles auprès d'une
« fontaine; elle s'y endormit. Nouktiaka l'aper-
« çut, il s'écria :
« Voici mon amie, qui est belle, et qui
« m'échappe toujours comme la lune échap-
« perait dans cette fontaine aux petites mains
« de l'enfant qui voudrait la saisir. » Et le

« guerrier s'élança ; il pressa la grande femme
« sur son cœur ; mais aussitôt il tomba à terre.

« La Mort s'éveilla, son beau visage devint
« pâle ; elle pleura sur le corps de son amant :
« c'est elle qui l'avait tué.

« L'homme étranger de qui les Tupinam-
« bas ont appris cette histoire disait encore :
« Tous ceux que la grande femme appelle la
« suivent : heureux ceux dont elle n'a pas
« oublié le nom, et qu'elle appelle lorsqu'ils
« pleurent ! »

« — O toi qui es triste parmi les filles des
« Tupinambas ! je te remercie, dit le Grand-
« Palmier. Ton histoire est belle. Lorsque
« nous aurons vaincu, lié, battu et mangé
« les Portugais, et que nous serons de retour
« à notre aldée, nous la raconterons à nos
« femmes, parce que nous ne pourrons jamais
« oublier les amours de la Mort. Jeune fille,
« nous parlerons beaucoup de toi dans notre
« pays ; tu es si douce, qu'on doit t'aimer
« comme le kamichi aime sa femelle. »

Cependant vers la fin du repas on apporte d'énormes vases de terre et des coupes de coco renfermant un grand nombre de boissons; c'est alors qu'on parle des intérêts de la nation, et du combat qu'on doit livrer. On discute vivement; Tamandua surtout s'exprime avec une force et une chaleur qu'inspirent à la fois l'amour et la haine; Jakaré, plus réfléchi, mais non moins altéré que lui de sang européen, s'écrie, d'une voix qui couvre toutes les autres, qu'on n'attende pas plus d'un soleil pour marcher au fort. De leur côté, le chef Pindobuza et ses compagnons demandent que les vieillards fixent le lendemain pour le jour de l'attaque.

Tous sont du même avis : les devins promettent de rendre les Esprits favorables aux défenseurs de la liberté, et l'on apporte de nouvelles liqueurs dont les guerriers boivent avec excès: leur imagination s'enflamme, ils parlent et s'interrompent confusément. Tout-à-coup ils se lèvent, s'attachent aux pieds des espèces de castagnettes faites avec des fruits creux et bruyans, et, formant un grand rond, ils dansent ainsi sans changer de place jusqu'à ce que les boissons soient épuisées, et jusqu'à ce qu'ils tombent presque tous, et s'endorment dans une orgie complète.

———

. . . .
Que d'époux ont gémi sous leurs chaînes pesantes !
De leur hymen souvent les chagrins sont le fruit :
La politique épouse, et le malheur unit.
D'ARLINCOURT.

On voit poindre sur l'horizon le soleil qui doit éclairer le triomphe de la liberté ou la victoire du tyran. Hélas! il est d'un bien triste présage, puisqu'il annonce déjà l'hymen d'Almada et de la malheureuse Inez. La vierge s'est levée avec l'aurore. Du haut d'une tourelle, elle contemple, les yeux baignés de pleurs, le tableau ravissant d'une matinée d'un beau jour.

« — Salut, dit-elle en soupirant, beau soleil
« du Brésil! salut! Pour la dernière fois peut-
« être je viens admirer ton spectacle enchan-
« teur! Désormais tes feux ne réchaufferont
« plus mon cœur, glacé par l'infortune!

« O jours de ma jeunesse, qu'êtes-vous de-
« venus? Vous avez fui comme le nuage léger
« que viennent dissiper les premiers rayons
« du matin! Riante contrée, je n'irai plus
« errer sous l'ombrage de tes forêts; je n'irai
« plus folâtrer dans tes vertes prairies! Oiseaux
« du bocage, pourquoi chantez-vous? Ne
« voyez-vous pas que je pleure? O nature,
« ton insouciance m'accable! »

Cependant le frère de la vierge portugaise, Gonzalez, connaît le secret d'Inez. Retenu prisonnier à Cotiva, il ignorait que son hymen était près de s'accomplir. Son cœur est compatissant; il s'émeut en songeant que le farouche Almada deviendra l'époux d'une sœur qu'il chérit. La noirceur du caractère d'Almada lui est connue; ils ont combattu ensemble, ensemble ils sont venus au Brésil; mais l'un y fut attiré par des idées de gloire et d'héroïsme, l'autre y aborda avec l'espérance d'y trouver des trésors et des esclaves.

Gonzalez se rend auprès d'Almada, fermement résolu de s'opposer à son union.

« — Seigneur, dit-il, mon père vous a pro-
« mis la main de sa fille ?.....

« — Et c'est aujourd'hui même, répond Al-
« mada, que je deviendrai votre frère.

« — C'est sans doute votre seul amour pour
« ma sœur qui vous porte à l'épouser ?

« — Votre question me surprend, Gonza-
« lez. Et quel autre motif ?.....

« — Je veux l'ignorer. Quoi qu'il en soit,
« chevalier, je vais vous parler franchement.....
« Inez ne vous aime point.

« — Que dites-vous ?

« — La vérité.

« — La vérité !

« — Oui. Au lieu d'une épouse, vous n'aurez

« qu'une esclave, une victime. Trop faible
« pour vous l'avouer, trop vertueuse pour ré-
« sister aux volontés d'un père, Inez obéirait,
« si mon amitié pour elle ne prévenait son
« malheur. »

Il se tait : la rougeur qui couvre le front d'Almada le force à s'arrêter. Celui-ci cherche à déguiser son trouble.

« — Gonzalez, dit-il, je ne puis vous croire.
« Eh quoi! lorsque le gouverneur m'assure
« que j'ai l'amour de sa fille!

« — Son amour!

« — Lorsque la cérémonie est préparée!

« — Elle ne s'achevera pas! Chevalier, vous
« avez trop d'honneur pour contraindre une
« jeune fille à vous épouser..... Ma sœur, je le
« répète, ne fait qu'obéir, et son cœur ne vous
« appartient pas.

« — Eh bien! s'écrie Almada, ne pouvant
« plus contenir son humiliation et sa rage,
« qu'importe que les flambeaux de l'hyménée
« n'éclairent que la marche d'une victime!
« Coutinho m'a promis la main d'Inez : Inez
« est à moi.

« — Jamais !

« — Que dites-vous ?

« — Jamais ! Si la voix de l'honneur n'a
« plus aucun pouvoir sur vous, si vous êtes
« sans pitié pour l'innocence, je saurai vous
« contraindre.....

« — Me contraindre ! Lors même que ma
« résolution ne serait point irrévocable, le ton
« que vous prenez suffirait pour me décider.
« Oubliez-vous à qui vous parlez ?

« — Je sais qui vous êtes, et je remercie ma
« sœur de ne pas me forcer à vous nommer
« mon frère.

« — Fils de Coutinho, croyez-vous que ce
« titre vous déshonorerait ?

« — Vous ne l'aurez jamais !

« — C'en est trop !

« — Homme vil ! ne crois pas me cacher
« plus long-temps tes projets ambitieux : il
« faut qu'ici, à l'instant même, tu renonces à
« la main d'Inez.

« — Gonzalez ! vous m'outragez ! Je suis
« Portugais, et je porte une épée.

« — Indigne chevalier ! défends-toi ! »

Le fougueux jeune homme ne se contient plus; il fait briller son épée; Almada tire lentement la sienne, et laisse tomber sur Gonzalez un horrible regard. Bouillant et courageux, le fils de Coutinho frappe sans songer à se couvrir. Almada pare avec adresse les coups de son adversaire. Le combat peut durer longtemps encore. Cependant Gonzalez redouble de force, fond sur son ennemi, et lui porte à la visière un coup vigoureux; Almada ne peut éviter le choc, mais l'épée tombe sur la cuirasse, et vole en éclats. Alors un sourire détestable agite la lèvre d'Almada : il se voit maître de la vie de Gonzalez, qui s'offre désarmé à ses coups. Il s'approche du jeune Portugais, le perce de son glaive féroce, et il l'insulte en l'assassinant.

« — Faible enfant, lui dit-il, avec qui vou« lais-tu donc te mesurer? Meurs, et laisse« moi en repos! »

Gonzalez chancelle; ses yeux se ferment: il tombe renversé sur le carreau. Almada regarde avec sang-froid sa victime. Il lui importe qu'on ne puisse soupçonner la mort du frère d'Inez. Il cherche un prétexte plausible et capable d'excuser Gonzalez de ne pas assister à la cérémonie. Il se rend vers Coutinho :

« — Seigneur, lui dit-il, votre fils est gra-
« vement indisposé; je viens de le voir : les
« maux qu'il a soufferts dans sa captivité, la
« joie que lui a occasionée sa délivrance
« inattendue, ont produit en lui une agita-
« tion extraordinaire. Ne vous alarmez point :
« sa position n'est pas inquiétante. Du repos
« lui est nécessaire. Il demande à rester seul
« dans son appartement, et me charge de
« l'excuser auprès de vous, si, dans un jour
« aussi solennel, il se trouve forcé de manquer
« à ses devoirs. »

Cependant l'heure fatale approche. Le gouverneur se rend auprès de sa fille. Inez est dans l'abattement. On aperçoit sur ses joues pâles la trace de ses larmes. Coutinho feint de ne rien voir, et, prenant la main de la vierge, il arrive, au milieu d'une triple haie de soldats, à l'église, où sont déjà le meurtrier de Gonzalez et le prêtre Manoël.

Inez se soutient à peine. Elle est couverte d'un long voile éclatant de blancheur; son visage est pâle, pâle comme le bouquet virginal qui pare son sein. La vierge tremblante lève les yeux au ciel; en les ramenant vers la terre, elle a frémi : le visage d'Almada exprimait quelque chose d'horrible.

. . . .
. . . .
. . . .
. . . .
. . . .
. . . .

C'en est fait; le serment fatal est prononcé : Inez est l'épouse d'Almada !

> Mourons!
>
> GILBERT

Le soleil n'a point encore éclairé Cotiva, et déjà les chefs brésiliens se sont répandus dans l'aldée; ils frappent sur leurs boucliers en criant autour des cases : « A la guerre ! à la guerre ! » Les Américains s'arment à la hâte. La haine portée aux Européens et la soif de la vengeance se peignent sur tous les visages. Tamandua, impatient de s'élancer où l'amour et son courage l'appellent, a rassemblé ses guerriers. Jakaré joint ses braves aux braves que commande son ami. Les Tamoyos, partagés en différentes troupes, sous la conduite de plusieurs caciques, ont à leur tête le grand chef Pindobuza. Du sein des forêts de la Capitanie accourent d'autres hordes indiennes, jalouses de partager la gloire de cette journée. De chaque rocher accourent des héros ; des bords sauvages du San-Francisco, des terres baignées par d'autres fleuves, et de la crête des monts, s'élancent des hommes belliqueux ; l'écho répète au loin leurs cris tumultueux. Jamais le Brésil n'avait vu tant de vengeurs assemblés* pour punir les tyrans ; fier de ses enfans, il semble tressaillir d'alégresse.

Les Indiens peignent leurs corps des couleurs du combat ; leurs traits défigurés offrent un aspect terrible : ils se présentent aux vieillards. Ombu parle au nom de tous les anciens : les feux de la jeunesse circulent un moment dans ses veines ; la force et la vigueur du premier

* A cette époque.

âge animent ses discours; il émeut, il entraîne, exalte les guerriers, et l'ardeur qui brille en ses regards passe tout entière dans leur ame. Il s'adresse surtout à son fils; Tamandua rougit de ce que le vieillard lui recommande d'être brave. De leur côté, les femmes des guerriers font des souhaits pour la gloire d'un époux ou d'un fils.

Seule, la pauvre Moëma craint de rencontrer les yeux de son amant. Triste et souffrante, l'infortunée se penche lentement vers la tombe. Tendre fleur courbée par l'orage, si brillante naguère, aujourd'hui pâle et flétrie, Moëma ne compte plus de beaux jours; la douleur a fondu sur sa proie. La plus belle parmi ses compagnes, elle est la plus malheureuse.

Cependant les sauvages s'ébranlent au bruit des flûtes de guerre; les courages impatiens appellent les combats; un nuage de poussière s'élève; des cris de vengeance s'en échappent; les massues frappent la terre, et l'armée s'avance vers San-Salvador.

L'ordre n'est point observé dans la marche, mais la valeur habite tous les rangs; les chefs ne sont pas des capitaines expérimentés, mais chaque cacique est un héros, chaque soldat est armé d'un cœur d'airain.

Tout-à-coup, au détour d'une forêt, les Tupinambas et leurs alliés aperçoivent une troupe d'hommes armés; une femme les précède; elle porte un vêtement européen; l'image du Christ brille sur sa poitrine; c'est l'épouse de l'infortuné Caramourou, c'est Catherine, la filleule des rois.

A son aspect les sauvages s'arrêtent, saisis de joie et d'étonnement. La tribu, trompée par le faux bruit qu'a fait répandre le gouverneur, avait pleuré sa mort. Catherine s'émeut en voyant l'alégresse que sa présence inattendue fait naître parmi les siens; chacun veut la voir, la presser dans ses bras et l'interroger; on brûle de connaître le sort de Caramourou, de l'ami de l'Indien.

Et Catherine parle ainsi :

« Braves Tupinambas, je remets à un autre
« moment le récit de tous nos malheurs, et des
« traitemens inhumains que le monstre du fort
« nous a fait éprouver : j'ai à vous apprendre

« une nouvelle plus importante : Caramourou
« vit encore! Il gémit dans les fers du gouver-
« neur. Comme lui j'étais captive à l'établisse-
« ment portugais. Les barbares m'avaient sé-
« parée de mon époux ; j'ai trompé la vigilance
« de mes gardiens, et, étant parvenue à m'é-
« chapper, grâce au Dieu que j'adore, je voulais
« aller à Cotiva demander des guerriers, afin
« qu'ils tentassent avec moi de délivrer leur
« ami; mais, poursuivie par des soldats euro-
« péens, je cherchai un refuge dans une ca-
« verne ; lorsque j'en sortis, je vis, avec le soleil,
« une troupe de chasseurs ; je dis mon nom aux
« chasseurs : ils me reconnurent, se réjouirent,
« et ils m'ont appris que, réunis aux Tamoyos,
« les Tupinambas attaqueraient la ville aujour-
« d'hui même. Frères ! je retourne avec vous
« à San-Salvador; avec vous je combattrai.
« J'aurais bien désiré embrasser les amis de
« l'aldée, mais je ne dois entrer à Cotiva qu'a-
« près avoir délivré mon époux. »

Elle dit : les Américains, par leurs transports, témoignent à Catherine la joie qu'ils
éprouvent de savoir que Caramourou, que cet

Alvarès qui les chérit comme ses enfans, existe encore; ils jurent tous de le venger et de le sauver. D'un pas rapide, l'armée s'approche de San-Salvador, bientôt elle foule le rivage de la mer; les remparts ennemis apparaissent; le fort lusitanien, placé au fond de la baie, se dessine sur l'horizon, et domine les flots de sa masse sombre et gigantesque; à cette vue, un cri, un seul cri s'élève :

« — Mort aux Portugais ! »

Jakaré sort des rangs, et s'adresse à ses compagnons :

« — Tupinambas, s'écrie-t-il, et vous, Ta-
« moyos, voici le jour que vous avez tant dé-
« siré. Les braves sont en présence de l'ennemi :
« c'est à lui de trembler. Le tyran a voulu
« mettre nos bras dans les chaînes : nous avons
« dit : Qu'il périsse! Nous avons préparé notre
« vengeance, comme l'aigle qui long-temps
« épie sa proie avant de la déchirer. Nous avons
« dit à notre allié : L'Européen veut nous rendre
« esclaves; et nos alliés ont répondu : L'Eu-
« ropéen ne vous vaincra pas, ne vous tuera
« pas, ne vous mangera pas; mais c'est vous

« qui le vaincrez, qui le tuerez et qui le
« mangerez, et nous vous aiderons, nous qui
« sommes vos alliés, à le vaincre, à le tuer et
« à le manger.

« Nous serons vainqueurs, parce que nous
« aimons la liberté : la liberté est pour celui
« qui l'aime; nous serons vainqueurs, parce que
« nos corps ne souffrent pas, parce que notre
« œil est le plus juste, et parce que les Cahètes,
« lorsqu'ils nous aperçoivent à travers les ar-
« bres, disent en se sauvant : « Oh! oh! oh!
« fuyons : ce sont les braves! »

« Puisse le Grand-Esprit nous protéger! que
« celui qui aura visé un Portugais sans l'at-
« teindre ne se serve plus de l'arc; que celui
« qui aura levé la massue sans tuer son en-
« nemi ne se serve plus de la massue; et que
« celui qui ne pourra pas dire à son père en
« rentrant à l'aldée : « J'ai tué des Européens,
« je suis digne de toi, » n'ose plus reparaître
« au combat.

« Songez, ô braves, songez, ô fils des braves;
« songez, ô alliés des braves, à la honte que
« vous auriez si l'étranger n'était pas défait!

« Que diraient les Tupiniquins! que diraient
« les Tapuyas! Ils insulteraient aux Tupinam-
« bas et aux Tamoyos; leurs jeunes filles ajou-
« teraient quelque chose aux chansons : « Oui,
« diraient-elles, nos guerriers peuvent mainte-
« nant poursuivre le chevreuil dans le pays
« qu'habitaient les Tupinambas; les Tupi-
« nambas nous ont craints, et, pour nous éviter,
« ils se sont fait enchaîner par les hommes
« d'Europe. »

« Fils de Tupau, soyez dignes de vos pères,
« soyez dignes de vous, soyez ce que vous avez
« toujours été. Nous eussions pu attaquer le
« fort pendant la nuit; mais le soleil a vu arriver
« les étrangers ! il faut que le soleil les voie
« fuir. Non, Portugais, la perdrix ne couvera
« point ses œufs pour vous; les fruits ne mûri-
« ront point pour vous; ce n'est pas pour qu'il
« soit votre esclave que la mère suspendra son
« fils à ses épaules; nos forêts ne produiront
« rien pour vous, non..., rien, si ce n'est la
« liane qui servira à lier vos membres.

« A la guerre! à la guerre! »

> Celui qui te hait périra.
>
> (*Le Coran.*)

Le mariage d'Inez est à peine achevé, elle n'est pas hors de l'église, qu'un tumulte effrayant annonce aux Portugais l'approche des sauvages. Almada s'est arraché d'auprès de sa tremblante épouse; il s'arme avec précipitation, et s'élance vers les remparts; l'arrivée des ennemis lui avait déjà été annoncée, mais il ne pouvait leur soupçonner tant d'audace. Quel est son étonnement et l'effroi des aventuriers! Un torrent impétueux s'avance en grondant vers le fort. Cependant Almada ne manifeste aucune terreur; il jette un coup d'œil dédaigneux sur cette forêt de dards, sur cette armée de héros. Le gouverneur donne les ordres les plus prompts pour qu'on se prépare à recevoir l'ennemi. A l'aspect de cette multitude de barbares, il comprend son danger; mais il dévore en secret sa rage, et, en présence de ses troupes, il affecte un calme qu'il est loin d'éprouver. Les secours qu'il attendait d'Europe ne sont point arrivés. C'est en vain que Coutinho paraît ne rien craindre des sauvages; la plupart de ses soldats ne s'aveuglent point sur leur position: ils ont pâli en voyant le nombre prodigieux d'ennemis qui vont les attaquer en peu d'instans. Un murmure confus parcourt les rangs portugais: le mécontentement se peint sur tous les visages, toutes les bouches accusent Coutinho, et les complices mêmes de la tyrannie sont les premiers à le maudire. La sédition

éclate enfin, et les aventuriers déclarent qu'ils sont résolus de quitter le fort, de s'embarquer sur leurs vaisseaux, et d'abandonner les rivages, où ils ne trouveront plus que la mort. Hermandra s'est mis à la tête des mécontens; ni les prières ni les menaces du gouverneur ne peuvent ébranler le chef révolté; déjà il se dirigeait vers l'une des portes du fort, et se préparait à sortir, lorsqu'Almada, plein de colère, lui ferme le passage, et lui jette un regard flamboyant. « Audacieux! s'écrie-t-il, arrête:
« lâche chevalier, indigne Portugais, quoi!
« tu fuis devant ces misérables sauvages; leur
« nombre t'épouvante; misérable, tue-les, et
« il diminuera. Mais non, tu n'étais qu'un
« soldat timide, tu veux être un chef rebelle.
« Va, mon épée n'a jamais pardonné à un
« traître..... » En achevant ces mots, Almada, qui veut frapper les esprits par un exemple terrible, fait tomber aux pieds de Coutinho l'imprudent Hermandra. — « Tel est, dit-il, le
« sort que je prépare à quiconque braverait devant moi l'autorité du gouverneur. »

Et se tournant vers les aventuriers:

« Amis, eh quoi ! nous abandonnerions
« honteusement aux Tupinambas ce fort, cette
« ville naissante, que nos mains ont élevée
« avec tant de peine et au milieu de tant
« de périls ? Combattons ! Si la victoire nous
« échappe, il sera bien temps alors de gagner
« nos vaisseaux ; mais nous vaincrons : le dan-
« ger redouble le courage ; les naturels, vous
« le savez, ne sont à redouter qu'au pre-
« mier choc, et nous le soutiendrons glorieu-
« sement ; parmi ces Indiens, la discipline est
« inconnue ; eux-mêmes nous faciliteront
« leur défaite par le désordre continuel de
« leurs opérations. Chez nous, au contraire,
« le commandement et l'exécution ne font
« qu'un ; nos forces sont inférieures, il est
« vrai, mais bien dirigées ; celles des Améri-
« cains ne vous offrent qu'un amas confus de
« barbares ignorans, plus dignes d'inspirer le
« mépris que la crainte. Allons, enfans de la
« Lusitanie, qu'est devenu ce courage, cette
« ardeur que vous avez montrés dans les com-
« bats ? Mais, je le vois, déjà vous rougissez
« d'un instant de faiblesse ; vous brûlez de la-

« ver votre honte dans le sang de l'ennemi :
« hé bien ! tout est oublié ; apprêtez-vous à
« combattre, ou plutôt à vaincre. »

Il dit : ceux qui, un moment auparavant, allaient déserter leurs drapeaux, excités maintenant par les discours d'Almada, demandent d'une voix unanime à en venir aux mains avec les sauvages.

Ceux-ci, en poussant de longs cris de guerre, arrivent à quelque distance de San-Salvador. Ils s'arrêtent, posent à terre leurs massues, et font pleuvoir sur le fort une grêle de pierres et de flèches. Coutinho, qui a tout prévu, y a fait entrer jusqu'à la dernière sentinelle; les traits des Indiens ne frappent que les murs de la citadelle ; ce n'est qu'après avoir donné l'assaut et enfoncé les portes, qu'ils parviendront à se servir de la massue. Les sauvages alliés attaquent la partie de l'orient, mais sans succès. Ils changent alors de tactique ; quelques-uns des plus adroits se détachent du corps d'armée, et s'avancent jusque sous les remparts, ayant Tamandua à leur tête; ils défient les Portugais, et leur montrent, en poussant des hurlemens, les os de ceux de leurs compagnons qu'ils ont dévorés. Les Européens, armés de leurs mousquets, et placés derrière les créneaux et les meurtrières, font feu sur les Indiens ; mais lorsqu'ils se découvrent une seconde fois pour les ajuster, ceux-ci, avec une dextérité extraordinaire, envoient des flèches qu'un œil sûr a dirigées; ainsi, à l'instant où le coup part, le soldat qui l'a tiré se trouve atteint; quelquefois même il tombe sans avoir pu lever son arme, tant est prompte l'adresse de l'ennemi: mais le combattant qui périt est aussitôt remplacé par un autre. Quoique plus nombreux, les Brésiliens ont cependant moins d'avantage, car les aventuriers trouvent enfin les moyens de tirer sans se mettre à découvert.

Le nombre des morts et des blessés augmente à tout instant chez les alliés; le soleil touche à la fin de sa carrière ; à travers le crépuscule, on peut voir encore les nuages qui s'amoncellent, et semblent présager un orage: les flèches volent au hasard; les Tupinambas qui s'étaient avancés pour combattre rejoignent leurs compagnons, emportant avec eux les blessés ; Tamandua n'est pas de ce nombre. Quoique Jakaré ne se serve pas d'arc, il a suivi les archers, tenant à la main la massue qu'il n'abandonne jamais. « Mon ami, a-t-il dit, « tuera plus de Portugais quand il saura que « Jakaré est près de lui. » Et pendant l'attaque il s'était toujours placé de manière à pouvoir couvrir de son corps le corps de Tamandua. Arrivés près de leurs compagnons, les archers rendent compte du nombre des morts; les sauvages conviennent d'attendre le jour pour reprendre le siége; ils s'asseient alors, posent leurs armes à terre, demandent des histoires aux chanteurs, et ne tardent point à s'abandonner au plus profond sommeil, sans avoir eu le soin de placer des gardes avancées, et sans songer qu'ils peuvent être surpris [1]; ils pensent que, puisqu'ils sont fatigués et qu'ils se reposent, l'ennemi doit être fatigué, et doit se reposer comme eux.

Cependant : « Homme, disait Jakaré à Ta-« mandua, tu as tué des Européens, repose-« toi. »

« — Ton ami n'est pas fatigué, répond l'a-

« mant d'Inez; mais toi-même dors, tu étais
« avez nous.

« — J'y étais, non pas pour combattre, mais
« parce que cela me réjouissait. Tamandua
« est si adroit! Que j'aime à lui voir lancer
« une flèche, à le voir se courber avec la sou-
« plesse du serpent, et suivre de l'œil cette
« flèche, qui est toujours une flèche de mort!
« Le plaisir ne fatigue pas; je ne veux point
« dormir. »

Le sommeil ferme bientôt les yeux de Tamandua; Jakaré est près de lui, debout, la
main appuyée sur sa massue, et dans une immobilité complète.

Pendant que le silence règne au camp brésilien, Coutinho assemble son conseil à la hâte.

« Vaillans seigneurs, dit-il, notre position
« est dangereuse, ne nous le dissimulons pas.
« Si les naturels persistent à continuer le siége,
« les vivres nous manqueront bientôt; quant
« aux munitions, vous le savez, elles sont
« presque épuisées. Il faut qu'une résolution
« périlleuse, il est vrai, mais digne de nous,
« nous fasse remporter la victoire; il faut étou-

« ner les barbares. Les sauvages doivent re-
« poser maintenant sans nulle crainte; que
« mes Lusitaniens fondent sur eux à l'im-
« proviste ; attaqués vigoureusement, leur
« perte est certaine. Le ciel nous favorise, les
« nuages voilent la clarté de la lune; pro-
« tégés par l'obscurité, nous approcherons
« les Indiens sans être découverts. Qu'une
« partie de mes troupes garde la citadelle,
« que l'autre aille au camp brésilien semer
« la terreur et la mort. »

Le dessein du gouverneur est approuvé, et mis à exécution sur-le-champ. Au milieu des ténèbres, les soldats portugais, sous la conduite d'Almada, s'éloignent en silence de San-Salvador; mais ils n'ont pu tromper la vigilance de Jakaré, toujours attentif et immobile. Au premier bruit qu'il entend, il se penche, approche son oreille de la terre [33], et retient son haleine. Il écoute, il a souri.

« — Ce sont les pas des hommes d'Europe,
« dit-il; ils marchent ainsi, je le sais : ce sont
« eux. Ne point laisser dormir mon ami! On
« les tuera! »

Et il éveille Tamandua et ses compagnons, en poussant le cri du hibou. Les sauvages se lèvent sans bruit, saisissent leurs massues, prêts à marcher dès qu'ils verront les Portugais.

Cependant un vent impétueux emporte tout-à-coup au loin l'orage qui menaçait d'éclater. Dégagée des sombres vapeurs qui l'entouraient, la lune jette sa clarté sur l'horizon pur et serein; elle apparaît dans toute sa beauté, et, répandant sur le lieu du combat ses longs reflets argentés, fait succéder une vive lumière à la plus profonde obscurité. Les soldats de Coutinho, qui d'abord croyaient aller à un massacre, sont saisis d'effroi en voyant l'infériorité de leur nombre, et l'armée indienne, la massue levée, l'arc tendu, prête à fondre sur eux; ils ne peuvent plus reculer, et les sauvages se précipitent en poussant d'affreux hurlemens sur les troupes européennes, qui font feu sur la masse désordonnée qui s'avance vers eux. Un grand nombre d'Indiens tombent blessés ou frappés de mort; mais cet échec n'arrête point les Tupinambas. Une nuée de flèches est lancée sur les aventuriers, et, avant qu'ils aient eu le temps de recharger, les tribus alliées ont déjà tendu vingt fois la corde de leurs arcs. On s'approche, on se mêle; au milieu des rangs ennemis, les massues promènent le ravage et le trépas.

Pindobuza étonne ses alliés par la force de son bras; il est couvert de sang et de poussière. Non loin de lui, on voit Catherine : elle joint au courage des hommes de sa nation la prudence et le coup d'œil de l'Européen. Tantôt son poignard s'enfonce au flanc d'un chef, tantôt sa flèche redoutable renverse le soldat audacieux qui l'ose menacer. Mais Jakaré et Tamandua font surtout des prodiges de valeur; le premier ne quitte jamais son ami.

« — Tu es trop courageux, dit-il; ces
« hommes te tueront, et au contraire il faut
« les tuer! »

S'il voit que Tamandua ne combat que deux ennemis à la fois, il lui laisse l'honneur de vaincre, et sourit en disant :

« — Comme Tamandua est fort! comme il
« est adroit! Les Portugais tombent sous ses

« coups de même que les cocos tombent sur
« la terre lorsque le vent secoue les arbres. »

Et lorsqu'il le voit près de succomber sous
un grand nombre d'ennemis, il laisse les aventuriers qu'il combat, en leur criant :

« — Je ne suis pas lâche, je ne fuis pas
« attendez-moi ; je vais sauver mon ami. Ja-
« karé reviendra. »

Puis il délivre Tamandua, et revient à ses
adversaires.

Pindobuza veut redoubler encore dans l'âme
des siens la soif du carnage :

« — Pourquoi, leur dit-il, les hommes ta-
« moyos n'ont-ils pas déjà tué tous les hommes
« portugais ? Est-ce qu'ils sont effrayés du
« bruit des tonnerres ? Oh ! non : mes guer-
« riers sont sourds lorsque le génie de la peur
« veut leur commander. Tamoyos ! vous croyez
« Pindobuza, le chef, le Grand-Palmier ; le
« Grand-Palmier dit : « Tant que le perroquet
« regarde le chasseur, la flèche glisse sur ses
« plumes luisantes. Tel est le Tamoyos : tant
« qu'il regarde sans crainte le danger, tant
« qu'il voit le visage de son ennemi, les ton-

« nerres glissent sur sa poitrine : les tonnerres ne blessent que par derrière, ils ne vous blesseront pas. »

« Cela veut dire que vous êtes braves. »

Mais Pindobuza s'adressait à des guerriers devenus immobiles, et dont toute l'attention s'était portée sur deux combattans qui, éloignés de quelques pas du gros des troupes, et placés sur un tertre qui les mettait en vue des Brésiliens et des Portugais, s'attaquaient avec acharnement. Chacun paraît oublier son propre adversaire, et l'intérêt qu'on prend à cette sorte de duel a suspendu pour un moment le combat général.

Le fils d'Ombu était aux mains avec l'époux d'Inez. Au fort de la mêlée, ils s'étaient rencontrés et reconnus. Almada n'avait point oublié les traits de celui qui, dans la première bataille livrée aux Américains, l'avait mis aux portes du tombeau. La honte d'avoir été vaincu par ce jeune homme et le désir de la vengeance guidaient à la fois son bras. De son côté, Tamandua, en apercevant le chef lusitanien,

avait poussé des cris de joie, et laissé son a[rc]
pour une massue tranchante.

Les deux combattans se frappent avec une
égale fureur : l'adresse seule peut termine[r]
cette lutte. Tout-à-coup l'épée d'Almada s[e]
brise : le brave Tamandua jette au loin s[a]
massue. Alors leurs bras vigoureux s'entre-
lacent. Tour à tour ils se soulèvent et s[e]
branlent, se replient, s'abaissent et se re-
lèvent. Pied contre pied, poitrine contre poitrine, ils cherchent à se terrasser; ils con-
fondent leur souffle embrasé; la tête haute, l[es]
muscles frémissans et tendus, s'étreignant ave[c]
rage, ils offrent aux spectateurs l'image d'u[n]
colosse formidable. Mais aucun d'eux ne succombe; et, voyant qu'ils s'épuisent en vain[s]
efforts, ils allaient reprendre leurs armes, san[s]
que les sauvages ravis songeassent à les interrompre, lorsque deux Portugais, particulièrement dévoués à Almada, se glissent jusque[s]
auprès des deux adversaires, pour se joindre à
leur chef. Alors Jakaré, dont l'œil suivai[t]
chaque mouvement de son ami, s'élance ver[s]
les soldats qui viennent seconder Almada :

« — Lâches! s'écrie-t-il, je veille sur mon « ami! Il faut donc trois braves de votre na- « tion pour combattre un jeune Tupinambas! « Votre cacique verra ce que c'est qu'un vrai « brave : je suis Jakaré! »

A ces mots, dédaignant de vaincre les deux soldats, il s'approche d'Almada, en le défiant et en l'insultant.

A leur tour les aventuriers s'avancent pour soutenir leur chef, et la bataille redevient générale.

Le nombre des guerriers du fort diminue à tout moment; Almada, ne pouvant plus résister aux sauvages, ordonne la retraite. Les troupes se replient sur San-Salvador, en maintenant toujours un feu capable de tenir l'ennemi à une distance qui lui permette de rentrer dans la citadelle sans tumulte et sans confusion.

O horrible, horrible, most horrible!
SHAKSPEARE.

Que devenait Gonzalez ? D'infâmes scélérats, vendus à Almada, devaient, à la faveur des ombres de la nuit, emporter son cadavre, et le jeter dans les flots de la baie. D'après l'ordre qu'ils ont reçu, ils pénètrent dans l'apparrement où le fils de Coutinho est baigné dans son sang ; ils s'en emparent, et sortent par une porte dérobée, silencieux, et fuyant tous les regards; ils s'enfoncent sans bruit dans un souterrain obscur qu'il faut traverser pour atteindre le rivage, portant sur leurs bras le jeune Portugais qu'ils croient mort, et qui n'est qu'évanoui. Ils ont à peine fait quelques pas, que des gémissemens, qui s'échappent des ténèbres, viennent frapper leur oreille timide; les superstitieux Portugais pensent entendre l'ame plaintive de quelque sauvage enchaîné, et mort en ce lieu. Plus ils avancent, plus les gémissemens redoublent, et plus ils sont épouvantés. Enfin le courage les abandonne; ils jettent là le corps de Gonzalez, et s'enfuient.

Gonzalez est resté long-temps encore privé de sentiment dans le réduit où il se trouve, étendu sur le sol humide; mais sa jeunesse doit triompher: sa poitrine se soulève légèrement, un faible soupir sort de ses lèvres; il revient à la vie, ou plutôt aux souffrances. L'obscurité l'environne, il cherche à rassembler ses idées: son combat avec l'époux d'Inez s'offre à son esprit, et l'accable d'un poignant souvenir ; mais il ne peut comprendre comment il se trouve dans cet endroit fétide ; l'air qu'il respire l'étouffe, et l'humidité de la pierre contre laquelle il est appuyé irrite encore la douleur de sa blessure. Cependant il cherche à se dérober à lui-même pour déplorer le malheur d'Inez ; il ne doute point qu'Almada ne se soit empressé d'accomplir son hymen. Gonzalez cache son front décoloré entre ses mains tremblantes, des larmes sillonnent ses joues, et le nom d'une sœur chérie s'échappe avec ses sanglots.

Tout-à-coup, dans l'obscurité, à quelques pas du jeune Portugais, un soupir étouffé se fait entendre. Au même instant, une main glacée parcourt le corps de Gonzalez, et s'arrête pesamment sur son bras. Le Lusitanien frissonne, ses cheveux se dressent d'horreur ; alors une voix lente et sépulcrale :

« — C'est un Européen : je les connais ; leurs
« membres sont faibles comme le roseau. C'est
« un Portugais : il a pleuré. »

Gonzalez a reconnu le langage d'un Tupinambas, sa terreur se change en pitié; sans doute son compagnon d'infortune est une victime de ses compatriotes, plongée et oubliée dans les cachots du fort : il le plaint.

« — Tu souffres, pauvre sauvage !

« — Que veut dire le Portugais? moi souf« frir! Non, je ne souffre plus. Depuis le jour
« où je me suis fait une massue de l'arbre
« enlevé sur la terre des ennemis, je ne me suis
« jamais plaint de la douleur. Souffrir! c'est
« pour les enfans, ou pour les Européens. 5*»

C'est ainsi que cet Indien cherchait à cacher les maux qu'il endurait.

Oh! si le soleil éclairait ce réduit!

Depuis plus de six jours le sauvage n'avait pris aucune nourriture; la plupart des blessures qu'il avait reçues au combat étaient gangrenées, et son corps était devenu la proie des insectes.

« — Êtes-vous enchaîné? dit Gonzalez.

« — Non, répond l'Américain : lorsque les
« tiens ont vu que ma chair était faible comme
« celle d'un vieillard, parce qu'ils ne la nour« rissaient pas; lorsqu'ils ont vu que les vers

« me mangeaient (les vers me mangent!), ils
« m'ont ôté ma chaîne en disant : « — Cet
« homme mourra! » Et ils l'ont donnée à un
« autre Tupinambas, parce qu'ils savent que
« les fils de Tupan sont forts, et que la liane
« est trop faible pour leurs bras.

« — Infortuné ! depuis quand êtes-vous
« dans ce cachot ?

« — Les yeux du fils de mon épouse ont
« peut-être dormi six fois depuis que tes
« frères ont dit : « — Voilà un prisonnier. »
« Je ne fuyais pas. »

Il s'arrêta un moment, et il reprit :

« — Si mon fils savait où je suis, il m'ap-
« porterait de sa chasse ; la tête de mon fils ne
« s'élève guère au-dessus de celle de la biche,
« mais mon fils est déjà adroit, et mon fils
« aime son père. Son père voudrait manger.

« Non, je ne fuyais pas ; mais les Portu-
« gais ont fondu sur moi comme les corbeaux
« sur un chevreuil blessé. J'étais blessé. Main-
« tenant les hommes de la tribu mangent avec
« leurs femmes. » Ici le sauvage voulut faire
un mouvement ; il était trop faible pour s'a-

vancer vers le Portugais; ses mains s'agitaient dans l'obscurité, comme pour saisir une proie.

Gonzalez dit :

« — Qu'avez-vous? »

Le sauvage répondit :

« — J'ai faim. »

Puis, en pressant contre le roc sa tête vacillante, il ajouta :

« — Il y a long-temps que j'ai faim. »

Gonzalez frémit. Il voit que l'Américain, tourmenté, se débat contre les angoisses du besoin. Son cœur généreux voudrait pouvoir le soulager, mais il n'en a pas les moyens; faible et souffrant lui-même, il peut à peine se soutenir. Sa voix du moins prouve au sauvage qu'il compâtit à ses maux.

« Tu me plains, dit le guerrier! oh, si tes
« yeux pouvaient voir mon corps! chacun de
« mes membres a autant d'ennemis à com-
« battre que ma tête a de cheveux. Je ne suis
« point un Esprit, je n'ai pu empêcher les
« vers de me ronger; ils me rongent, ils habi-
« tent mes plaies; tout mon corps n'est qu'une
« fourmilière; je ne puis manger, et je sens

qu'ils me mangent. Leur ventre froid s'alonge et se replie sur ma chair saignante... »

Un cri d'horreur interrompt l'infortuné ; mais le sauvage prend la main de Gonzalez, et la promène avec un rire triomphateur sur de larges plaies.

« Enfant, dit-il, j'ai autant de courage que
« de faim, et je ne suis point un vil esclave
« des Anhangas *. Celui que tu touches a été
« chef, le chef se nomme Urugu ; il avait
« pour père le père d'un fils brave ; il a vaincu
« trois fois les Maques, parce que les Maques
« l'ont combattu trois fois... Oui, je suis le
« chef. Urugu veut dire : le corbeau dur. J'ai
« tué Jaguar-loup, le tigre jaune ; j'ai fait
« prisonnier Sco-Assou, le chevreuil agile ;
« j'ai mangé Caorobmacorandiba-Ouassou, le
« grand arbre. Ma flèche est tombée chez les
« Ovécates, chez les Margates, chez les Piti-
« guares, et chez tous ceux qui ont levé la
« massue contre les Tupinambas, et qui ont
« réveillé mon fils dans son berceau par leurs
« cris de guerre. »

* Esprits infernaux qui tourmentaient les Indiens.

A chaque parole qui sortait de sa bouche le sauvage s'animait, et semblait, en dépit de la mort qui le menaçait, reprendre une vigueur nouvelle. Il dit tous ses exploits au désert; mais la souffrance le rappela soudain à lui-même, et, oubliant cet esprit de forfanterie qui abandonne si rarement un sauvage, la nature reprit ses droits. Il était abattu; il voulut chanter encore, mais sa chanson ne fut que regrets. Elle disait :

« J'étais guerrier, j'étais brave, et cependant
« il faut mourir.

« Mon père me prenait dans ses bras : « Uru-
« gu, disait-il, 'aime mes cheveux blancs
« parce qu'ils couvrent la tête d'un père heu-
« reux. »

« Celle que j'aime et qui est mon épouse
« ornait mon front de plumes éclatantes. Elle
« venait me demander si l'ennemi avait fui
« devant moi, ou s'il avait été tué.

« Celle que j'aime m'avait dit : « Urugu,
« grand-chef mon bien-aimé, quand les
« petits du zabélé sortiront des œufs de leur
« mère, tu seras père pour la seconde fois.

« Le zabélé a fait ses petits ; ma fille était
« belle, elle souriait à son père ; et cependant il
« faut mourir. »

L'Indien se tut, il était épuisé. Il resta un moment plongé dans sa pensée ; ses dernières paroles auraient pu faire croire qu'il avait oublié qu'un Portugais était à côté de lui ; mais tout-à-coup il releva la tête avec force, en s'écriant : « — Je n'ai pas dit que je craignais la « mort, » et il retomba dans un morne silence.

Le sauvage était en proie à la faim, au sommeil, et aux souffrances que lui causaient les insectes, nés dans sa chair, et qui dévoraient les plaies vives ; cependant la violence de ses maux ne pouvait lui arracher un seul cri, un seul geste. A voir l'immobilité de son corps, on aurait dit que chacun de ses membres avait une ame pour commander à la douleur.

Gonzalez appuie sa tête contre le rocher ; les fatigues qu'il a éprouvées, et la perte de son sang, contribuent à lui donner un repos bienfaisant ; malgré l'humidité du sol, et quoique la scène dont il vient d'être témoin l'ait fortement ému, il ne tarde pas à sommeiller.

Le sauvage expirait lentement. Son silence indique son agonie; mais soudain il s'agite convulsivement; ses yeux roulent au hasard dans leur orbite enflammé. Sa bouche desséchée s'ouvre et se ferme incessamment. Une horrible pensée a frappé son esprit. A côté de l'anthropophage est un Portugais; il dort. Un éclair de joie traverse le visage d'Urugu. Il se traîne vers Gonzalez, et, réunissant ce qui lui reste de forces, il saisit le bras du fils de Coutinho, le porte à sa bouche, et y imprime ses dents; Gonzalez se relève épouvanté de l'action du sauvage, qui ne fait plus qu'obéir au besoin qui le guide. Le corps d'Urugu souffre toujours, mais sa raison l'a déjà abandonné: machinalement, et poussé par l'instinct de la bête, chancelant au milieu des ténèbres, il cherche à se ressaisir de sa nourriture, et le Portugais se débat contre l'horrible fou; celui-ci se jette sur Gonzalez, et étendant les bras, colle sur lui ses mains décharnées, tandis que le grincement de ses dents décèle épouvantables convulsions. Tout-à-coup cette lutte effrayante est interrompue par un bruit sourd auquel succèdent des cris prolongés: Urugu vient d'entendre la voix des Tupinambas; et son délire augmentant de plus en plus, il s'écrie, joignant les mains et se soulevant sur les genoux:

« — Oh! j'entends la voix de mes frères.
« Voici mes frères du pays des ames; voici le
« pays des ames! Tupinambas, je suis un
« homme de votre tribu; j'ai été brave, j'ai
« faim; donnez-moi de la chair. »

Aucune force morale ne gouverne plus le malheureux sauvage; ses forces physiques l'abandonnent entièrement,... il expire!

Tandis que les entrailles de la terre recelaient cette scène d'horreur, la nuit prêtait ses voiles à un autre spectacle.

Après la retraite des Portugais, les chefs indiens se réunirent en conseil. Plusieurs opinions sont tour à tour présentées et rejetées: enfin un expédient proposé par Tamandua est adopté, et mis à exécution sur-le-champ. Mille flèches, au bout desquelles brûle du coton, se dirigent sur San-Salvador, et, tombant en pluie de feu, y portent l'incendie, qu'un vent impétueux vient encore augmenter; tous les efforts des Portugais sont vains pour l'arrêter, et les naturels suivant les progrès du feu, s'avancent avec les flammes, qui montent et tourbillonnent dans les airs. Hors la fuite, nul espoir de salut; mais les Tupinambas entourent le fort et se partagent les victimes; tous les édifices crient et fument; les poutres embrasées et les solives craquent et croulent consumées; les toitures s'affaissent, et tombent, entraînant des murailles noircies.

Les cendres brûlantes couvrent les flots de la baie, et le fort ne présente plus qu'un immense squelette ardent.

Catherine, l'audacieuse Catherine, à la tête d'une troupe de guerriers, marche sur le corps de vingt ennemis droit aux prisons de San-Salvador : Caramourou est là; c'est là qu'est son devoir. Elle a brisé elle-même les fers de son époux, elle l'a rendu à la liberté et aux Brésiliens.

Coutinho, retiré dans ses derniers retranchemens, profite du moment où les sauvages, ravis de la délivrance de Caramourou, suspendent le carnage, pour se jeter, avec quelques aventuriers et Almada, dans de frêles embarcations; ils abordent à la hâte les vaisseaux qu'ils ont à l'ancre; et, pour comble de honte, le jour qui vient de paraître éclaire et leur fuite et leurs désastres. C'est en vain que les naturels se précipitent dans les flots de la mer pour atteindre le reste des ennemis : les navires mettent à la voile, et s'éloignent rapidement de Bahia.

Long-temps avant de quitter le rivage, Coutinho et Almada, bravant la massue américaine, ont inutilement cherché Inez. Dès le commencement de l'incendie, la vierge s'était rendue au pied des autels.

Lors du départ des Portugais, les flammes n'avaient point encore atteint l'église de San-Salvador, seule au centre d'une place, ne touchant à aucun des autres édifices.

Inez n'a pas abandonné ce lieu, où, calme et résignée, elle attend en paix l'instant qui doit terminer sa vie. Au milieu du tumulte qui l'environne, toutes ses pensées se dirigent vers l'Éternel. Elle priait, lorsqu'à travers les colonnes du temple un guerrier s'avance vers elle : la vierge se cache sous son voile; le guerrier s'arrête; il est pâle, son sang coule: il est blessé; un soupir s'échappe de ses lèvres. Inez porte un regard timide sur l'Indien; elle a frémi, elle a vu Tamandua!

« — Inez, dit-il, voici ton amant; je t'ai
« délivrée des Portugais; je l'avais dit. Viens,
« fuyons, fuis la grande case : mes compagnons
« vont la brûler. »

La fille de Coutinho ne répond point : son regard est fixé sur la blessure du cacique: il s'en aperçoit.

« — Ce n'est rien, dit-il, » cherchant à déguiser sa souffrance; mais sa faiblesse ne le dément que trop, il est forcé de s'appuyer contre l'un des piliers. Au même instant les Tupinambas se précipitent dans l'église en poussant leurs cris de guerre.

Le courage d'Inez l'abandonne à l'aspect de ces sauvages noircis par la fumée, couverts de sang et de poussière; la vierge, tremblante pâlit : son cœur se serre; elle tombe évanouie sur les marches de l'autel.

Jakaré entrait :

« — Que fait mon ami ? dit-il.

« — Jakaré, répond Tamandua, les ton-
« nerres ont percé ma chair; mais je mourrai
« si l'Européenne ne vient pas à Cotiva. Je ne
« puis la prendre dans mes bras. Si quelque
« guerrier allait frapper mon amie ! Oh! dé-
« fends-là ! Elle est belle ! Porte celle que
« j'aime à l'aldée. »

Il accompagne ces paroles de gestes expressifs.

Jakaré, qui ne sait qu'obéir lorsque son ami a parlé, répond :

« — Tamandua, sois tranquille : Jakaré veil-
« lera sur la femme de ton cœur, comme la
« jeune mère sur le berceau de son fils. »

Et il soulève doucement la vierge. Chargé de ce précieux fardeau, il sort de l'enceinte du temple. Son plus grand regret est de ne pouvoir continuer le massacre de quelques Portugais qui n'ont pas voulu suivre leur chef, préférant la mort à une fuite honteuse; et la plus forte preuve d'amitié qu'il puisse donner au jeune cacique est de quitter le premier le lieu du combat. Inez est toujours privée de sentiment, et Tamandua, l'œil fixé sur le visage de la vierge, suit lentement Jakaré.

Cependant les sauvages vainqueurs achèvent de détruire tout ce qui rappelle la tyrannie: l'église est incendiée; le faible nombre d'Européens qui cherchaient encore à se défendre tombent enfin sous la massue, ou sont faits prisonniers.

Caramourou avait cherché en vain à sauver quelques édifices, et le temple surtout, des flammes dévorantes. Rien ne pouvait arrêter la fureur des naturels : ils avaient attendu cinq années * le jour de la vengeance. Tout ce qui peut se rattacher au souvenir des oppresseurs est impitoyablement détruit, et San-Salvador n'offre plus qu'un monceau de cendres.

Les sauvages, ayant à leur tête Caramourou et Catherine, qu'ils ont couronnés de fleurs, se mettent en marche pour Cotiva. La joie est

---

* *Voyez* Alphonse de Beauchamp, *Histoire du Brésil*

dans tous les regards, sur toutes les lèvres; c'est à qui chantera le mieux ses exploits.

UN VIEILLARD.

« C'est moi qui ai été le plus mutilé dans le combat; c'est ma vieille chair qui a souffert le plus; c'est moi qui dois commencer à chanter les paroles de la victoire. Or, moi qui suis vieux et mutilé, je chante :

« Les flèches ont fait couler le sang; les oiseaux des forêts se sont envolés loin, loin, parce que nous avons crié : « Périssent les Européens! »

« Nous mourions heureux sous les arbres de notre pays; nos femmes étaient à nous; les chasseurs chassaient en paix; le vieillard, en touchant ses cheveux blanchis, disait : « On me respecte; » les guerriers pouvaient se reposer, tranquilles sur les nattes, pendant tout un soleil; rien ne troublait les femmes lorsqu'elles allaient travailler à la terre.

« Un homme arrive de la grande mer, Coutinho, un tyran.

« Depuis que l'étranger a dormi parmi nous,
« les jeunes filles oublièrent qu'elles avaient
« eu peur des serpens dont le ventre glisse sur
« l'herbe; elles ne tremblaient plus qu'en pré-
« sence de l'étranger, tant il était méchant
« l'étranger des pays de la mer!

« Lorsque l'homme portugais laissa pour la
« première fois la trace de ses pas sur le sable
« de notre terre, ses paroles étaient celles
« d'un ami; nous avons dit : « Voilà un ami:
« réjouissons-nous! » car nos cœurs étaient
« simples; mais l'étranger était le frère du
« tigre, et nous dîmes : « Qu'il meure! il
« nous a trompés! » car nos cœurs aimaient
« la vérité.

UN JEUNE HOMME.

« Un jour celle que j'aime parce qu'elle est
« belle, se promenait dans la forêt, et allait
« chanter aux oiseaux les chansons que sa
« mère, la matrone, lui a dites lorsqu'elle la
« portait suspendue à son sein. Celle que
« j'aime rencontra un tigre; aussitôt ma bien-

« aimée, qui se nomme Yaci *, voulut s'en-
« fuir; mais au même instant elle aperçut un
« Portugais; le Portugais s'avançait vers elle.
« Alors Yaci, dont la bouche est plus fraîche
« que l'ananas, sentit trembler son corps.
« L'homme méchant approchait..... Mon amie
« se précipite vers le tigre, et lui dit : « Beau
« tigre, ta femelle est la plus belle! Bon tigre,
« tu es vaillant, sauve-moi du Portugais! »

LE VIEILLARD.

« Coutinho bâtit une grande case sur le bord
« de la mer; il planta sur notre terre; il chassa
« dans nos bois, sans nous demander à nous,
« vieillards, qui sommes sages, si cela était
« bien. Il nous dit que le cacique de sa na-
« tion était puissant; nous dîmes : « Cela peut
« être. » Il nous dit que ce cacique lui avait
« donné une grande partie du pays des Tu-
« pinambas; nous dîmes : « Cela n'est pas. »

---

* Yaci ou jaci veut dire lune : les Tupinambas ne pronon-
çaient pas bien la lettre J. Léry rapporte qu'ils l'appelaient toujours Yean (Jean) Léry.

« Il nous dit que nos arbres, notre aldée, nos
« cases, nos prisonniers et nos armes n'étaient
« plus à nous; nous répondîmes : « Tu mens. »
« Et notre visage devenait rouge de colère.

« L'étranger disait : « Vous n'êtes que de
« pauvres hommes; votre religion est bonne
« à raconter aux enfans suspendus au sein des
« femmes : vous êtes ignorans; » nous répon-
« dions : « Nos pères ne nous ont jamais dit
« cela. »

UN JEUNE GUERRIER.

« Les jeunes guerriers ont dit entre eux
« Il nous faudra bien tuer et manger cet
« homme. »

UN CHEF.

« L'étranger a dit : « Combattons ! je vous
« foulerai aux pieds comme le vent foule l'eau
« des fleuves. »

LE VIEILLARD.

« L'étranger n'était que le fils de l'homme

« et de la femme : nous ne craignons que les
« Génies.

LE CHEF.

« Oui, nous avons dit, en frappant nos
« massues contre la terre : « Que les tacapes *
« brisent la tête de l'étranger ! Les Tamoyos
« sont des braves ; qu'ils viennent avec nous
« combattre cet homme qui a le mensonge sur
« les lèvres. »

UN TAMOYOS.

« Les hommes de cœur s'entendent ; nous
« sommes venus, car nous sommes vos alliés,
« et nous avons dit : « Nos massues frapperont
« ensemble ! » Les Européens lançaient la fou-
« dre, nous ne lancions que la flèche, et ce-
« pendant nous avons jeté le cri des vain-
« queurs : nos bras sont forts.

« Que vous êtes braves, ô Tupinambas !

---

* Les massues : elles étaient très-longues, quelquefois tran-
chantes, et d'un bois excessivement dur.

UN TUPINAMBAS.

« Que vous êtes braves, ô Tamoyos!

LE VIEILLARD.

« Nous sommes vainqueurs!

LE CHEF.

« Nous sommes vainqueurs!

UN GUERRIER.

« Nous sommes vainqueurs!
« Je t'aime, ô ma belle massue! Comme tu
« es rouge de sang! Combien as-tu tué de
« Portugais? Je te placerai sur le berceau de
« mon fils; mon fils te sourira, et sa mère lui
« dira : « Tu es le fils d'un brave! »
« Je ne m'appuierai sur toi que dans les jours
« de fêtes! Tu es trop belle et trop rouge de sang
« pour casser la tête des simples guerriers : tu
« ne tomberas que sur la tête des chefs, aux
« grands massacres.

UN CHASSEUR.

« Je ne chasserai plus le daim et le cerf avec
« cet arc : je le déposerai pendant tout un so-
« leil sur les genoux de ma bien-aimée ; je le
« poserai sur les cheveux blancs de mon père ;
« je lui dirai : « Que tu es heureux d'avoir un
« fils brave ! » et il répondra : « C'est comme
« cela qu'il faut parler ; tu es mon fils ! »

« O mon arc ! tu ne me serviras que lors-
« que je voudrai abattre l'aigle aux pieds de
« mon amie !

UN CHEF.

« Et moi, je suis le chef ; le chef a été vail-
« lant : il a ri des tonnerres d'Europe ; il épou-
« vantait l'ennemi comme le torrent qui
« gronde sous les rochers ; il rugissait comme
« le tigre ; sa massue tombait sur la tête des
« Portugais avec plus de fracas que l'arbre
« renversé par l'orage dans les eaux du fleuve.
« Le chef a vu des Européens lui demander
« grâce, et le chef a dit : « Non ! » Et il a

« frappé, et il a entendu le craquement de
« leurs os.

« Je dirai à mon père : « Vieux palmier, tu
« peux mourir tranquille, car ton fils a été
« brave, et les noms des pères des fils braves
« sont encore prononcés avec respect parmi
« les hommes, au-delà de vingt mémoires de
« vieillards. »

Où peut-on couler des jours plus heureux qu'au sein d'un peuple chez lequel l'amitié est une vertu journalière? Dans un banquet, dans une réunion, partout on trouve des amis, partout le cœur s'épanche.

GALL, *Fonctions du Cerveau*.

Tous les convives portent des mains avides sur les mets qui sont servis devant eux. Quand leur faim est calmée, quand leur soif est éteinte, ils se livrent à la musique, aux concerts et à la danse, qui embellissent et couronnent les festins.

HOMÈRE.

Le soleil luit.

Gonzalez, toujours pâle et toujours faible, est resté dans cette espèce de tombeau où les satellites d'Almada l'avaient abandonné, jusqu'à ce que le bruit qu'il entendait eût cessé. Quoique accablé de souffrances morales et physiques, le repos qu'il a pris a ranimé ses forces. Il se lève, et, rétrogradant vers l'entrée du souterrain, il aperçoit la lumière du jour. Mais, hélas ! quel spectacle vient frapper ses yeux épouvantés ! il n'est plus de San-Salvador !

Le fort n'élève plus dans les airs sa masse orgueilleuse; ses débris, encore fumans, noircis par la flamme, attestent seuls qu'il exista. O fragilité des choses d'ici-bas ! Là, quelques jours auparavant, à cette même place, étaient des lambris dorés; là, il y avait des fêtes, des jeux, des plaisirs..... Maintenant, la mort ! la mort ! et partout la mort !!!

Le fils de Coutinho est dans l'immobilité du désespoir.

Sa première pensée est pour son père, pour sa sœur. Passant sa main sur son front, il cherche à se persuader qu'un songe s'est emparé de lui. Il s'approche, touche, examine, touche encore :

« — Oui, dit-il, ce sont bien des pierres ;
« elles sont brûlantes ! »

Et en parlant ainsi, il remuait les débris de San-Salvador. Soudain il recula épouvanté ; il venait d'apercevoir sous les décombres des cadavres portugais. Gonzalez se rappela alors les cris qu'il avait entendus dans le souterrain ; puis, rassemblant toutes ses idées, il vit que les sauvages avaient attaqué les Portugais, que ceux-ci avaient été vaincus, et peut-être tous massacrés. Cette pensée que son père et sa sœur avaient infailliblement péri, vint l'accabler de tout son poids. Il soupira. Il s'assit sur une colonne noircie et brisée.

« — Hélas ! dit-il en jetant un regard som-
« bre autour de lui, voilà donc ce que ce riche
« pays nous promettait ! Tel était donc le sort
« qui nous attendait au Brésil ! O mon père !
« et toi, sœur chérie ! que n'ai-je pu du moins
« combattre pour votre défense ! Horrible Al-
« mada ! tu me portes aujourd'hui le plus dou-
« loureux, le plus déchirant de tes coups !......
« Sans toi, j'aurais péri en couvrant de mon
« épée la tête de mon père et celle d'Inez !

« D'Inez ! Ah ! monstre ! elle ne sera pas ton
« épouse ; et si le bras d'un frère n'a pu te l'ar-
« racher, la mort t'a ravi ta victime !..... La
« vierge est aux cieux ; et toi, puisse le Dieu
« vengeur..... »

Il s'arrêta : il est un sentiment qui empêche de maudire sur des ruines....!

La tête de Gonzalez est retombée sur sa poitrine ; mais ces débris qu'il foulait agissaient trop violemment sur son cœur. Il se leva, et s'enfonça dans les forêts.

Elles retentissaient encore des cris d'alégresse qui marquaient l'arrivée des sauvages à Cotiva. Les femmes et les enfans des Tupinambas avaient rencontré les alliés à quelque distance du village, et mêlaient leurs acclamations à celles des guerriers vainqueurs. Catherine, la belle, la courageuse Catherine, et son époux Alvarez-Caramourou, sont fêtés et accueillis avec transport par les nouveaux venus. Chacun veut les voir, les bénir, et les presser entre ses bras. La case du couple bien aimé, un peu distante de l'aldée, a été conservée avec un soin religieux. Les deux époux l'habitent seuls. Ils y jouissent de toutes les commodités de la vie; c'est là qu'Alvarez a déposé tout ce qu'il avait sauvé de son naufrage sur les côtes de Bahia, et tout ce qu'il a apporté d'Europe, lors de son voyage à la cour de France. Le respect est la garde de la case de l'ami de l'Indien, et aucun sauvage, sans la volonté de Caramourou, n'oserait franchir le seuil de cette demeure sacrée.

Alvarez avait à peine revu ses pénates chéris, que Tamandua se présente devant lui. Ses forces sont épuisées par la perte de son sang. Il est pâle et défait.

« — Caramourou, dit-il, tu es l'ami de la
« tribu; tu es l'ami de Tamandua. Inez, je
« l'aime; elle n'a point fui avec son père : mon
« ami l'a prise dans ses bras; j'étais blessé, il
« l'a apportée jusqu'ici. Permets qu'elle entre
« dans ta case. Nos guerriers sont couverts de
« sang, cela épouvanterait mon amie. Mon
« amie est une colombe. »

A ce nom d'Inez, le Portugais a fait un signe d'adhésion. Il lui doit toute sa reconnaissance; c'est sa tendre pitié qui souvent sut adoucir

l'amertume de sa captivité; vingt fois même elle implora la grâce du couple malheureux. et les deux prisonniers ont appris à la chérir. La jeune Portugaise est déposée sur un hamac. et confiée aux soins de Catherine la chrétienne. Tamandua ne veut point l'abandonner avant de l'avoir vue revenir à la vie; mais Jakaré l'entraine. « Ami, dit-il, le piaye te guérira:
« tu es blessé, je ne veux pas que tu souffres; il
« faut qu'il te guérisse. »

Quoique abattu et presque sans vigueur, Tamandua s'éloigne avec l'espoir de revenir bientôt au hamac de l'étrangère.

Sous sa case, Ombu attendait un fils chéri Tamandua s'approche, haletant et épuisé de fatigue. Il se jette dans les bras de son vieux père; et Jakaré:

« — Ombu, ton fils est vaillant; il a tué
« bien des Portugais; regarde sa massue, vois
« comme elle est rouge; mais le sang de l'é-
« tranger n'a pas coulé seul; les tonnerres ne
« savaient pas qu'il était ton fils et mon ami.
« les tonnerres l'ont blessé. Il est blessé, Ta-
« mandua.

« — O Tupan !... s'écrie Ombu, l'ami de
« mes cheveux blancs ! Mon fils, comme il est
« pâle ! ils l'ont blessé.

« — Blessé ! » répète une voix de femme.
Tamandua se retourne : du fond de la case,
une Indienne, cachée par l'obscurité, s'élance
avec rapidité. En voyant entrer Tamandua,
Moëma avait caché sa tête dans ses mains, et
des pleurs coulaient de ses yeux. L'infortunée
était venue s'asseoir sur la natte d'Ombu pendant que le jeune chef combattait. Le sommeil
n'avait pas fermé ses paupières. Elle entretenait
le vieillard de son fils, de la valeur du jeune
cacique, et de son amour.

« Blessé ! » reprit-elle; et, accourant vers Tamandua : « — O bons Génies, grand Esprit,
« pourquoi faire couler son sang ? Tamandua,
« je suis ton amante fidèle..... Où est ta bles-
« sure ? mon amour la guérira, mes baisers
« la fermeront. Où est ta blessure ? mes pleurs
« couleront sur ta plaie avec le jus des herbes
« qui guérissent. Oh ! les méchans hommes
« d'Europe ! ils ont frappé mon ami si beau ! »
Les pleurs inondent son visage : son cœur est

déchiré par la douleur. Elle souffre plus que son amant. Cruel destin de l'homme! la vie entière s'écoule dans l'amertume du cœur, et l'enfant qui vient de naître ne voit le jour qu'à travers un déluge de larmes. Moëma s'éloigne, suivie de Jakaré: elle court chercher le piaye, se le rend favorable par des présens, et obtient de lui la promesse de guérir le cacique. Elle veut aider le devin, et l'accompagne dans la forêt, d'où ils reviennent bientôt avec des plantes médicinales.

Cependant les principaux chefs sauvages se réunissent au carbet* en grand conseil.

Les Tupinambas adressent aux alliés des remercîmens pour leur courageuse assistance; quelques guerriers expriment la peine qu'ils ressentent de n'avoir pu s'emparer de Coutinho; on s'adresse mutuellement des éloges outrés; puis les Européens sont maudits, et l'assemblée est dissoute.

Les femmes préparent le festin pour fêter les

---

* Lieu des grandes assemblées: les Brésiliens y fumaient, dit-on, des calumets.

chefs étrangers. Les Tamoyos s'asseient sur des nattes autour des vases qui renferment les alimens. Les vieillards et les caciques tupinambas ont paré leur tête de plumes éclatantes; leur corps est couvert de gomme, et d'une écume balsamique qui jette un éclat éblouissant aux rayons du soleil. Outre l'élasticité et la souplesse que procurent aux membres ces enduits brillans, ils les préservent encore de la piqûre des insectes venimeux.

Le repas est aussi varié qu'abondant. On voit sur des nattes, et sur les larges feuilles du bananier [35], des cocos [36], des patates, le palmiste, les ignames, les figues d'acajou, le maïs, les maracujas, des oranges, le délicieux ananas, et les fruits de l'acayaba touffu. Le manioc, réduit en farine, et l'uiçu * assaisonnent la chair des pacas [37], des coatis [38], des chevreuils [39], des paresseux [40], et des canards sauvages.

Sur la fin du repas **, on apporte le vin de

* C'est une espèce de farine que l'on fait avec différens poissons.

** Les sauvages ne boivent point en mangeant : cela est plus naturel.

palmier, la liqueur d'acayaba, et l'enivrant cauin, boisson que les Tupinambas aiment à l'excès.

Cependant Pindobuza s'adresse à un homme tamoyos :

« — Boytiopua, dit-il, nous t'appelons le
« Chanteur. Tu n'es pas seulement un bon
« guerrier; tes histoires charment les oreilles
« de ceux qui les écoutent. Prouve aux Tupi-
« nambas que Boytiopua le Chanteur chante
« de belles histoires. »

On fait silence.

Boytiopua sourit, et commence :

« — Jacantin aimait Ara, Jacantin était
« aimé d'Ara.

« La même aldée les avait vus naître, et la
« case du père d'Ara touchait celle du père
« de Jacantin.

« Jacantin annonçait qu'il serait un jour le
« plus beau guerrier de sa tribu; il s'élevait
« comme le palmier; son bras avait déjà com-
« battu l'ennemi, et sa flèche atteignait l'oi-
« seau le plus élevé.

« Ara était comme la colombe qu'on avait
« vue, au jour de sa naissance, sur la cabane de
« son père. Ses yeux, bleus comme le nuage,
« étaient beaux; ses cheveux étaient beaux,
« et sa voix était belle.

« Ara et Jacantin avaient joué ensemble,
« dans leur enfance, sur le bord des fleuves.
« Jamais Ara n'avait mangé une banane sans
« la partager avec Jacantin; jamais son ami
« n'avait laissé paraître le soleil sans dépo-
« ser sur le front de son amie le baiser du
« matin

« Un jour, celui qui aimait Ara était allé
« chasser dans la montagne.
« Une fille des Tamoyos l'aperçut.
« Elle se nommait Inis.
« Inis sentit qu'elle aimait le chasseur
« Elle rentra dans la case de son père.
« Elle soupira.
« Et quand le chasseur revint sur la mon-
« tagne, elle lui dit :
« — Beau chasseur, je t'aime. »
« Celui qui chassait répondit :

« — Jacantin aime Ara. Jacantin est aimé
« d'Ara. Ils sont ensemble, ceux qui s'aiment,
« comme la liane et le chêne; je suis le chêne
« la liane est plus belle que toi. »

« Cependant Jacantin ajouta :
« — Pauvre fille ! »

« Inis ne répondit point; mais elle pleura
« sur ces paroles : « La liane est plus belle que
« toi ! »

« Elle dormit; elle entendit en songe une
« voix qui lui disait : « La liane est plus belle
« que toi ! »

« Inis dit alors : « Je séparerai la liane du
« chêne ! » Elle dit cela, et, pâle comme un
« génie blanc de la nuit, elle coupa en plu-
« sieurs parties une tresse de sa chevelure, et
« glissa adroitement le poison dans le manioc
« qu'elle préparait *.

« Elle alla vers l'amante aimée, et lui dit :
« — Ara fêtera avec moi le jour qui donne
« un frère à Jacantin. » (Jacantin venait d'a-
« voir un frère). Ara, rouge de plaisir, accepta

* Sortilége très-connu des sauvages brésiliens. (*Voyez* La
Clinique.)

« avec joie; elle embrassa sa rivale. Inis lui
« offrit de la chair, Ara mangea la chair; Inis
« lui offrit de la boisson et des fruits, Ara prit
« la boisson et les fruits; Inis lui donna le ma-
« nioc, Ara accepta le manioc en souriant : le
« manioc devait lui donner la mort!

« Et lorsque son amant accourut au devant
« d'elle, Ara ne le reconnut pas, et le repoussa,
« en disant :

« — Que veux-tu? »

« Jacantin fut affligé; il crut avoir perdu le
« cœur de son amie.

« Cela n'était pas.

« Ara n'avait plus sa raison.

« Jacantin vit bientôt que les mauvais Gé-
« nies s'étaient emparés de la jeune fille. La
« pauvre Ara fuyait et la grande case de ses
« parens, et les danses de ses compagnes, et
« les oiseaux, et tout ce qu'elle avait aimé;
« sa bouche disait des choses qu'on n'enten-
« dait pas; elle-même paraissait ne plus rien
« comprendre.

« L'aldée fut dans la douleur. Inis, la
« femme rivale, dit :

« — C'est moi qui ai fait tout cela. « Et elle
« ajouta, en regardant Jacantin « La liane
« mourra ! c'est bon. »

« Inis creusa elle-même la tombe d'Ara,
« et au second soleil le hamac d'Ara portait
« une femme morte.

« Inis, la femme méchante, prit dans ses
« bras le corps de sa rivale, le mit dans la
« terre, et le couvrit de terre. Jacantin jeta des
« fleurs sur le tombeau; les fleurs ne se fa-
« naient pas; l'amant malheureux les arrosait
« de ses larmes.

« Une nuit, Inis, la femme tigre, vint dé-
« terrer le corps d'Ara, dont les membres étaient
« rongés par les vers.

« Lorsque Jacantin arriva pour pleurer, il
« trouva Inis à côté de celle qui avait été son
« amie. Inis lui dit :

« — Que sont devenus ces beaux yeux, ces
« beaux cheveux, cette voix si belle ? Tout son
« corps n'est que pourriture.... Tu m'as dit
« La liane est plus belle que toi. » Maintenant
« vois.... laquelle de nous deux est la plus
« belle ? Alors Inis, furieuse, se jeta sur sa

« rivale, la déchira avec ses ongles; puis, sai-
« sissant une flèche :

« — Va la rejoindre, s'écria-t-elle! » Et
« elle frappa Jacantin.

« Cependant les vieillards parlèrent entre
« eux à l'ombre des bananiers. La famille de
« Jacantin et la famille d'Inis s'assemblèrent.
« Alors on dit : « Inis, la femme de sang, a
« tué; Inis sera tuée. » Et la famille d'Inis dit :
« Cela est une chose qui doit être ainsi, parce
« qu'elle est juste. » On fit venir Inis; on lui
« dit : « Femme, tu as été méchante; femme,
« tu as tué; femme, meurs. » Alors on passa
« un lacet au cou de la jeune fille, afin que cela
« l'étranglât [1].

« Inis mourut : elle est morte. »

> Regardés comme des sauvages par les sauvages eux-mêmes, les Aymores ne s'élevaient guère, pour l'intelligence, au-dessus de la brute. . . . . . .
> . . . .
> . . . .
> On prétend que ces barbares faisaient un plus grand usage de la chair humaine que les autres.
>
> FERDINAND DENIS, *Résumé de l'Histoire du Brésil et de la Guyane.*

BOYTJORUA avait fait silence.

Un transport d'admiration s'était élevé parmi les sauvages, et ils disaient :

— « Chanteur, votre histoire est belle. Vous

« chantez bien : heureux ceux qui possèdent
« les qualités d'un guerrier et celles d'un
« homme comme vous ! Vous seul savez char-
« mer les oreilles de ceux qui vous écoutent. »

Au milieu des Tamoyos se trouvait un sauvage aymore *, fait prisonnier par eux; il
avait été adopté *. Du rang des alliés, cet
homme s'est levé. Le dépit et la confusion
ont altéré ses traits; sa taille gigantesque domine l'assemblée; cependant il sourit, mais
de ce sourire qui ferait trembler si le barbare
tenait sa massue. Il s'avance vers Boytiopua, et
agitant sa chevelure en désordre :

« — Homme chanteur, dit-il, la nation
« applaudit l'homme de la nation : c'est bien.
« Les alliés applaudissent le chanteur allié :
« c'est bien. Moi, je ne suis point né de
« Tamoyos; moi, je n'ai été ton frère, le frère
« des tiens, que lorsque j'étais homme; moi,
« je dis que ton histoire ne me plaît pas.

* Les Brésiliens adoptaient quelquefois leurs prisonniers,
mais cela arrivait rarement.

« parce que ton histoire n'est point une his-
« toire de mon pays, et parce que tu n'es pas
« un bon chanteur. Ta bouche n'aurait dû
« s'ouvrir que sur le berceau de ton fils, car
« tout plait aux enfans dès-lors qu'on parle.
« Les vieillards disent vrai, et les vieillards
« nous apprennent que le corbeau, qui ne
« dit rien de bon, doit se taire : pour moi,
« guerrier, je sais combattre, je sais chanter. »

« J'ai combattu, je vais chanter :

« Je suis du pays où les hommes sont braves
« et méchans, du pays des Aymores. Un jour,
« chez les Aymores, une femme accoucha [43].

« On le tuera et on le mangera.

« Le fils de cette femme fut nommé Aquiqui
« le Paresseux, parce qu'il restait immobile
« dans son berceau, et qu'il ne paraissait pas
« agile. Le fils de cette femme grandit; il pensa :
« On dit que je suis paresseux, il faudra
« qu'on dise que je suis agile; on m'appellera
« le Sauteur : je ne veux pas être paresseux. »

« Le fils de cette femme pensa cela, et il
« se mit à courir dans les bois. Il courut vers
« la montagne, il courut dans la vallée.

« Vous le savez, vous tous qui m'écoutez et
« qui aimez mon histoire, les hommes ay-
« mores n'aiment pas l'eau [*] : hé bien ! le fils
« de cette femme nagea dans les fleuves! Il
« montait sur les arbres, et, trop faible pour
« tuer le jakaré, il se plaisait à le tourmenter.

« Il prenait des nœuds de roseaux qu'il rem-
« plissait de fourmis rouges [44], de scorpions
« mâles et de marimbundos [**] ; ces nœuds il
« les jetait dans la gueule du jakaré, lorsqu'il
« le trouvait endormi au soleil sur le bord de
« l'eau.

« Il sera tué, et il sera mangé.

« Souvent le fils de cette femme se trouvait
« éloigné des yeux de son père de la distance
« que parcourt un chasseur qui a marché

[*] On prétend même qu'ils renonçaient à poursuivre leur ennemi s'il traversait une rivière ou quelque marais.
[**] Espèce de guêpe dont la piqûre est très-douloureuse.

« vite, vite, tout un soleil. Alors le fils de cette
« femme, qui faisait deux pas dans le pas d'un
« homme, cet enfant passait les nuits dans la
« forêt; à côté de lui il entendait gronder le
« jaguar, et il glissait quelquefois sur des
« serpens entrelacés. Cet enfant tendait aussi
« des piéges aux animaux, et quand il les
« avait pris, il se battait avec ses prisonniers;
« cet enfant était chaque jour réprimandé
« par son père, qui lui disait : « Prends garde
« à toi, le tigre est méchant, et le crocodile
« nage bien. » Mais cet enfant pensait : « Je ne
« veux pas qu'on m'appelle le Paresseux, » et
« il continuait à courir dans les bois, et à
« traverser les fleuves.

« Un jour cet enfant, le fils de cette femme
« qui était accouchée, Aquiqui, le Sauteur,
« ne revint pas vers son père; il était trop loin,
« il ne put arriver qu'après trois soleils.

« ...... Son père lui dit :

« — Écoute, je t'avais dit de prendre garde
« à toi; je t'avais dit : « Le tigre est méchant,
« et le crocodile nage bien. »

« Aquiqui répondit :

« — Père, pourquoi m'as-tu appelé le Paresseux ? Si je ne faisais pas tout cela, les enfans, les hommes de mon âge, se moqueraient de moi, et ils riraient aussi de toi.

« Le père d'Aquiqui dit :

« — J'aime mieux manger ta chair, que si le tigre ou le crocodile la mangeait. Si tu l'échappes encore, Aquiqui, je te tuerai avec ma flèche, ou avec ma massue, ou avec mes mains. »

« Aquiqui répondit :

— « Je ne suis plus le Paresseux ; je suis le Sauteur. »

« On va le tuer et le manger.

« Puis le fils de cette femme, cet enfant, Aquiqui, le Sauteur, disparut encore.

« Quand il revint, son père lui dit :

— « Le Sauteur ne m'a pas écouté ; il va mourir. De mauvais Génies ont touché le ventre de ta mère, ô Aquiqui ! hé bien ! j'aime mieux manger ta chair que si le tigre ou le crocodile la mangeait. Com-

ment faut-il te tuer? Aquiqui, je vais te
tuer. »

« Le Sauteur pleura d'abord, parce qu'il
allait mourir; mais il dit après :

« Je ne suis plus le Paresseux; je ne pleurerai pas. » Il dit encore :

— « Père, avant d'être tué, je vais voir si les
oiseaux se sont pris aux pièges que j'ai tendus. Le père répondit :

« — Va et reviens. »

Aquiqui revint; les oiseaux étaient pris. Le
Sauteur dit :

« — Père, tue-moi avec ta flèche, parce
que c'est avec la flèche qu'on abat l'oiseau,
qui est agile, puisqu'il vole; ou avec ta massue, parce que c'est avec la massue qu'on
casse la tête des guerriers qui sont lestes et
qui courent bien.

« Alors le père l'assomma avec sa massue.

« Comme il coupait les membres pour manger, la mère vint à passer par là; elle dit :

« — Que fais-tu ? » Le père répondit :

« Je mange notre fils, le Sauteur, celui qui

« était le Paresseux; je viens de le tuer : j'aime
« mieux manger sa chair que si le tigre ou le
« crocodile la mangeait. » La mère dit :

« Homme, tu as raison, j'en veux manger
« aussi. »

« Et le fils de cette femme, cet enfant.
« Aquiqui, le Paresseux, le Sauteur, fut coupé
« en morceaux.

« On l'a tué et on l'a mangé. »

Le sauvage aymore a cessé de parler, et chacun d'applaudir.

Une froide sueur couvre mes membres fatigués, je soupire, je cherche en vain un soulagement à mes angoisses; un funeste délire s'empare de mes sens. Il me semble que la cruelle Mort m'étouffe entre ses bras sanglans.

Alors reviennent à ma pensée tes joues de rose et de neige, tes yeux brillans et doux, tes dents d'ivoire, ta bouche gracieuse.

Gonzaga, poète brésilien. (*Traduction de E. de Monglave et P. Chalas.*)

Quelques jours s'étaient écoulés depuis la victoire remportée par les Brésiliens. Les Tamoyos, après avoir joui d'un repos bienfaisant qui leur a fait oublier les fatigues du combat, se disposent à retourner à leur aldée. Ils se réunissent au signal des chefs, et Pindobuzu le Grand-Palmier prend la parole :

« — Partons, guerriers, partons ! Il faut re-
« voir nos cases : les bons Génies de nos cases
« croiraient que nous les avons abandonnés,
« et que nous avons été vaincus ; il faut re-
« tourner vers nos femmes ; nous baiserons
« leurs lèvres : pendant notre absence, elles
« ressemblent à la fauvette que le chasseur a
« privée du père de ses petits.

« Vous, ô Tupinambas, lorsque vous vou-
« drez le secours de nos bras, vous direz.
« — La cabane des Tamoyos est comme le nid
« de l'aigle ; c'est la demeure des braves : al-
« lons les chercher, ce sont nos amis. »

Jakaré répond : « — Oui, vous êtes les amis
« des Tupinambas. Vos femmes sont dans la
« douleur de votre absence, mais vos Génies
« ne croiront pas que vous avez été vaincus :
« lorsque les Tamoyos vont à la guerre, les
« enfans, qui ne combattent pas encore, de-
« mandent aux vieillards, qui ne combattent

« plus : « — Où sont nos pères ? » Les vieillards
« disent : « — A la guerre. » Les enfans deman-
« dent : « — Ont-ils vaincu ? » Et les vieillards
« répondent : « — Ils ont vaincu, » sans crainte
« de se tromper, et ils ne mentent jamais.

« Jakaré a été au grand village des Tamoyos.
« Vous êtes habiles à vous fortifier, ô alliés des
« braves; vous savez vous entourer de palissades
« et de pieux sur lesquels vous placez la tête de
« vos ennemis, et il y en a beaucoup*. Jakaré a
« vu vos femmes, vos femmes sont belles; Ja-
« karé a vu vos vieillards, vos vieillards sont
« de grands guerriers; Jakaré a vu vos enfans,
« vos enfans sont de petits guerriers.

« Nous sommes heureux de vous connaître.

« Nous éprouvons de la peine à vous quit-
« ter. »

Les jeunes filles s'avancent aussi pour com-
plimenter les voyageurs :

« — Marchez, pieds des Tamoyos, foulez en
« paix la feuille du désert.

« Portez les hommes courageux jusque dans
« leur aldée.

* Usage de presque toutes les peuplades brésiliennes.

« Tamoyos, vous allez arriver; vous direz :
« — Nous voici. » On vous répondra : « — Soyez
« les bien venus. »

« Les femmes diront à vos bras : « — Combien
« avez-vous tué de Portugais ? » et à vos mas-
« sues : « — Où sont vos sœurs, les flèches ? »
« Vous direz : « — Elles sont dans le cœur des
« Portugais; » vous direz : « Les hommes d'Eu-
« rope sont couverts d'armes éclatantes et de
« vêtemens brillans; mais ils sont lâches, ils se
« sauvent : le chef des Portugais a fui, et ce-
« pendant il brisait nos têtes avec des tonnerres.

« Nous sommes braves.

« Marchez, pieds des Tamoyos, foulez en
« paix la feuille du désert. »

Pindobuza répond :

« — Filles des Tupinambas, vos bouches
« disent de bien jolies choses. Vous êtes belles
« comme des colombes, et vos paroles nous
« réjouissent plus que le chant de l'azuléon.
« Mais il faut partir.... Mes guerriers, prenez
« vos arcs..... Les Tupinambas vivront toujours

« dans la mémoire de leurs alliés; leur nom
« restera sur nos lèvres, plus doux que le miel
« de l'abeille ⁴⁵, parce que les Tupinambas
« combattent comme le jaguar..... Tamoyos,
« prenez vos massues..... Jamais nous ne pour-
« rons oublier les vieillards de Cotiva, parce
« qu'ils sont sages, ni leurs filles, parce qu'elles
« sont belles..... Hommes, partons ! »

A ces derniers mots de l'Américain, les femmes versent abondamment des larmes; les Tupinambas pleurent aussi; de toutes parts l'attendrissement est à son comble, et l'on n'entend que des sanglots.

Les Tamoyos s'éloignent, les uns en frappant dans leurs mains, les autres en tirant des flèches d'adieu. Bientôt ils s'enfoncent dans l'épaisseur de la forêt, et l'on ne distingue plus qu'un bruit confus, un bruit sourd de pieds heurtant la terre.

A la première halte, le Grand-Palmier monte sur le tronc d'un vieil arbre, brisé, noirci par la foudre; et s'adressant à sa troupe :

« — Qu'ils sont heureux les hommes vain-
« queurs ! Que nous sommes heureux ! Oui.

« votre cœur est dans la joie, et vos lèvres
« doivent sourire. En arrivant à l'aldée, nous
« dirons : « Femmes, réjouissez-vous ; pré-
« parez le festin, préparez la boisson, car nous
« avons vaincu, vaincu des hommes qui com-
« battent avec le feu. Les Tupinambas sont
« braves, cela est vrai ; ils ont bien aidé les
« Tamoyos ; mais ce sont les Tamoyos qui ont
« chassé les Portugais, parce que leurs bras
« sont forts comme les bras des gros arbres. »

Il a dit, et de sa lèvre inférieure le sauvage laisse échapper un sifflement horrible, qu'il répète trois fois.

Au village des Tupinambas, le jongleur parlait ainsi aux guerriers de sa nation :

« — Murucujé, l'ami des Génies du bien.
« Murucujé qui tient en son pouvoir les Génies
« du mal, Murucujé le devin promet des so-
« leils longs et heureux aux braves qui ont
« vaincu. Oui, vous avez vaincu, parce que je
« vous ai dit : « Recevez l'Esprit de force, afin
« de surmonter vos ennemis. » Les Tamoyos...
« ce sont aussi de bons guerriers ; ils combat-

« tent bien, et vous pouvez frapper ensemble;
« les Tamoyos sont aussi des vaillans ; mais leur
« devin n'est pas aussi puissant que moi, et
« l'Européen n'a fui que devant vos massues. »

Cependant la chaleur brûlante du climat et l'agitation du jeune cacique contribuent à envenimer ses blessures. Toute la science des sauvages semble échouer contre la violence des douleurs qu'il éprouve. La tristesse règne dans la tribu. Ombu se désespère en secret; car devant les Tupinambas il doit paraître calme et résigné. Chez les braves, un père ne pleure point son fils qui meurt pour la patrie.

Le vieillard s'éloigne de la case où Tamandua repose dans un hamac; il craint que son courage ne le trahisse, et que des pleurs n'attestent sa faiblesse; mais lorsqu'il voit le piaye, il lui dit :

« — Les herbes du devin guériront-elles le
« fils d'Ombu ? »

Le jongleur répond :

« — Des Esprits, sage vieillard, m'ont dit que
« le soleil du hibou sera favorable au brave

« blessé : il donnera du sommeil aux yeux de
« ton fils. »

Mais de tous les habitans de Cotiva, le plus
à plaindre est Jakaré.

« — Hélas! dit-il, je ne suis pas une femme;
« je ne dois pas pleurer. Est-ce que Jakaré
« voudrait être une femme maintenant? Oh!
« non! »

Lorsque le sauvage n'a plus la force de supporter le supplice de son ami, il court cacher dans la solitude sa douleur, et peut-être ses larmes.

Une femme veille seule et constamment auprès du malade. Attentive, prévenant ses moindres désirs, épiant un signe, un besoin, ni la fatigue du jour, ni le manque de repos pendant la nuit n'ont pu l'éloigner du hamac de Tamandua. S'il eût été permis au jeune Indien de sommeiller et de faire des songes, en se réveillant il eût cru voir, à côté de lui, le Génie du bien, sous les traits de Moëma; mais une fièvre brûlante l'agite sans cesse. Il ne peut distinguer les objets qui l'environnent. Son amie l'appelle en vain.

« — Tamandua, dit cette femme, c'est moi,
« c'est Moëma; elle est près de toi. Tu ne la
« connais donc plus, la voix de Moëma? Ré-
« ponds à celle qui t'aime. Je suis la fleur,
« amante du soleil; il faut toujours que je
« contemple le visage de mon ami; je ne puis
« vivre sans mon ami.

« Mais pourquoi ton œil semble-t-il furieux?
« Ne crains rien : j'empêcherai la mort d'ap-
« procher; quoique femme, je la combattrai.
« J'ai été l'amante d'un brave; je sais com-
« ment on fait pour vaincre : je la vaincrai.
« Tamandua, beau cacique, réponds-moi..... »

Moëma, en disant ces mots, saisit la main du guerrier. Son accent passionné et ses regards touchans auraient attendri un cœur de fer. Cette main de Tamandua, elle la baise, elle la presse sur son sein, elle la couvre de ses larmes. Dans sa douleur, elle demande à Tupan de lui donner toutes les souffrances du cacique, afin qu'il revienne à l'existence. Tamandua n'entend pas les accens de Moëma; le plus violent délire s'est emparé de lui. Des pensées diverses se heurtent dans son cerveau. Quelquefois ses traits prennent une expression menaçante, et le nom de Coutinho s'échappe de ses lèvres. Sa physionomie change tout-à-coup; son regard s'adoucit et devient suppliant; il joint fortement les mains par un mouvement convulsif.

« — Inez, dit-il d'une voix tremblante, fille
« d'Europe, belle fille d'Europe, m'aimes-tu?
« Blanche colombe, fuis les corbeaux du pays
« des méchans..... Vole vers le désert; viens,
« ton nid sera le plus beau..... J'aime ton
« nid..... Inez,..... veux-tu suivre mon amour
« au désert..... au désert..... où Tamandua
« est cacique?

« — Toujours l'étrangère! dit Moëma en
« soupirant. Mais l'étrangère, elle ne sait pas
« aimer le beau Tamandua..... Elle n'est pas
« là pour le soulager, l'amante aimée; il l'ap-
« pelle, et elle ne vient pas; loin de le con-
« soler, elle augmente ses peines.....O la femme
« cruelle! »

Le devin, qui avait promis au père de Tamandua du sommeil pour son fils, ne s'était pas trompé. Dans le cours de ses observations médicales, il avait remarqué qu'après un long délire vient ordinairement un repos, que suit ou la mort ou la délivrance du malade. C'est ce qui arriva. A la suite d'une crise terrible, Tamandua tomba dans un profond sommeil. Comme il entrait alors dans les vues du devin de prédire le bien plutôt que le mal, il annonça qu'au lever du soleil le cacique reviendrait à la vie. Le hasard et la force du tempérament de Tamandua justifièrent ses prédictions.

Au point du jour, Moëma, Ombu, Jakaré, et toute la famille du blessé, entouraient le hamac. Chacun attendait dans la plus grande impatience le résultat des promesses du devin. Enfin Tamandua fait quelques mouvemens; le piaye s'écrie :

« — Amis du guerrier, parens du guerrier,
« réjouissez-vous! celui qui était près, bien
« près du pays des ames, revient parmi vous; il
« ne vous quittera plus. »

En effet, Tamandua avait repris connaissance. Ses yeux se portent sur ceux qui l'environnent. Son père, son ami, sollicitent une parole, un regard. Quoique, peu d'instans auparavant, Moëma fût dans une tristesse profonde, la guérison de Tamandua fait briller le sourire sur son visage. Autant elle a répandu de larmes, autant elle éprouve de joie; sa gaieté va jusqu'à la folie : elle rit, elle danse, elle chante tout à la fois. Elle s'adresse à tous les objets qui s'offrent à sa vue :

« — Oiseaux, fuyez, dit-elle, fuyez; voici
« le chasseur Tamandua : il est adroit.

« Prenez garde.

« Palmiers, réjouissez-vous! mon guerrier
« viendra se reposer sous votre ombrage.

« Cocotiers, croissez en paix ; Tamandua
« vous défendra.

« Branches des cocotiers, portez des fruits;
« mon ami les mangera. »

Plusieurs jours se sont écoulés; par ordre du devin, l'ami de Jakaré prend quelques soleils de repos. Quoiqu'il soit déjà convalescent, et qu'il ne ressente plus aucune douleur, il cède au piaye; il brûle cependant de voir Inez, qu'il a laissée évanouie dans l'habitation de Caramourou.

Quelques heures après y avoir été déposée, Inez revint à elle. Caramourou lui expliqua comment elle avait été transportée à Cotiva. « Rien de ce qui est nécessaire, ajouta-
« t-il, ne vous manquera ici. Je suis abon-
« damment pourvu de toutes les choses utiles
« aux besoins de la vie; j'ai même apporté de
« France plusieurs objets d'agrément. Je crains
« néanmoins que, loin de votre patrie et de vos
« parens, vous ne puissiez supporter votre in-
« fortune. Mais il faut savoir se soumettre aux
« volontés de la Providence. Vous trouverez
« d'ailleurs parmi les sauvages une hospitalité
« qu'aucune nation civilisée n'exerce aussi
« généreusement. »

Il instruisit alors Inez du triomphe des Tupinambas; il entra dans tous les détails relatifs à l'incendie de San-Salvador, à la fuite de Coutinho et d'Almada, à la disparition de Gonzlez. A ces accablantes nouvelles, la vierge fut saisie de douleur. Caramourou, qui la vit plongée dans la tristesse, pour détourner le cours de ses idées, lui parla du jeune chef indien qui l'avait sauvé, en l'éloignant du combat. Il lui apprit qu'il était malade et retenu dans un hamac par suite de ses blessures. La reconnaissance qu'elle lui portait fit qu'on ne tarda pas à l'informer de sa guérison ; elle en ressentit une vive joie.

Jakaré vint plusieurs fois dans la case de l'ami de l'Indien. Il feignait de s'entretenir avec lui, mais il était envoyé vers Inez par Tamandua, qui, ne pouvant sortir, se servait de ce moyen pour connaitre l'état de celle qu'il aimait.

Les Tupinambas ne tardèrent pas à apprendre en quel lieu avait abordé le tyran. Il s'était réfugié à la capitainerie d'Os Ilhéos, et il se hâtait de rassembler des troupes, espérant revenir à San-Salvador avec Almada, venger leur commun affront; mais les vainqueurs de Cotiva ignoraient les desseins du gouverneur.

> Le sage ne doit point se laisser abattre
> par l'adversité.
>
> L'Arioste.

Caramourou avait placé son habitation sur les bords d'un ruisseau paisible comme son cœur. Un arbre immense prêtait son branchage à la cabane de l'ami de l'aldée ; d'autres arbres, plus jeunes, et rapprochés à cet effet les uns des autres, formaient des murs impénétrables et d'une grande solidité. Les Indiens lui avaient dit : « Nous empêcherons le soleil « de te brûler, » et une éternelle verdure rafraîchissait cette case.

Les occupations ordinaires de Catherine étaient la guérison des malades. Elle joignait à l'art naturel des sauvages les talens qu'elle avait acquis en Europe; elle savait aussi fermer les blessures du cœur, tandis qu'elle soulageait les maux du corps.

Des travaux non moins sublimes occupaient Caramourou. Il consacrait tous ses instans à la propagation du culte évangélique; il tâchait de mettre à la portée de l'intelligence des sauvages la morale des Écritures, et par degrés il ouvrait leurs yeux à la lumière du christianisme.

Qu'il était beau cet envoyé du Seigneur, lorsqu'entouré de barbares anthropophages, il prêchait la parole de Dieu ! Il n'offrait point l'image d'un grand de la terre parlant de pauvreté sous des vêtemens brillant de pierreries.

et d'humilité au milieu des grandeurs humaines. Il ne cherchait point à éblouir : son culte était à la fois simple et admirable; il avait pour temple la voûte des cieux, et au désert tout lui parlait vivement de son Dieu.

Déjà Caramourou comptait quelques prosélytes parmi les sauvages. Presque tous approuvaient ses doctrines; mais ses leçons étaient difficilement suivies. Un jour qu'il avait lu dans le livre sacré un de ces magnifiques passages qu'en vain on voudrait trouver ailleurs, un Indien fut émerveillé de ce qu'il venait d'entendre. Il dit en lui-même, après avoir répété les paroles que venait de prononcer Caramourou : « Il a raison. » Et lorsque la nuit fut venue, il se glissa dans la case du Portugais, et lui déroba le livre. Il le cacha avec soin, en disant : « Je veux que cela soit à moi,
« parce que cela est beau, et que lorsqu'on
« l'a, on dit des choses sages. »

Quelque temps après, il le rapporta à Caramourou, et lui dit tristement : « Cela est beau,
« mais je ne sais point en faire usage. Garde-
« le, et parle-moi souvent avec. »

Cependant Tamandua est entièrement guéri de ses blessures. Au milieu de la joie qui l'environne, le seul Jakaré paraît triste..... Pauvre sauvage !...... à toi maintenant les malheurs !

Lorsque Jakaré avait vu la fille de Coutinho pour la première fois, il avait à peine remarqué sa beauté; mais, en la tenant dans ses bras, il avait senti battre son cœur. Maintenant qu'il est chaque jour à côté d'elle, les traits de la jeune vierge, ses regards, ses formes gracieuses, tout est fait pour enflammer l'ami de Tamandua. Il veut en vain commander à ses sentimens; il veut en vain la fuir, s'éloigner de celle qu'aime Tamandua : son ami lui-même sert involontairement à augmenter sa passion. Chaque fois que, pour lui plaire, il se rend à la case de Caramourou, chaque fois que son ami lui dit d'aller vers l'étrangère, c'est autant de traits qu'il enfonce dans le sein de Jakaré. L'idée d'aimer celle qu'aime Tamandua fait son supplice.

« — Quoi! dit-il en lui-même, moi Jakaré!
« moi le rival de Tamandua ! Celui que sa
« bouche a appelé du nom d'ami irait le tra-

« hir ! Ah ! il faut fermer les yeux pour ne plus
« voir cette femme ; il faut dire à mon cœur de
« ne plus la désirer. »

Il s'efforce d'oublier sa voix, l'expression de
son visage ; mais, soit qu'il marche, soit qu'il
repose, Inez est toujours présente à son esprit.
La nuit même, dans ses songes, l'étrangère lui
apparaît sous mille formes. Il se réveille ; elle
est près de lui, il étend les bras pour la saisir :
il n'embrasse que le vide.

Il n'a plus aucun goût, aucun plaisir ; les
danses des jeunes filles ne l'amusent plus ; la
chasse n'a plus d'attraits pour lui. Au lever de
l'aurore, il a déjà quitté le hamac, qui ne lui
procure qu'un sommeil agité ; il use sa vie
sans désirs et sans but. Il fuit toute la tribu, il
fuit aussi son ami ; il n'oserait supporter sa présence ; il se reproche son amour ; il se croit coupable, et craint d'avoir manqué aux devoirs
que prescrit l'amitié. Quelquefois ses sens l'emportent sur son cœur ; il oublie Tamandua, la
tribu, l'univers entier ; il oublie tout..... Il ne
voit que l'objet de sa passion ; il veut s'abandonner à l'ardeur qui le brûle. Inez est là.....

là..... Il va la presser dans ses bras; il s'avance...
Qui l'arrête? Une barrière insurmontable: son
ami. Alors son désespoir redouble; son cœur
est en proie aux tourmens les plus cruels; il
lui semble qu'un feu intérieur le consume; il
s'agite, se débat contre sa pensée; il déchire
sa chair pour refroidir ses sens embrasés, et se
roule en sanglottant sur la terre humide de ses
larmes, sans trouver jamais aucun soulagement.

Infortuné! voilà donc quelle sera désormais
ton existence : de la douleur, toujours de la
douleur. Qu'il est malheureux celui qui n'a
connu que les tourmens de l'amour! Ah! qu'il
doit être heureux celui qui n'en connaît que
les charmes!

Aurait-on pu croire que la vertueuse Inez,
l'ange de San-Salvador, serait la cause de tous
ces maux? Hélas! loin de son père, de sa famille, pleurant un frère qu'elle croit mort, que
de maux n'a-t-elle pas à supporter elle-même!
Mais du moins elle possède un ami dans le
sein duquel elle peut épancher ses chagrins;
Caramourou la soutient et la console. Le pieux

Lusitanien verse dans son ame le baume bienfaisant de la religion.

« Inez, dit-il, nous ne devons point chercher le bonheur dans ce monde, il n'en est point de réel, chacun a ses chagrins; celui qui souffre le moins, celui-là, ma fille, est l'heureux de la terre; un cœur seulement froissé est parmi nous un cœur calme; presque tous sont déchirés. Ah! si d'un coup d'œil nous pouvions mesurer l'univers, nous reculerions effrayés. Et cependant ce n'est que dans le tableau des misères humaines que le sage lit une autre vie. Oui, souffrir est notre sort; mais qui oserait se plaindre en regardant une croix? Tous nos maux égalent-ils ceux de Jésus-Christ expirant au Calvaire, bafoué avec le dernier mépris, torturé, brûlé de soif, enveloppé d'épines, et n'ayant pour le plaindre, et pour dire: Il pleure, » qu'un vil larron, le rebut et la honte des humains!

« Hélas! ici-bas la coupe du bonheur est renversée, celle du malheur humecte toutes les lèvres; mais le Ciel nous a donné des con-

« solations et des amis pour nous aider dans
« notre pénible voyage; s'il en était autrement,
« Inez, peu d'hommes verraient blanchir leurs
« cheveux. Et moi aussi, fille de Coutinho,
« j'ai été façonné à l'école de l'infortune; mes
« bras ont été meurtris par des chaînes; j'ai
« été trompé dans mes affections les plus chères:
« mais j'en rends grâce à Dieu! comment pour-
« rait-il connaître le découragement, celui
« qui implore la miséricorde du Seigneur!
« Pour le chrétien, ma fille, il est un breuvage
« délicieux au fond du calice d'amertume. »

Ainsi parle Caramourou; le sage Portugais se fait chérir de sa digne compatriote, dont les chagrins se dissipent par degrés. Déjà la vierge est moins triste et moins abattue; déjà sa pensée la reporte en Europe, près de Fernand. C'est le sort de l'homme de toujours changer: tout passe; les plus grandes douleurs s'affaiblissent ou se calment.

Et sur le sol, mouillé par un cristal limpide,
La végétation lève sa tête humide.
  La Caroléide, D'ARLINCOURT.

« La vue de leurs plaisirs pèse sur mon cœur. »
  JAKARÉ-OUASSOU.

L'œil d'Inez, que n'obscurcissent plus les pleurs, peut maintenant contempler le spectacle enchanteur de la nature. Elle aime à s'égarer dans les bosquets touffus, à s'asseoir au bord d'une onde pure. Parmi les Indiens elle ne court aucun danger : tous respecteront celle à qui Caramourou donne l'hospitalité.

Un matin, elle se mit à parcourir les environs de Cotiva. Le soleil [46] paraissait derrière les montagnes; l'oiseau chantait son premier chant; la rosée brillait en perles argentées, suspendues aux branches des arbres. Un doux murmure se glissait dans la feuillée; l'air était embaumé du parfum qu'exhalent les fleurs du désert. Chaque plante semblait respirer la vie; et la nature, sortie de l'obscurité, fraîche et pure comme le cœur d'une jeune vierge, s'éveillait en souriant au matin.

Les alentours de Cotiva offrent un spectacle ravissant et sublime. Les premiers feux du jour embrâsent les flots de cette baie profonde, qui s'enfonce dans les terres, parsemée d'une multitude d'îles verdoyantes, au milieu desquelles Itaparica s'élève majestueuse *. Ce golfe im-

* Itaparica est une grande île oblongue dans le golfe de Bahia. Des sauvages de la grande nation des Tupinambas l'habitaient autrefois.

mense, couronné de rochers dentelés, de rians coteaux et d'épaisses forêts, reçoit le tribut de presque toutes les rivières de la contrée.

Mille oiseaux, enorgueillis d'un plumage éclatant et varié, saluent la naissance d'un beau soleil. De tous les arbres de la forêt s'échappent des accens délicieux. Ces concerts de la nature peuplent l'immensité d'harmonieux accords. Chaque nid de mousse ou de feuillage est un autel où l'oiseau offre, dans le désert, ses premiers accens à l'Être dont il reçut la vie. Les jeunes passereaux eux-mêmes, encore mal assurés sur la branche tremblante, s'essaient à publier les louanges du Créateur; et si leur voix est inhabile aux tendres modulations, elle est du moins reconnaissante.

Dans cette contrée délicieuse de Bahia règne un printemps éternel. La nature, toujours jeune et toujours belle, ne s'y montre que parée de ses plus touchans attraits. La verdure, entretenue par la rosée des nuits, couvre sans cesse la terre. Sur le même arbre, on voit à la fois des fruits mûrs, des feuilles, des fleurs, et le fruit prêt à mûrir.

Des arbres aux bras gigantesques, et des lianes fleuries, forment la ceinture des fleuves, où nage incessamment l'énorme capibara; quelquefois ces mêmes lianes, poussées par le vent contre ces mêmes arbres, établissent d'une rive à l'autre des ponts naturels de verdure et de fleurs; les singes aiment à les parcourir avec légèreté, et s'y balancent en poussant un cri monotone, répété dans la solitude.

Les palmiers [47], d'espèces multipliées à l'infini, croissent en forêt au milieu des sables; l'ibirapitanga [48], à la couleur de feu, si recherché de l'Européen, croît ordinairement le long des rochers. La mangue embaumée, l'ananas, qui exhale mille parfums et s'arrondit avec grâce sous sa brillante couronne; les énormes cédrats, la mangave, la goyave, revêtue de pourpre; les oranges étonnantes, que l'on nomme ombigo; le sassafras, qui balance mollement dans les airs ses cloches odoriférantes; le mangamba, le cacao, qui porte un fruit nouveau à chaque nouvelle lune*; le

* *Voy.* le poëme de *Caramourou*, traduit par E. de Monglave.

copahu, la pitanga, le cotonnier, le citronnier, le lis d'or, le jasmin rouge, le vanillier, qui, avec le lierre, entoure le tronc des arbres, et la banane aux grappes d'or, croissent sans culture sur un sol entrecoupé de mille ruisseaux, rafraîchi par une foule de sources limpides qui jaillissent du sein de la terre.

Vierge encore dans ces heureux climats, la nature, que n'a point salie la main de la civilisation, partout offre à l'œil charmé le tableau enchanteur et varié des productions du Nouveau-Monde. Au milieu des sables s'élève l'acuyaba touffu, aux fleurs blanches et roses, et dont les fruits, qui font les délices du Brésilien, brillent suspendus à ses rameaux. Plus le sol paraît aride, plus l'acayaba étale de magnificence. Des touffes de sensitive se pressent le long des massifs; mais cette plante, trop facile à s'alarmer, lors même que l'oiseau-mouche l'effleure de son aile, cache sous un voile de verdure sa naïve beauté.

Non loin des bords d'une fontaine ou de quelque ruisseau, on voit une rose dont le Brésilien aime à parer les cheveux de sa jeune amante : la clicia [49] apparaît, au lever de l'aurore, d'une blancheur éblouissante. Une tendre nuance de pourpre se fait sentir vers le milieu du jour; et lorsque le soleil éteint ses feux derrière l'horizon, la fleur est plus rouge que la grenade.

La vigne sauvage, les chèvrefeuilles et les lianes grimpantes, dont quelques unes donnent par incision une eau fraîche et pure, après avoir fait cent détours dans les massifs, embrassent en des réseaux de fleurs l'acajou, le myrte brésilien, l'ipécacuanha, qui ne croît qu'au Brésil, le campêche et le bételé, qui se plait le long des fleuves, où l'on trouve les canards au triple collier de pierreries.

Une multitude d'oiseaux brillans peuplent les dômes majestueux des forêts: le zabélé, les colombes américaines, à la gorge étincelante; l'ara, aux plumes écarlates, jaunes et blanches; le bicude, le sabia, le teitei, l'azuléon, aux voix délicieuses; le serin d'or et d'azur; le cardinal, dont la tête de feu s'agite au sommet des arbres; l'oiseau-mouche, que le zéphyr entraine comme un ouragan, et que le Brésilien a nommé rayon du soleil; le toucan, au bec immense, et dont le plumage emprunte tantôt la pourpre de la grenade, tantôt l'éclat de l'ébène, et tantôt celui du citron; le perroquet, dont on voit des nuées s'abattre sur des bois d'orangers, et qui, comme le prisme, réunit toutes les couleurs dans leur pureté primitive.

Des montagnes hérissées de forêts impénétrables bornent l'horizon de leur immense rideau, et se dessinent au milieu des nuages; tandis que leur cime court se perdre dans les cieux, leurs racines reposent immobiles au centre de la terre. Ces colosses du monde paraissent être la dernière limite de la nature: l'œil chercherait en vain à mesurer leur prodigieuse hauteur. De leurs sommets, où sont amoncelés des rocs effrayans, prêts à se détacher et à écraser les vallées, se précipitent d'innombrables torrens qui grossissent et qui grondent; ils battent les flancs des montagnes, et s'avancent en mugissant comme pour dévorer la plaine.

Quel homme ne jetterait un long cri de joie à l'aspect de ces montagnes aussi vieilles que la terre ! Qui ne sentirait doubler les pulsations de son cœur en plongeant son regard étonné au sein de ces vastes forêts, filles vierges du monde, à qui le temps apporte de la force et de la jeunesse ! Qui ne verserait une larme brûlante à la vue de cet ouvrage sorti éblouissant des mains de l'Éternel, et où le Créateur semble avoir offert une ombre de sa grandeur !

Mais il n'a pas voulu que Bahia fût un nouvel Eden.

Des milliers d'insectes et de reptiles à larges pates se disputent les lieux humides [56]. Les lézards, ennemis implacables des serpens, se glissent entre les fentes des rochers, tandis qu'à côté de l'horrible crapaud, gonflé d'un noir venin, on voit sortir de terre l'énorme araignée velue, si commune au Brésil. Nulle contrée ne produit plus de serpens redoutables. Outre l'épouvantable giboya, nommé serpent-chevreuil, parce qu'il attaque principalement cet animal qu'il dévore avec une rapidité surprenante, et le babaji, ou serpent de feu, on y voit l'ibiboca, qui charme les regards par l'éclat de ses écailles, mais dont la morsure est terrible; le boicininga, qui semble voler en rampant; le jiraraca et l'ibiracuca, dont le venin produit un effet épouvantable. A peine ces reptiles ont-ils fait une blessure, que le sang s'échappe avec violence par toutes les extrémités du corps.

Les forêts retentissent des hurlemens d'une foule d'animaux féroces, tels que le javali, l'once, qui promène ses ravages dans l'épaisseur des massifs; le loup-hyène, le surasanas, le chat-tigre, le saratu, plus brave que le renard, mais à peu près de sa taille; les antas, le tapir ou tapirassou, que le Brésilien fait tomber dans ses piéges; le porc-épic [2], ou hérisson de la grande espèce, enveloppé de dards aigus dont il frappe son adversaire; et le jaguar, altéré de sang. Malheur à l'Indien dont la flèche ne perce pas le cœur de l'animal! Le jaguar bondissant s'élance, enfonce ses larges griffes dans la chair de sa victime qu'il se plait à meurtrir, et, rapide, il l'entraine en la dévorant.

Inez s'était assise au pied d'un arbre élevé;

ses regards se portaient tour-à-tour sur la montagne et sur la vallée. La vue d'une nature pittoresque avait fait descendre en son ame ce calme doux et mélancolique qui ravit, ce vague mystérieux et tendre, esquisse des félicités célestes.

Depuis quelques instans elle était immobile, lorsqu'un léger bruit se fait entendre. Elle se retourne : Tamandua était près d'elle, dans l'attitude de la contemplation. Il avait une main appuyée sur son arc, l'autre sur son cœur, et sa tête se penchait sur son sein.

C'était la première fois que, depuis la guérison du cacique, la vierge le voyait. Elle avait toujours évité sa présence : elle voulut se lever.

« Tu vas encore me fuir, » dit Tamandua d'un ton de reproche ; et des pleurs mouillent ses paupières. Le son de sa voix est si doux, son regard est si suppliant, que la jeune Portugaise n'a pas le courage de l'affliger en s'éloignant.

Le Brésilien s'approche ; il pose son arc à terre, et s'assied lui-même aux pieds d'Inez, sur la verdure ; la vierge rougit : elle avait levé son voile, pour mieux jouir de la fraîcheur de la matinée.

Tamandua porte ses yeux sur les yeux d'Inez; les paroles semblent avoir abandonné ses lèvres. D'où naît ce silence? Hélas! la douleur était dans son ame. Il avait appris de Caramourou que l'hymen auquel Coutinho avait forcé sa fille s'était accompli, et qu'Almada, ayant quitté son épouse avant la fin de la cérémonie, pour voler à la défense du fort, s'était embarqué avec le tyran, après la destruction de San-Salvador. Ces nouvelles avaient jeté le cacique dans le désespoir. Il n'était plus pour lui aucune espérance de bonheur [53]. Ce fut surtout contre Coutinho qu'éclata sa rage. Il trouverait quelque consolation dans son infortune, s'il savait qu'Inez n'avait fait qu'obéir aux volontés du tyran.

Tamandua est resté immobile devant l'Européenne; il sent plus vivement encore son malheur en contemplant celle qu'il adore; il détourne la vue pour pleurer.

Près des amans infortunés était un couple heureux; à travers le feuillage, Tamandua aperçoit deux oiseaux dont le langage amoureux charmait les échos de la forêt. Le soleil naissant animait leurs brillantes couleurs; le zéphir venait se jouer dans leurs plumages. Ivres d'amour, ils battaient des ailes en soupirant, et se prodiguaient mille caresses.

« La vue de leurs plaisirs pèse sur mon « cœur, dit Tamandua; ils insultent à mes « souffrances. » Il saisit alors son arc, lance une de ses flèches... Le mâle est atteint; il est blessé, il tombe, il meurt....... et sa fidèle compagne s'envole : elle a changé ses soupirs d'amour en des cris plaintifs de douleur. « C'est « bien, dit le cacique; nous souffrirons en- « semble. »

A ces mots, il s'éloigne.

Spiritus malignos horrent.
BARLÆUS.
Ils ont horreur des esprits malins.

Un bruit confus, répandu à Cotiva, agitait les Tupinambas. Les sauvages courent çà et là, et parlent tumultueusement; des groupes se forment; les vieillards s'assemblent. On apprend enfin que quelques hommes chasseurs ont rencontré, non loin d'une caverne dite des Esprits [54], un Génie blanc; tous assurent l'avoir reconnu à sa forme pour un Esprit; seulement on diffère dans la manière de raconter. Celui-ci l'a aperçu lorsque l'orage grondait : il commandait aux élémens, et sa voix se mêlait aux accens de la foudre; celui-là, au moment où il conversait avec des Génies invisibles. On entendait bien, mais cependant on ne comprenait pas leur langage. Selon les uns, il sortait de la terre; selon les autres, il descendait des nuages; tous ont fait des efforts pour tâcher de l'entraîner, mais lorsqu'il a paru, ils se sont sauvés épouvantés : les braves ne craignent pas les hommes, mais ils fuient devant les Génies. On ignore si l'Esprit qui jette l'alarme à Cotiva vient pour féliciter les Tupinambas d'avoir chassé les Portugais, ou s'il vient, au contraire, pour les punir. Est-ce un Génie du bien? est-ce un Anhanga? Ce qu'il y a de certain, c'est qu'un Esprit seul peut habiter la mystérieuse caverne, l'un des lieux les plus redoutés des sauvages, parce qu'il est la demeure d'êtres inconnus et invisibles, à ce que dit le jongleur, qui trouve son intérêt à accréditer ce bruit répandu à l'aldée.

Inez, Caramourou et son épouse sont les seuls qui ne partagent point la superstition commune. Ils pensent néanmoins que les sauvages n'ont pu être entièrement trompés; mais comme aucune trace n'atteste le passage du Génie, comme rien n'annonce qu'il soit à craindre, Caramourou n'a point interrompu ses occupations journalières.

> A la clarté de la lune, dont un rayon s'échappait entre deux nuages, j'entrevois une grande figure blanche penchée sur moi.
>
> CHATEAUBRIAND, *Atala*.

Parmi les objets d'agrément qui sont dans la demeure de Caramourou, est une guitare appartenant à Catherine. Elle avait appris en Europe à s'en servir : c'était aussi l'instrument favori d'Inez. Un soir, elle s'était arrêtée sous un bosquet touffu; après que ses doigts légers eurent préludé quelques instants, sa douce voix, en harmonie avec son cœur, chanta ses paroles :

Voyez-vous cet oiseau dont l'éclatant plumage
Étincelle dans l'air comme l'astre qui luit?
  Par son brillant ramage
  Il entraîne et séduit.
Sur chacun des mortels un instant il s'arrête ;
Il folâtre toujours; vif et capricieux,
Né le matin, le soir à la mort il s'apprête.
Il n'a point de patrie, il habite en tous lieux ;
  De tous il est l'idole,
Mais, hélas ! que son charme est perfide et trompeur
Léger, rapide, il fuit, il vole, il vole, il vole :
  C'est le bonheur.

 Voici venir un monstre ailé,
  Au noir plumage ;
De nuages épais sans cesse environné,
Sa présence toujours annonce le ravage.
  Dur, inflexible, inexorable,
A chacun des humains apportant la douleur,
Constamment près de vous il veille infatigable
  C'est le malheur.

Inez se croyait seule; mais à quelques pas d'elle était un Indien caché par le branchage, debout, appuyé sur sa massue; ses pieds se croisaient, et sa tête se penchait comme pour saisir la mélodie; ses traits annonçaient le plaisir indicible que lui causaient les sons de la guitare. Le sauvage était grand; ses membres nerveux étaient remplis de muscles qui indiquaient sa force extraordinaire; son visage était celui d'un gladiateur romain; la lune, en traversant le feuillage, éclairait ses formes herculéennes, et donnait à son corps, immobile et couvert de gomme, la ressemblance d'une énorme statue de bronze.

C'était Jakaré.

Jakaré passait près de l'endroit où se trouvait la vierge portugaise. Attiré par ses chants, il s'approche; d'abord il est émerveillé de ces accens étrangers pour lui; mais lorsqu'aux accords de la guitare se mêle la tendre voix d'Inez, l'ami de Tamandua est transporté d'ivresse; il retient son haleine, de peur de troubler la vierge: il est dans l'extase. Son oreille n'a jamais entendu que des sons grossiers : cette musique harmonieuse le remue jusqu'au fond de l'ame, et il sent se développer en lui une foule de sensations qui lui étaient inconnues.

A quelque distance de Jakaré se trouvait un autre auditeur que charmait également l'harmonie, un serpent [55], un énorme serpent qui paraissait écouter dans la plus grande immobilité. Jakaré l'aperçut : il ne fit pas le moindre geste; il comprit que tant que la musique durerait, l'animal resterait silencieux. Jugeant qu'il serait temps de secourir la jeune fille lorsqu'il y aurait du danger, et craignant surtout de l'interrompre pour un animal qu'il était habitué à vaincre, il laissa donc achever Inez, à laquelle il prêtait toute son attention, sans perdre de vue le serpent.

Depuis un moment les cordes de la guitare ne résonnaient plus. Un affreux sifflement se fait entendre; il est suivi d'un léger bruit dans les feuilles sèches. Inez, effrayée, voit le serpent s'avancer vers elle avec rapidité; elle jette un cri perçant, et veut s'enfuir; mais l'épouvante a paralysé ses membres : elle tombe évanouie sur la terre. Prompt comme la pensée,

Jakaré se jette entre le corps inanimé de l'Européenne et le reptile, qui redouble de vitesse. Jakaré vole à sa rencontre; l'animal dresse sa tête hideuse pour mordre son ennemi; mais Jakaré-le-Fort lève sa lourde massue, et en assène un coup formidable sur la bête rampante, qui en est étourdie. Jakaré lui porte de nouveaux coups aussi terribles que le premier, partage son corps en plusieurs parties, et des tronçons épars du serpent jaillissent des flots d'un sang noir et épais.

Il fut un temps où Jakaré aurait contemplé avec orgueil cette victoire; ce combat aurait été pour lui un titre glorieux; mais maintenant à peine songe-t-il à son triomphe. La jeune fille qu'il vient de sauver d'une mort certaine est étendue près de lui, sans mouvement. La pâleur couvre son front : un faible souffle indique à peine qu'elle respire. Jakaré s'approche, met un genou en terre, soulève légèrement Inez, et passe son bras autour de sa taille, pour la soutenir et la rappeler à la vie. Mais, hélas! dans ce moment Jakaré recouvre tout son amour et toute sa frayeur. Il n'ose abandonner celle qu'il aime, et cependant il craint de ne pouvoir supporter plus long-temps la vue de tant de charmes..... Le contact de ces membres si beaux, de ces formes si délicates, le fait tressaillir de volupté..... Il cherche à repousser les pensées qui assiégent son imagination.... Ils sont seuls..... Inez est sans résistance..... Jakaré veut vainement échapper à ses sens; malgré lui il s'enflamme, le feu est dans son sang. Mais le Ciel ne fera pas durer plus long-temps les combats dans son être; le sublime Jakaré restera fidèle à l'amitié, à la vertu. Le silence qui règne au bosquet est troublé par le froissement des feuilles mortes; le sauvage, sorti de son enivrement, lève la tête, et voit, ô surprise! une longue figure blanche qu'éclaire la lune, et dont les yeux sont fixés sur lui. A l'aspect du Génie de la caverne (car ce ne peut être que lui), Jakaré pousse un cri terrible. Il se jette à genoux, et, joignant les mains : « Qui « que tu sois, dit-il, Génie du bien ou Génie « du mal, je te remercie. Ta présence me sauve « du danger; mais je veux le fuir. Jakaré n'a « pas trahi Tamandua; il ne veut pas le trahir.... Mais je ne puis la voir plus long-temps. Bon Génie, veille sur la jeune fille ; mauvais Génie, ne lui fais aucun mal. »

Il dit, et s'enfuit devant les passions, comme le cerf devant la meute affamée.

Le Génie s'avance alors. Ces mots : « Veille sur la jeune fille ! » ont excité son intérêt ou sa curiosité. Il se penche pour voir les traits de la vierge, il les reconnaît : « Inez ! s'écrie-t-il, Inez ! grand Dieu ! reviens à toi, je t'en supplie ! » Il saisit une des mains de la jeune Portugaise, et la couvre de baisers et de larmes. Inez fait quelques mouvemens ; elle respire avec plus de liberté ; elle ouvre enfin les yeux, et reprend connaissance. Elle regarde celui qui est devant elle : « Que vois-je ! dit-elle ; c'est toi ! mon ami ! mon frère ! » Et elle se jette dans les bras du fils de Coutinho, car c'était lui-même.

Après avoir quitté San-Salvador, Gonzalez était entré dans la forêt, pour y chercher de la nourriture et du repos. Des oranges, des bananes et des ananas avaient suffi à ses besoins. Il s'était retiré, pour passer la nuit, dans la caverne où les chasseurs tupinambas l'avaient aperçu. Comme ils ignoraient que ce Portugais eût échappé au massacre, ils l'avaient pris pour un de leurs Esprits, car aucun d'eux n'avait osé même le regarder attentivement, tant ils craignaient sa présence. La guitare d'Inez avait seule attiré Gonzalez en ces lieux.

Après s'être un peu remise du trouble dans lequel l'avaient jetée ces diverses émotions, Inez informa Gonzalez de tout ce qui s'était passé à San-Salvador et à Cotiva; Gonzalez l'instruisit aussi de ses malheurs.

La jeune Portugaise se rendit ensuite vers Caramourou, afin de lui annoncer qu'elle avait revu son frère. Mais Caramourou jugea qu'il serait imprudent de le faire venir à l'aldée: la haine que portent les sauvages aux Européens pouvait lui être funeste. On convint donc qu'il se tiendrait caché dans les alentours. Caramourou lui donna tout ce qui pouvait lui être nécessaire, et sa sœur pouvait le voir tous les jours.

PÍZARE.

Sais-tu souffrir ?

OTHELLO.

Oui, parle.

PÍZARE.

Et, sans être agité,
Apprendre un grand malheur avec tranquillité ?

J.-F. Ducis.

Garde-toi d'écouter la méchante langue ; ne t'avise pas d'être complaisant à ceux qui parlent mal du prochain.

L'Ecclésiaste.

Il est partout des lâches, partout des traîtres ; il y en avait parmi les Tupinambas.

Quelques Indiens, inhabiles à la chasse ainsi

qu'au combat, amollis par les présens que leur ont fait les Européens avant que les sauvages aient déclaré la guerre à Coutinho, et regrettant la liqueur de feu*, qu'ils aiment à l'excès, ont résolu de rappeler le gouverneur portugais. Tangara et Janipaba sont ceux que les mécontens ont choisis pour chefs; ils conviennent entre eux de faire connaître leurs desseins à Coutinho, et des négociations sont commencées à cet effet. Mais ils savent que la plus grande partie des Tupinambas s'opposeront à leurs projets. Ceux qui les approuvent sont en très-petit nombre. Ils n'osent se découvrir, et agissent en secret : l'intrigue fera ce que la force ne peut faire. D'abord, pour priver la tribu des deux principaux chefs, ils veulent diviser Tamandua et Jakaré.

Tangara et Janipaba se réunissent. Ils n'ignorent point que Tamandua aime l'Européenne, sans en être payé de retour; l'amour de Jakaré pour celle qu'aime son ami n'a point échappé à leurs regards observateurs. Janipaba se rend vers Murucujé-le-Devin. Après lui avoir

* L'eau-de-vie.

fait part du projet qu'ils ont conçu, il le fait entrer dans leur plan; et le complot le plus noir, le plus abominable, est ourdi contre les deux sauvages amis. Pour le mettre sur-le-champ à exécution, le jongleur va trouver Jakaré; il l'aborde avec un visage grave et sévère :

« — Jakaré écoute ma voix; il sait que je
« connais tout. Il est Jakaré-le-Fort; je suis
« Murucujé-le-Devin. Les Esprits ont dit au
« devin que Jakaré était coupable. Tu es cou-
« pable. Ils m'ont dit que tu aimais l'Euro-
« péenne, et que tu étais aimé d'elle. »

L'Indien, en entendant ces paroles, reste pétrifié d'étonnement. Les lèvres de cet homme simple ont à peine la force de balbutier ces mots:

« — Murucujé, tu dis vrai; j'ignore si la fille
« d'Europe aime Jakaré; mais puisque tu con-
« verses avec les Esprits, et qu'ils t'ont dit cela...

« — Oui, ils m'ont dit cela. Jakaré, ton
« cœur est bon, et tu aimes ton ami; tu
« souffres d'être son rival; voilà qui est bien :
« c'est bien. Les Génies ont entendu ta
« plainte : ils m'envoient près de toi pour faire

« cesser tes tourmens. Obéis à mes ordres. »

Il dit d'un air inspiré : le sauvage écoute dans le plus religieux silence. Alors le piaye :

« — Il est un moyen d'obtenir le repos : le voici.
« Cette nuit, au milieu de la nuit, tu sortiras
« doucement de ta case; tu graviras la montagne
« Blanche : tes épaules seront chargées de pré-
« sens pour les bons Esprits. Tu auras du cauin,
« des poissons, des peaux de jaguar et des
« plumes de perroquet. Arrivé sur le sommet
« de la montagne, sous le grand jenapuga (tu
« connais le grand jenapuga), tu diras : « Bons
« Génies, j'aime la fille des Européens : elle
« m'aime aussi; mais je ne veux plus l'aimer,
« parce que je souffre. Voici des présens. » Tu
« diras cela cinq fois, afin que les Esprits l'en-
« tendent, et ils rendront la joie à ton cœur, et
« le sourire à tes lèvres. »

Murucujé se tait. Le crédule sauvage, charmé de ce discours, se dispose à exécuter les ordres du devin. Il apprête les présens que celui-ci lui a recommandé d'apporter : le devin espère se rendre le lendemain à la montagne pour s'en emparer.

Tangara va nouer un autre fil de la trame. Il s'approche de Tamandua, et s'assied sur sa natte, près de lui, les bras croisés. L'amant d'Inez remarque à peine l'Indien. Sa douleur et son amour l'occupent tout entier. Après un moment de silence, Tangara s'adresse à lui, et d'un air d'intérêt :

« Le cacique est affligé, dit-il. La fille d'Eu-
« rope est celle qu'il a choisie, il pense à elle.
« Le cacique voudrait être celui à qui elle
« dira : « J'aime, je t'aime ; » mais la fille d'Eu-
« rope n'a pas dit cela au fils d'Ombu.

« — Tu dis vrai, Tangara ; comment tes
« yeux peuvent-ils voir ce qui est caché ? Oui,
« je l'aime, et je suis dans la peine.

« — Tamandua, depuis que l'Européenne
« est parmi nous, tu as fui celle qui était ton
« amie, Moëma. Pourquoi, à la chasse, ta
« flèche part-elle sans qu'une main sûre l'ait
« dirigée ? C'est parce que le génie de l'amour
« est dans ton sein. Et lorsque l'étrangère foule
« l'herbe qui est au bord des ruisseaux, tu suis
« la trace de ses pas, la tête baissée ; ton amante
« cueille une fleur : elle la jette pour une autre

« plus belle, puis elle laisse celle qui est plus
« belle pour une autre plus belle encore. Toi,
« son amant, tu ramasses avec soin la fleur fanée
« qu'elle a tenue dans ses mains; tu la prends,
« tu la baises, et tu la caches dans ta case. Ne
« t'ai-je pas vu manger des bananes du bana-
« nier qu'elle préfère? Ne t'ai-je pas vu aussi
« t'asseoir à la place où elle s'était assise? En
« observant toutes ces choses, je disais : « Pauvre
« Tamandua! comme il aime! » J'ai entendu
« aussi d'autres hommes qui disaient: « Pauvre
« Tamandua! »

« — Tangara, tu es habile à connaître la vérité.
« — Oui; mais j'ai vu aussi que la fille d'Eu-
« rope fuyait les Tupinambas. Où donc est son
« amant, ai-je pensé? Il faut que je le sache.
« Alors j'ai quitté la jeune fille, et j'ai appris...
« O Tamandua! comment te dire cette chose? »

A ces mots, l'hypocrite sauvage feint d'être peiné de lui donner une affreuse nouvelle.

Mais Tamandua :

« Parle sans crainte, je sais souffrir.
« — Hélas! le coup que je vais te porter est
« terrible: cependant tu sauras tout, Tamandua.

« Tu as été trahi; l'amant d'Inez, celui qu'elle
« aime! ô le perfide! c'est ton ami, c'est Jakaré.

« — Me trahir! lui! Je ne le croirai jamais
« Lui! Jakaré! Si mes yeux voyaient cela,
« si mes oreilles l'entendaient, je dirais : Mes
« yeux et mes oreilles me trompent; Jakaré
« est mon ami, et mon cœur ne me trompe
« pas... Misérable guerrier, laisse-moi, je ne le
« croirai pas.

« —Tamandua, les Génies du mal s'emparent
« de toi : « Tangara, m'as-tu dit, ta bouche
« dit la vérité; » et maintenant tu doutes de
« mes paroles! Jakaré est un traître; oui, c'est
« un traître : il se rit de toi. »

En disant ces mots, le sauvage cherche à lire
sur le visage de Tamandua l'effet qu'a produit
son mensonge. L'amour est soupçonneux; il
remplit le cœur de Tamandua de crainte et
de jalousie; mais l'amitié impose encore silence
aux soupçons. Tangara, qui voit les combats de
son ame, achève de l'égarer :

« Écoute : toi seul ignores tout cela, mais
« je puis te montrer ce que tu ne veux pas
« croire. Je te pardonne de m'avoir injurié.

« Lorsque tu auras reconnu la vérité, tu diras:
« Tangara, c'est bien. Jakaré n'était pas mon
« ami. »

« — O guerrier, pourquoi es-tu entré dans
« cette case? Mais donne-moi des preuves.

« — Des preuves ! Si les lèvres de Jakaré di-
« sent : « J'aime l'Européenne ; elle m'aime
« aussi, » le croiras-tu ? Lorsque le milieu de la
« nuit sera arrivé, si tu es à la montagne Blanche,
« tu verras Jakaré. Que fait là un guerrier, la
« nuit, sans flèches, sans massue, sans armes ? Il
« va demander, par ordre du devin, des char-
« mes [56] pour que l'Européenne continue de
« l'aimer. Tu le verras, regarde, écoute. »

Il dit et s'éloigne, laissant Tamandua en
proie aux plus violens combats, et craignant de
s'assurer de la vérité.

La nuit descend ; le soleil se cache derrière les montagnes ; les oiseaux chantent encore, mais faiblement : une gaze sombre voile
la nature et s'épaissit ; les oiseaux ne chantent
plus ; le soleil est caché ; la nuit est venue.

Selon les ordres du devin, Jakaré remplit un

vase de terre de cauin, et charge ses épaules de peaux de jaguar et de plumes. Il sort en silence de sa case, et gravit la montagne Blanche. Arrivé sous le grand jenapuga, il dépose ses présens, et dit : « Bons Génies, j'aime la fille des Eu-
« ropéens; elle m'aime aussi. Comme elle est
« belle! Voici des présens... Oh, bons Génies,
« accordez-moi le bonheur! faites que la jeune
« fille....... »

Il n'avait pas achevé, que Tamandua parait devant lui, et, lançant sur Jakaré un regard où se peignent à la fois la colère et l'indignation :

« Fils des Anhangas, dit-il, me voici, moi,
« Tamandua. »

En apercevant son ami, Jakaré est saisi de stupeur. Quoiqu'il soit innocent, l'idée d'avoir eu un secret pour Tamandua le remplit de confusion. Tamandua, aveuglé par la fureur, continue :

« Homme méchant, homme perfide, tu as
« trahi celui qui t'aimait.... qui t'aime encore;
« car si mes lèvres n'avaient pas prononcé le
« serment de l'amitié, ma massue serait déjà
« rouge de ton sang.

« — Tamandua! s'écrie Jakaré, moi te tra-
« hir! moi! moi! tu l'as pu croire!

« — Tu oses démentir cela! Mes oreilles
« n'ont-elles pas entendu les paroles que tu
« viens de prononcer? Crois-tu m'abuser? Ne
« suis-je pas Tamandua, le fils d'Ombu? N'ai-
« je pas devant moi un Tupinambas faux,
« lâche et trompeur? Jakaré osera-t-il nier cela!

« — Je suis innocent, mais je suis bien mal-
« heureux : mon ami doute de moi, il m'injurie,
« moi qui l'ai délivré lorsqu'il allait mourir
« chez les hommes étrangers! moi qui ai laissé
« de mon sang dans la mer lorsque je le sou-
« tenais dans mes bras sur les flots.... moi qui
« pleure lorsqu'il pleure, moi qui marche
« devant lui pour écraser le serpent qui vou-
« drait mordre ses pieds, moi qui l'aime, moi
« qui l'aime tant!!!....

« — Tu m'aimes? Non, lâche; tu dis ces pa-
« roles parce que tu crains mon bras. Homme-
« femme, tu trembles maintenant, tu redoutes
« ma vengeance. Ah! pourquoi faut-il que ma
« main refuse de te punir? Ne reparais plus
« devant moi; cache-toi dans la forêt; fuis

« l'aldée qu'habite Tamandua, afin que ses
« yeux ne soient point offensés par la vue d'un
« méchant. Va-t'en; ne force point un Tupi-
« nambas à tuer et à manger celui qui fut son
« ami.

« — Tuer et manger son ami ! Fils d'Ombu,
« ce n'est pas moi qui aurais jamais dit cela. »
Et deux grosses larmes roulent dans les yeux du
sauvage. « Tamandua, ajoute-t-il, de mauvais
« Génies te trompent : je suis toujours ton ami;
« je n'ai pas cessé de te chérir, et cependant
« tu m'affliges.... Vois, je pleure.

« — Tes larmes sont fausses : tu es plus rusé
« que le serpent qui se glisse dans la case pour
« manger les enfans. Si tu ne veux pas fuir, je
« vais m'éloigner, et je ne te regarderai jamais.
« Lorsque tu seras dans le lieu où je chasserai,
« où je ferai la guerre, je détournerai la tête,
« et je courrai où tu ne seras pas. Misérable,
« menteur, méchant ami, laisse-moi, ne me
« suis pas. »

Jakaré répétait lentement : « Menteur ! mé-
« chant ami ! Mais je ne saurais pas dire, moi,
« de telles paroles. »

Tamandua avait disparu dans la forêt.

Jakaré veut en vain s'attacher à ses pas. Le malheur terrasse l'homme fort; il le rend faible comme un enfant. Jakaré sent plier sous lui ses genoux; il tombe épuisé. Il se relève péniblement, et continue sa marche jusqu'à ce qu'il soit arrivé à la case de Tamandua. Il prête l'oreille; des soupirs étouffés interrompent seuls le silence de la nuit : « Ta-« mandua est là, dit-il, dans la douleur; il « croit son ami coupable, il faudrait le dé-« tromper. » Il se couche alors sur le seuil de la porte, afin que le fils d'Ombu ne puisse pas l'éviter. La haine de son ami est pour Jakaré le plus grand de tous les maux..... Il pleure, il pleure, il pleure encore, et ses larmes ne le soulagent pas. « Ah! je souffre! » dit-il, en se tordant les mains et en s'agitant avec désespoir; il croit être étendu sur un lit d'épines.

Enfin le jour arrive! Tamandua aperçoit Jakaré; il approche :

« — Encore toi! » dit-il.

Jakaré ne répond point; mais ses mains jointes et son air suppliant, son accablement, la tristesse répandue sur son visage, tout émeut Tamandua; il détourne la tête, craignant de se laisser attendrir.

« — Ne me parle plus, lui dit-il; ne me re-
« garde plus : il faut que je te haïsse !

« — Tu veux me haïr !..... Tiens, prends cette
« massue, tue-moi, tue-moi !

« — Fuis loin de Tamandua !

« — Ah ! écoute-moi ; je ne puis me séparer
« de mon ami. Loin de lui, je ne suis plus
« un guerrier, je suis une femme; je tremble,
« je pleure; loin de lui, mon bras n'a plus de
« force, et mes pieds ne peuvent marcher. Il
« m'est impossible de ne pas t'aimer.

« — Comme ta bouche sait mentir avec
« adresse, traître !

« — Moi, un traître ! oh ! non ! »

En disant ces mots, Jakaré se jette aux pieds de Tamandua. Il embrasse ses genoux, et les presse dans ses bras; mais Tamandua est inflexible. Il le repousse, et, cachant sa tête entre ses mains, il cherche à se dégager des bras de son ami. Jakaré l'inonde de ses larmes, se traîne après lui pour le retenir; mais le dur, l'inexorable Tamandua multiplie ses efforts, et parvient à s'échapper.

Jakaré reste plongé dans un accablement affreux. Il est une douleur muette qui bouleverse l'ame et la déchire, en anéantissant les facultés de l'homme. Le dernier degré de la souffrance, c'est lorsqu'on n'a plus même la force de se désespérer. Jakaré est comme privé de sa raison. Le sentiment de son malheur a éteint en lui tous les autres sentimens. Ses membres sont immobiles, et son œil n'a plus de larmes.

Enfin il sort de sa stupeur, et, tâchant de déguiser ses chagrins, il se rend sous la cabane de son père, le vieux Koniam-Bebe :

« — Père, lui dit-il, tu vas embrasser ton
« fils. »

Il le baise au front; une larme brûlante coule sur la joue du vieux sauvage.

« — Pourquoi, s'écrie-t-il, le fils de Koniam-
« Bebe est-il affligé ?

« — Ton fils va quitter Cotiva.

« — Où va-t-il ?

« — Dans les forêts, loin, bien loin.

« — Pourquoi quitte-t-il ses amis, ses pa-
« rens?

« — Pour aller tuer des hommes ennemis.
« Jakaré a besoin de combattre. Depuis que sa
« massue ne se lève plus que sur le jaguar et
« sur le tapirassou, il s'ennuie. Père, embrasse
« ton fils. »

A ces mots, il le baise encore, le contemple
avec respect, et s'éloigne. Il vient de le voir
pour la dernière fois; il veut fuir à jamais Cotiva.

Sa tête n'est point ornée de plumes, et son
corps n'est pas brillant de couleurs. il n'a d'armes que sa massue. Son cœur est navré; il marche, la tête baissée, et d'un pas lent et indé-
terminé.

Il venait de quitter l'aldée, lorsque, dans la
forêt, Moëma se présente à ses yeux. Elle s'approche de lui :

« — Jakaré, dit-elle, guerrier, pourquoi cet
« air triste et chagrin?

« — Jeune fille, répond Jakaré, j'ai bien
« raison d'être triste. Je pars, je ne reverrai
« plus Cotiva..... ni le fils d'Ombu !

« — Pourquoi abandonnes-tu Tamandua?
« — C'est lui qui le veut!
« — Il ne t'aime donc plus?
« — Moi, je l'aime toujours. Maintenant
« que je l'ai quitté, je sens que je l'aime beau-
« coup; mais il dit (ô méchans Génies! comme
« vous le trompez!), il dit que je suis un
« traître!
« — Toi, Jakaré, un traître! Je ne le crois
« pas. Quelques Esprits malfaisans l'auront
« abusé..... Mais quelle est la cause de tout
« cela?
« — Celle qui fait aussi ton malheur.
« — L'étrangère?
« — Oui, toujours l'étrangère!
« — Jakaré, je te plains. La fille des Euro-
« péens a fait bien du mal en venant à Cotiva!
« Ah! pourquoi le devin n'a-t-il pas dit à Ta-
« mandua : « Cette fille, c'est une ennemie de
« ton repos. Avant de l'aimer, tue-là! » Son
« sang aurait coulé sans que personne en fût
« affligé, et nous aurions tous mangé sa chair
« avec délices; mais maintenant que les An-
« hangas ont résolu que l'homme tupinambas

« aimerait celle qui a été enfantée par une
« compagne des Européens, il n'est plus temps
« de donner ses membres à nos dents, car Ta-
« mandua serait dans les larmes.

« — Tu dis vrai; tu es aussi malheureuse
« que moi. Mais Tamandua m'a ordonné de
« fuir : je pars. Tu diras aux Tupinambas :
« Jakaré le guerrier est allé mourir loin des os
« de ses pères; son corps sera dévoré par les
« bêtes qui auront faim, car il ne se défendra
« pas; il n'aime plus la vie : Jakaré le guerrier
« est allé mourir loin des os de ses pères! » Et
« si quelquefois Tamandua te parle de moi,
« dis : « Oh! il n'était pas coupable! tu as été
« trompé. » Jeune fille, tu peux dire cela,
« c'est la vérité. Alors peut-être Tamandua re-
« demandera son ami; mais il ne saura plus où
« me chercher. Je ne le reverrai que dans le
« pays des ames. Là, oh oui! je retrouverai
« mon ami, pour l'aimer, pour qu'il m'aime,
« pour que nous ne nous quittions plus ja-
« mais. »

A ces mots, il se sépare de Moëma, qui rentre
à l'aldée.

Spargite humum foliis, inducite fontibus umbras,
. . . .
Et tumulum facite.
Couvrez la terre de feuilles, ombragez les fontaines,
 élevez un tombeau.
Virgile.

Caramourou et l'infatigable Catherine arrachaient chaque jour une foule de sauvages aux ténèbres de l'idolâtrie. Ils parlaient au cœur avant de s'adresser à la raison, ils touchaient avant de convaincre; ils la faisaient aimer avant de la faire comprendre, cette belle religion du Christ, qui eût brillé de tout son éclat dans les forêts du Nouveau-Monde, si la croix eût traversé les solitudes d'Amérique sans se faire précéder de l'épée, qui frappe et qui tue. Caramourou, s'entourant de prosélytes, menaçait de ruiner la puissance naguère colossale du devin, qu'il signalait aux nouveaux chrétiens comme un imposteur dont toute la science consistait à savoir abuser de la simplicité de ses compatriotes.

Le devin souhaitait ardemment que les Portugais revinssent, espérant que Caramourou retomberait au pouvoir de Coutinho. C'est pourquoi il favorisait de tout son pouvoir le complot qui se tramait pour le rappel du gouverneur. Quelques Indiens, envoyés aux Ilheos, devaient arriver à l'aldée dans quelques jours, apportant la réponse de Coutinho aux conditions qu'on lui avait proposées. En attendant, le devin cherchait une occasion de frapper les esprits, afin de ramener sous sa domination reux des sauvages qui commençaient à l'abandonner.

Observateur rusé, rien n'échappe à ses regards ; il connaît l'amour de Moëma pour Tamandua, et l'indifférence de celui-ci depuis qu'il a vu la fille du tyran ; il sait que l'amante délaissée du cacique coule des jours malheureux minés par la souffrance.

Son projet ne peut manquer de réussir. Par son ordre les Tupinambas se réunissent. Il arrive au milieu des sauvages, paré de plumes éclatantes, et tenant à la main le maraca, signe de sa puissance. Son maintien commande le respect, et sa voix est celle d'un inspiré.

« Écoutez, dit-il, enfans de Tupan, écoutez :
« cette nuit j'ai vu le Grand-Esprit ; le Grand-
« Esprit est grand, grand comme le seraient
« deux jenapugas attachés l'un au bout de
« l'autre ; son corps est couvert de plumes
« d'oiseau que les Tupinambas ne connaissent
« pas. Tout à l'entour sont des bras plus longs
« que les plus grands arbres ; sa tête est sous
« ses pieds ; sa bouche est derrière sa tête ; c'est
« de ses yeux que part la foudre, et voilà pour-

« quoi vous le nommez Tupan, qui veut dire
« le tonnerre ; il marche aussi rapidement que
« le boicininga. Sa voix est en même temps ter-
« rible comme celle du jaguar, et douce comme
« celle de l'azuléon ; il parle le langage des
« Tupinambas. Il m'a dit : « Murucujé, sage de-
« vin, je parle ; fais rassembler les Tupinambas,
« mes fils. Tu leur diras : « Enfans de Tupan,
« votre père, Tupan, m'a dit : Parmi les filles
« de la tribu il en est une qui doit mourir :
« elle mourra. Elle mourra avant que les
« hommes aient fait la troisième chasse. Son
« nom est Moëma ; elle est fille de Quereiva et
« de Bétélé ; ceci doit être annoncé à la tribu.
« Moëma, fille de Quereiva et de Bétélé, mourra
« avant la fin de la troisième chasse. »

Il dit : tous les regards se portent sur l'amante
du cacique Tamandua. Moëma lève sur le
jongleur ses beaux yeux éteints ; ses traits expriment plutôt le remercîment que la crainte.
La mort ne se présente à son esprit que comme
le terme de ses maux ; elle n'a pas la force de
la désirer, mais elle obéira avec soumission
à ses ordres.

Elle répond :

« Sage devin, puisque le Grand-Esprit le
« veut, je mourrai. »

Elle se tourne alors vers son père :

« Bételé, dit-elle, ta fille va te quitter; et toi,
« Quereiva, ma mère, celle que tu aimais
« tant, Moëma, ta fille, ne vivra plus dans ta
« case; il faut me séparer de vous, de mes
« amis, de toute la tribu; il faut abandonner
« et l'aldée et la forêt : je mourrai. »

En achevant ces mots, sa tête se penche sur
son sein. Toutes ses amies, les jeunes filles,
autrefois compagnes de ses jeux, se pressent
autour d'elle; c'est à qui lui prodiguera le plus
de caresses et d'amitié. On essaie de la distraire ;
on voudrait la voir sourire; mais elle regarde
autour d'elle; elle n'aperçoit point Tamandua,
et la présence de son infidèle amant pourrait
seule la rappeler au bonheur; mais Tamandua est lui-même retiré dans sa case, en proie
à la douleur.

La prédiction du devin répand la tristesse
dans toute la tribu. Moëma est chérie de tous
les sauvages, et chacun pleure une amie, car

sa mort n'est pas douteuse : le devin l'a annoncée. La jeune fille elle-même regarde le terme marqué par le jongleur comme le dernier instant de sa vie; et cette certitude, qui est constamment à son esprit, hâte les progrès du mal langoureux qui la consume.

De jour en jour ses forces s'affaiblissent. Hélas! rose timide du matin, elle va tomber fanée en un printemps, et le soir du jour qui la vit éclore la voit desséchée sur sa tige. A peine avait-elle effleuré de ses lèvres la coupe du bonheur, qu'il lui a fallu, en expiation, vider jusqu'à la lie le calice de l'infortune.

Caramourou est auprès d'elle; il l'engage à braver les ordres du piaye; il essaie de la dissuader de mourir, car il connaît la puissance de la prophétie du devin sur l'imagination des sauvages; mais ses efforts sont vains. Moëma refuse même de prendre la nourriture qui lui est présentée, disant que c'est une chose inutile, puisqu'on ne prend de la nourriture que pour vivre, et qu'elle doit mourir. Une idée fixe l'agite sans cesse; elle voudrait parler à l'étrangère; elle prie Caramourou d'engager la fille des Portugais à venir dans sa case. Inez ne peut résister aux instances de Caramourou; elle se rend vers Moëma, vers celle que les sauvages nomment sa rivale. En l'apercevant, la jeune Brésilienne détourne la tête; mais bientôt, semblant repousser un sentiment de haine, elle lui dit :

« — Femme, ne tremble pas; approche sans
« crainte. Je ne hais pas celle qu'aime Taman-
« dua; cependant c'est toi qui l'as fait mépriser
« sa bien-aimée. Avant de te connaître, il était
« mon ami. O! qu'il était beau lorsqu'il me dit :
« Je t'aime! » Je chantais; il s'approcha de moi.
« Ma chanson le charma. Voici ce qu'elle disait :

« Je voudrais aimer.
« A peine le corbeau a fait quinze nids de-
« puis que mon père a dit : « Je suis père. »
« Je n'ai point encore aimé ; mais je sens que
« mon cœur a besoin d'un amant. Je le cher-
« cherai au milieu des bois et sur la montagne;
« je le chercherai dans la pirogue qui coule sur
« les eaux.
« Viens, lui dirai-je, aime-moi, je t'en con-

« jure. Avec Moëma, tu seras plus heureux que
« le jour où pour la première fois tu tuas un
« ennemi; tu seras plus heureux que lorsque
« tu délivras ton vieux père qui avait été fait
« prisonnier. »

« Si c'est un chasseur, je lui dirai : « Tu es
« fin comme le merle, et adroit comme le sa-
« ratu; ton corps est plus beau que le plumage
« du perroquet, et tes dents ont plus de force
« que le bec du vautour. »

« Si c'est un pêcheur, je lui dirai : « Tu nages
« mieux que la grenouille, et tu te caches au
« fond de l'eau [58] comme l'oiseau plongeur. »

« Je dirai à mon amant : « Entrelace tes bras
« autour de mon corps, et couvre ta tête de ma
« chevelure. »

« C'était ma chanson. Tamandua me dit :
« Lorsque je suis près de toi, mon cœur est
« plein de joie; il me semble que les plumes
« des oiseaux ont plus d'éclat, et que leur voix
« est plus douce; il me semble que tu es la plus
« belle fille des Tupinambas, et que je suis le
« plus beau guerrier de la tribu. » Je lui ré-

« pondis : « Tu aimes! » .... et maintenant
« il m'a abandonnée; il m'a laissée seule avec
« son nom sur mes lèvres, et je vais mourir. »

Elle s'arrête. Ces mots : « Je vais mourir!
« je mourrai! » reviennent sans cesse à sa
bouche.

Elle reprend :

« — Toi, Inez, tu resteras auprès de lui. Mais
« pourquoi ne veux-tu pas l'aimer? Il est si
« beau, si fort, si vaillant! Tâche de le rendre
« heureux, de me remplacer. Sois ce que j'é-
« tais pour lui..... une amante et une mère.
« Sauras-tu lui choisir de belles flèches et
« tresser la corde de son arc? Fais-lui toujours
« de la boisson d'acayaba; c'est celle qu'il pré-
« fère. Prends pour orner son front, au jour
« du massacre, les plumes rouges : il aime les
« plumes rouges. Voici comment il faut faire :
« rends-le d'abord brillant de gomme depuis
« les épaules jusqu'à la plante des pieds; après
« cela, pour qu'il ressemble aux oiseaux, jette
« sur son corps un grand nombre de plumes;
« la gomme les retiendra sur la chair du guer-
« rier, et ce sera une belle chose. Quand le

« fils d'Ombu ira à la guerre, garde-toi bien
« de laisser apercevoir tes craintes; il ne veut
« pas voir trembler l'amante d'un cacique.

« Il y a long-temps, il était encore bien
« jeune, il alla combattre; je pleurai. Il me
« dit : « Moëma, ne pleure pas; » et je me mis à
« chanter. Je chantai les paroles de la victoire,
« parce que je vis qu'il était certain de revenir
« vainqueur. Peins donc toi-même ses mem-
« bres, en disant : « Je peins le corps de mon
« bien-aimé. Vois, ma main ne tremble pas:
« je suis l'amante d'un homme qui tue tou-
« jours son ennemi : cet homme ne sera pas
« tué. » Fille d'Europe, je t'en supplie, fais
« toutes ces choses pour lui. Alors, s'il retrouve
« en toi une seconde amie, il sera content, et
« il se souviendra de Moëma. »

En entendant ces paroles, la vierge portugaise est émue de pitié. Combien elle désire-
rait que la généreuse sauvage pût être rendue
à l'objet de son amour! Mais, hélas! elle ne
peut former que des vœux impuissans, et son
cœur ignore les consolations qu'il faut apporter à cette infortunée.

Enfin Moëma sent venir ses derniers momens. Le jour que le piaye avait annoncé comme le dernier va bientôt finir. Une foule de sauvages sont près de son hamac. Vieillards, hommes, femmes, enfans, tous pleurent. Moëma demande à être seule avec Tamandua. On va chercher Tamandua.

Lorsqu'il entre :

« — Tamandua, lui dit son amante, j'ai voulu te voir avant de mourir. Ce n'est point pour te parler de mon amour, non ; mais ton ami Jakaré..... »

A ce nom, Tamandua frissonne.

« Jakaré, reprend Moëma, a fui loin de l'aldée ; c'est toi qui l'as voulu. Il m'a dit : « Moëma, je ne suis pas coupable : il faut que mon ami le sache. » Tamandua, Jakaré est innocent.

« — Pauvre fille, dit le cacique, toujours bonne ! Mais Jakaré !.... Ne m'en parle pas. C'est un traître ! »

Moëma se tait. Tamandua s'approche d'elle ; il prend sa main, et regarde la jeune fille avec des yeux mouillés de pleurs. Pâle, accablée sous le poids de la souffrance, qu'elle était belle alors! Dans ces yeux mourans, quel charme invincible! Dans cette voix tremblante, quelle magie! quelle volupté!

« — Moëma, dit le cacique avec un accent
« doux et plaintif, serait-ce donc moi qui
« cause ta mort?

« — Oh! non! répond Moëma, craignant de
« l'affliger; le piaye l'a ordonné. Cette nuit,
« je dois mourir. Oui, lorsque le soleil aura
« passé à travers les feuilles du grand arbre
« qui est derrière la case du piaye, je serai
« morte. Bientôt mon corps sera renfermé dans
« le grand vase de terre rouge... Il y sera seul...
« seul... Tamandua, si je t'ai fait quelque-
« fois de la peine, pardonne-moi. Je t'aimais
« tant! comment pouvais-je voir, sans tressaillir
« comme la colombe percée d'une flèche, que
« tu me fuyais pour l'Européenne! Il me sem-
« blait que tu disais tout bas : « Elle est plus
« belle que toi! » Sais-tu que mon cœur était
« comme écrasé entre les deux rochers de la
« montagne? Sais-tu qu'il est arrivé des jours où
« je ne pouvais plus pleurer? Cela fait mal.

« bien mal, de ne plus pouvoir pleurer ! Ta-
« mandua, lorsque je n'occuperai plus aucune
« place parmi les hommes, jette sur ma tombe
« les fleurs qui auront orné les cheveux de
« l'Européenne. Puisse-t-elle t'aimer autant
« que moi ; puisse-t-elle être bien douce, bien
« travailleuse, et respecter les cheveux blancs
« de ton père ! Adieu, je vais pleurer, moi,
« en t'attendant, avec les Génies qui dan-
« sent là-bas derrière les montagnes bleues [59];
« je vais pleurer jusqu'au jour où je re-
« verrai celui que j'aime dans le pays des
« ames. »

Tamandua, à ces mots, craignant de montrer
sa faiblesse, se retire dans un coin de la case,
et cache sa tête dans ses mains pour gémir.

La nuit est venue. Moëma s'affaiblit de plus
en plus ; sa poitrine est oppressée, elle ne respire plus qu'avec peine : son imagination frap-
pée la jette dans le plus violent délire.

Cependant les nuages qui courent au hasard
et s'amoncellent dans les cieux annoncent un
orage. Des éclairs sillonnent la nue ; la pluie

tombe à longs torrens. Des pas précipités se font entendre; c'est le devin : l'ouragan le précède.

Il entre d'un air inspiré, et, agitant sa chevelure :

« — Tupinambas, dit-il, voici la nuit fatale; « Moëma n'a plus qu'un instant à vivre! »

En ce moment, la jeune fille mourante s'agite convulsivement; ses yeux roulent dans leur orbite; son sein se soulève violemment; sa gorge est sèche, son souffle est embrâsé.

« — Entendez-vous? s'écrie le jongleur; c'est « la voix de Tupan ! »

La foudre éclate à ces mots, et rend un son prolongé qui couvre les paroles de Murucujé..... Moëma n'est plus! Son corps est étendu immobile sur le hamac [60]. Pauvre Moëma! si douce, si bonne, la voilà! Elle est morte, morte!!!..... l'amour l'a tuée!!!

Les sauvages restent anéantis du coup qui vient de la frapper; ils regardent le piaye d'un air de reproche; quelques uns voudraient parler, mais le respect les arrête : le devin n'agit que par la volonté d'êtres supérieurs !

La nuit entière se passe dans la douleur; tous les sauvages regrettent Moëma; le lendemain, sa fosse est creusée à quelque distance de l'aldée, au pied d'un arbre. On met le corps de la jeune fille, paré de ses plus beaux ornemens, dans le grand vase de terre rouge. Les sauvages le descendent dans la fosse; on le couvre de terre, et on met sur le tombeau des fruits, de la boisson, et toutes sortes d'alimens, ainsi que la plante de la mort [61].

Pendant quelques jours, la tristesse la plus grande régna à Cotiva. Les parens et les amis de l'infortunée Moëma, inconsolables de sa perte, furent long-temps à sécher leurs larmes.

La nue se déchire, et l'éclair trace un rapide losange de feu. Un vent impétueux sorti du couchant roule les nuages sur les nuages; les forêts plient, le ciel s'ouvre coup sur coup, et à travers ses crevasses on aperçoit de nouveaux cieux et des campagnes ardentes. Quel affreux, quel magnifique spectacle!

CHATEAUBRIAND, *Atala*.

Tout présage un ouragan; l'air s'épaissit et s'embrâse; une poussière étouffante s'élève du désert, pareille à l'énorme flot de l'Atlantique; et, ternissant par degrés leur éclat et leur verdeur, elle monte au sommet des arbres, dont le branchage ne semble plus s'agiter qu'avec peine dans une atmosphère enflammée.

Par intervalles, de larges gouttes de pluie tombent pesamment sur la terre. La foudre ne gronde point encore, mais une odeur de soufre est répandue dans la forêt, où règne ce calme effrayant, précurseur de l'orage. Quelquefois, et de loin en loin, on aperçoit des bandes rougeâtres, qui traversent la nue en silence comme de longs serpens de feu. Des lieux humides s'élèvent des exhalaisons qui s'allument dans l'air, et s'évanouissent. Mais tout-à-coup les arbres tremblent, et balancent leur cime poudreuse: de l'extrémité de la forêt s'avance un noir tourbillon, une trombe immense et mugissante, qui semble près de soulever le désert tout entier. Les arbres sont déracinés, rompus, et tombent avec fracas dans le lit des fleuves. La foudre a déchiré la nue : elle éclate, elle frappe la crête des monts, retentit d'écho en écho, et l'éclair éblouissant se réfléchit dans la prunelle sanglante du tigre, qui saute de rocher en rocher, et cherche un refuge contre la tempête.

C'est alors que de grands coups de tonnerre, qui se succèdent et se répondent, ébranlent et la forêt, et la montagne, et la cabane du sauvage. Le sauvage, réveillé au milieu d'un songe, s'assied sur son hamac; à travers les fentes de sa case, il voit du feu, toujours du feu. Un bruit terrible frappe son oreille, et se prolonge sur sa tête.

Le sauvage dit à sa compagne :

« — Entends-tu ? »

La femme indienne répond :

« — C'est l'orage. »

Alors, le guerrier s'étend dans son hamac, et se retourne en disant :

« — C'est beau. »

Cependant les torrens ont grossi; rapides comme la flèche, ils courent s'engloutir dans les fleuves, où ils entraînent d'énormes quartiers de roche, de grands troncs d'arbres brisés et noircis par la foudre, des métaux précieux confondus avec la fange, et des masses de terrain peuplées d'animaux.

On voit aussi flotter sur les eaux des nids enlevés à la branche protectrice. L'oiseau consterné pousse un cri lugubre, et, suivant le cours du fleuve, il vole autour de sa fragile demeure ; quelquefois il s'y repose ; il veut l'arrêter par le poids de son corps. Voyez-vous cette femelle plaintive? comme elle agite sa tête humide hors de son nid! Vains efforts! elle se laisse entraîner sur les flots avec ses œufs chéris.

Mais la tempête redouble ; les vents déchaînés, impétueuse phalange du Nord, accourent des bouts de l'horizon, poussant devant eux la dévastation et la terreur. Le firmament entr'ouvre ses voûtes brûlantes, et vomit un déluge de feu ; la terre sent frémir ses entrailles, et répond aux bouleversemens des airs par de sourds mugissemens.

Après avoir quitté Moëma, Jakaré s'était enfoncé dans la forêt ; forcé de chercher un abri contre les autans, il entre dans une caverne dont l'ouverture est tapissée de feuillage ; au fond règne une obscurité complète, tandis que l'ouverture est faiblement éclairée par le jour qui perce à travers le branchage.

Le cacique pénètre dans cet antre ténébreux, et s'étend sur la terre. Il y est à peine depuis quelques instans, qu'un sauvage y entre, et paraît y avoir un rendez-vous. Jakaré le reconnaît : c'est un Tupinambas que depuis longtemps la tribu désigne comme un lâche.

Les malheurs de Jakaré l'ont rendu indifférent; il ne fait aucun bruit. Le sauvage est bientôt rejoint par un autre Tupinambas.

« — Es-tu Guicupanga, l'Oiseau-Crieur? » dit le premier sauvage.

« — Je suis Guicupanga, l'Oiseau-crieur, » répond le second. « Es-tu Tonou, le Grand-Lézard?

« — Je suis Tonou, le Grand-Lézard.

« — Voilà qui est bien dit.

« — Quelles nouvelles Guipucanga apporte-t-il?

« — Les nouvelles sont bonnes. Nos deux
« compagnons, envoyés aux Ilheos, sont de
« retour. Ils ont dit à l'Européen : « Coutinho,
« quelques uns des nôtres t'ont vaincu ! les en-
« fans de Tupan sont braves. Veux-tu nous
« promettre autant de liqueur de feu que nous

« en voudrons? et nous t'obéirons, et nous t'ai-
« derons à revenir à San-Salvador. »

« Coutinho a répondu :

« — Je vous donnerai tout ce que vous dé-
« sirerez. »

« — Alors les nôtres sont convenus avec lui du
« nombre de vases de liqueur qu'ils voulaient
« chaque jour pour la tribu, et des choses que
« Coutinho nous donnerait en outre. Cela
« étant fait, Coutinho a dit :

« — Pour que tout ceci s'accomplisse, je vais
« partir avec de nouveaux guerriers et leurs
« tonnerres; vous, disposez le reste des Tupi-
« nambas à nous recevoir; et s'ils résistent
« lorsque nous arriverons, nous les tuerons et
« vous les tuerez avec nous, et vous aurez tout
« ce que j'ai promis. »

« Ceux qui ont été envoyés par nous ont
« répondu :

« — Cela est dit; allons, et faisons ce que
« nous avons résolu. »

« Et ils sont partis pour revenir; ils sont
« revenus. Voici les nouvelles. »

En entendant ces paroles, Jakaré a vingt fois

été sur le point de s'élancer sur les deux traîtres pour les massacrer; mais il se retient, espérant connaître tout entière la trame ourdie par les perfides sauvages.

« — Oh! oh! reprend Tonou, les Tupinambas sont adroits. Ceux qui ont parlé ainsi au Portugais sont des hommes sages, et Tonou et Guicupanga sont de grands chefs..... Nous aurons de la liqueur de feu.

« — Tu dis vrai. Maintenant il faut que le « devin sache tout cela, car il disposera ceux « qui le craignent à recevoir les Portugais. « Murucujé le devin va bientôt arriver.

« — Oui; et quant à nous, lorsque Cou- « tinho sera revenu,..... nous aurons de la li- « queur de feu. Cependant il faut bien pren- « dre garde d'être découverts. Murucujé le de- « vin, qui est sage, nous a dit qu'il n'y aurait « point de traîtres parmi nous; le devin dit « vrai; il sait tout.

« — La victoire sera pour nous..... La tribu « se divisera..... Déjà le cacique Jakaré..... »

En entendant prononcer son nom, Jakaré ne peut plus se contenir. S'il avait écouté un

instant de plus, il apprenait la trahison qui le
sépare de son ami ; mais son peu de prudence
lui fait manquer l'unique occasion peut-être
qu'il aura de connaître la vérité.

« — Jakaré ! s'écrie-t-il en s'avançant vers les
« deux sauvages, immobiles et muets de ter-
« reur; Jakaré le Fort, le voici ! Hommes in-
« fâmes, guerriers sans courage, il a tout en-
« tendu ! Oh ! lâches, vous êtes les ennemis de
« votre tribu ! vous voulez rappeler le tyran
« vous voulez être esclaves ! Esclaves !... il vaut
« mieux être mort que d'être esclave ; il vaut
« mieux courir vers le Japirassou, et se jeter
« dans sa gueule, en disant : « Bête, mange-
« moi ! » Et ce sont des Tupinambas qui veu-
« lent être commandés par des Portugais ! ce
« sont des fils de Tupan ! O ma tribu ! puissent
« tous tes guerriers périr avant de une
« chose semblable ! »

Il dit ; ses yeux semblent deux feux allumés
dans sa tête. Il se met à l'entrée de la caverne,
et, s'adressant aux deux sauvages consternés :

« — Je veux bien vous délivrer des Anhangas
« qui vous poursuivent ; je veux bien vous ar-

« racher à la honte qui vous menace. Jakaré-
« Ouassou ne vous déteste pas assez pour vou-
« loir que vous soyez esclaves ! Non, il est
« bon : il va vous tuer. »

Les deux sauvages, tremblans, n'osent faire un seul pas. Ils cherchent des yeux une issue pour s'enfuir, mais en vain : le terrible Jakaré leur ferme le passage. Ils essaient alors de lui échapper par la ruse :

« — Jakaré, disent-ils, tu as été abusé :
« écoute-nous. Nos paroles étaient feintes ;
« c'était pour tromper....

« — Pour tromper qui ?..... Il ne faut trom-
« per personne, misérables ! C'est parce que
« mon ami a été trompé qu'il faut que je le
« fuie !..... Peut-être des méchans comme
« vous....

« — Nous ne sommes point des méchans ;
« écoute ce que nous allons t'expliquer.....

« — Non, je ne veux rien entendre ; pour-
« quoi tremblez-vous ? l'homme innocent ne
« tremble pas. Vous êtes des lâches ; je n'aime
« que mes amis et ma tribu ; périssent les traî-
« tres, ennemis de mes amis et de ma tribu ! »

En disant ces mots, il lève sur Tonou sa redoutable massue, et la fait retomber sur la tête du sauvage, qui est écrasé sous le coup. Guicupanga, épouvanté, se jette à ses genoux, en implorant son pardon; mais l'inexorable Jakaré s'écrie :

« — Point de pitié! »

La fatale massue se relève; elle frappe, et Guicupanga éprouve le sort de son perfide compagnon.

Nos prêtres ne sont pas ce qu'un vain peuple pense :
Notre crédulité fait toute leur science.

Voltaire, *OEdipe.*

Cependant l'orage a cessé ; l'ami de Tamandua est sorti de la caverne. Le complot formé contre sa nation vient ajouter à ses malheurs un malheur de plus. Il est de ces douleurs si fortes, si terrassantes, que, frappant l'homme d'un accablement total, elles affaiblissent en lui les préjugés nés de son éducation, et ceux qui ont leur source dans son esprit. Il chancelle dans ses idées les plus fermes; il interroge ses premiers sentimens. Comme la souffrance envahit tout son être, elle lui crée une seconde nature. Parvenu à ce point, il ose porter ses regards bien au-delà de cette barrière qu'il semblait auparavant ne vouloir jamais franchir; les choses apparaissent alors bien différentes de ce qu'elles étaient; et ce qu'il y a de plus sacré s'offre sous un tout autre aspect à l'homme réellement malheureux.

C'est ainsi que Jakaré, instruit de la perfidie du devin, qu'il méprise déjà, voudrait se rendre compte de sa puissance. Il n'ose pas encore s'avouer à lui-même que le doute est entré dans son esprit; mais il dit, en portant la main à son front brûlant :

« Ma tribu a son devin : les autres tribus ont
« aussi leurs devins. Et cependant Murucuje
« notre devin m'a dit, à moi Jakaré, qui suis
« malheureux : « Jakaré-le-Fort, j'ai seul le
« pouvoir de converser avec les Esprits, de con-

« naître, dans les songes, quelles sont les mala-
« dies qui font souffrir les hommes, et de savoir
« quel animal est entré dans la chair de ces hom-
« mes, afin de les tourmenter et de leur faire
« pousser des cris qui réjouissent les Anhangas ;
« et celui qui dit chez une autre nation : « Je
« suis un devin : » ment à des hommes cré-
« dules ; sa bouche dit le mal »... Mais, moi,
« qui ai beaucoup marché sur la terre, j'ai
« aussi entendu d'autres devins dire : « Que les
« Tupinambas sont simples ! Ils croient que
« Murucujé-le-Menteur est un devin. Cela
« n'est pas ; il les trompe ; qu'une femme lui
« donne un coup de tacape, et elle lui cassera
« la tête, parce que les Esprits ne le connais-
« sent point, ne le protègent point, et ne lui
« ont point appris leur langue pour qu'il parle
« avec eux. » Et ils envoyaient à Murucujé de
« vilaines plumes, de vilaines peaux, de vi-
« lains colliers et de la mauvaise boisson, afin
« de se rire de lui. Alors Murucujé disait : « Ceux
« qui m'ont envoyé cela mourront avant trois so-
« leils. » Les trois soleils passaient, et ils ne mou-
« raient pas... Murucujé disait encore : « Ce guer-

« rier est malade ; je vais mettre mon maraca [*]
« devant la porte de sa case[6], afin qu'il le nour-
« risse pendant plusieurs soleils, et le guerrier
« malade guérira. » Lorsque le maraca ne vou-
« lait plus de nourriture, parce que l'homme
« qui souffre ne chasse pas, et ne peut avoir de
« bon gibier, Murucujé entrait dans cette
« case ; il suçait la blessure du guerrier, et
« après cela montrait la queue d'un gros
« lézard, et laissait tomber de sa bouche un
« scorpion mort, en disant : « Guerrier tupi-
« nambas, un lézard était entré dans ta chair
« avec un scorpion ; voici la queue du lézard
« qui s'est enfui ; voici le scorpion, il est mort.
« C'est moi qui ai fait cela.... » Comment se fait-
« il donc que j'ai vu souvent le devin qui cher-
« chait des scorpions au pied des arbres, et des
« lézards dans les rochers ? »

Jakaré se croit coupable ; il se tait ; il jette
un regard furtif autour de lui, craignant de
voir un Génie prêt à le punir de ses pensées.
Un instant de calme et de réflexion commence

---

[*] Instrument de divination des devins ou piayes.

à rassurer le sauvage, qui a soulevé le poids des préjugés de son enfance, lorsqu'il aperçoit le devin qui s'avance à pas pressés. Il vient rejoindre les deux conjurés. Une pensée frappe aussitôt Jakaré ; il s'enfonce dans un massif, devant lequel le jongleur doit passer. Dès que Murucujé se trouve en face de l'endroit où l'Indien s'est caché, celui-ci imite le souffle précipité du jaguar : le devin, pâlissant, pousse un cri d'horreur; alors Jakaré dit en revenant sur ses pas, afin de se trouver en face de Murucujé : « Cet homme m'avait assuré qu'il « ne craignait point le jaguar; il m'avait dit: « Je mettrais ses griffes sur ma tête, et je « presserais mon front contre ses dents: »

« Il a menti. »

Lorsque le jongleur voit Jakaré, dont il connaît la force, il marche plus lentement, et son visage reprend sa gravité ordinaire. Jakaré lui dit :

« Le devin a-t-il entendu le jaguar qui était « près de sa femelle?

« — Oui ; je l'ai vu. »

« Jakaré se dit alors : Il ment; il n'y avait
« pas de jaguar : le jaguar, c'est moi ; puis il
« s'adresse encore au devin.

« Le devin sait tout. Que font maintenant
« Tonou et Guicupanga ? »

Murucujé paraît étonné de la question du
sauvage ; il craint d'être découvert ; mais il répond avec assurance :

« Tonou-le-Grand-Lézard, et Guicupanga-
« l'Oiseau-Crieur, qui ne sont pas mes amis,
« ont été à la chasse des poissons [64] ; ils sont
« dans leurs pirogues.

« — Et ne leur est-il rien arrivé ?

« — Ils ont pris beaucoup de poissons.

« — Le devin est-il bien sûr de ce qu'il dit
« à Jakaré ?

« — Oui.

« — C'est bien.

« — Jakaré autrefois n'était pas si curieux.

« — Non.

« — Si un Esprit méchant tourmentait Ja-
« karé !

« — Mais lorsque je fis une grande pirogue
« que je te donnai, parce que le sang que tu avais

« fait sortir de ma chair, en la coupant avec
« une pierre, avait emporté la maladie, tu me
« dis : « Jakaré, Jakaré, tu es chéri des Génies
« du bien; jamais les Esprits du mal ne s'em-
« pareront de toi.

« — Où va Jakaré? Il est triste.

« — Où va le devin qui ne répond point
« à Jakaré?

« — Cela ne doit pas être connu des hommes.

« — Est-il vrai que tu sais tout?

« — Oui, lorsque les Esprits me l'apprennent.

« — Alors, à quoi pense Jakaré?

« — Jakaré pense à son ami Tamandua. »

Ce nom fait frissonner le malheureux cacique, et une larme s'échappe de sa paupière. Le devin, dont l'intérêt est de changer le cours des idées du Tupinambas, s'aperçoit avec une secrète joie qu'il n'a point frappé à faux; mais Jakaré voit bien que le fourbe ne cherche à émouvoir sa sensibilité que pour rompre le premier entretien; il s'écrie :

« Que le devin me dise encore ce que je
« pense.

« — Jakaré pense que je sais tout.

« — O menteur!!! »

Le devin se retourne, et veut s'éloigner; il ne reconnait plus Jakaré, naguère si soumis à ses moindres caprices ; Jakaré s'attache à ses pas; une sueur froide couvre son front; ses membres tremblent comme des roseaux agités par le vent. Que va-t-il faire ? Il a levé sa massue, il ferme les yeux avec force, et, cherchant à s'abymer dans le chaos de ses pensées:
« Traître! s'écrie-t-il. »

Et il frappe.

Murucujé jette un cri perçant, et tombe. Jakaré laisse échapper la massue de ses mains sanglantes, et se précipite violemment contre la terre, qu'il presse de sa poitrine; les battemens multipliés de son cœur l'étouffent. Quoique sa raison l'approuve, il est épouvanté de l'action qu'il vient de commettre. En songeant à la mort du devin, il est saisi de crainte; cependant il se relève, et, pour s'étourdir, il erre dans la forêt, mais souffrant, mais dégoûté de la vie ; la nuit arrive, et la nuit n'apporte aucun adoucissement à ses maux.

« Jakaré ne dort plus, dit-il ; le Génie du sommeil n'aime que les hommes contens. »

Cependant l'amour de la patrie doit réchauffer encore cette ame magnanime. Ses propres chagrins n'ont pu chasser du cœur de Jakaré le souvenir de ce qu'il a entendu dans la caverne. Il s'étonne de n'avoir point encore été à Cotiva instruire les Tupinambas des dangers qui les menacent. Mais il n'est déjà plus temps. Quelques chasseurs ont trouvé le devin expirant; aussitôt ils le portent à l'aldée. Toute la tribu est informée de cet événement; on accourt, on se presse, on s'interroge, on prodigue au piaye tous les secours connus des sauvages, mais ils sont inutiles. Au bout de quelques instans, le piaye fait des efforts pour parler; on l'écoute :

« — Celui qui m'a tué, dit-il, est Jakaré-
« Ouassou, le Grand-Crocodile, fils de Koniam-
« Bebe. Tupinambas, il faut l'étrangler avec
« un lacet, et le manger avec vos dents. »

Un cri d'horreur s'est élevé contre Jakaré. Les sauvages sont résolus à obéir au devin, qui, ayant achevé ces mots, ne tarde pas à expirer, en recommandant aux Tupinambas le soin de sa vengeance.

Tamandua, qui avait entendu les paroles de Murucujé, pense que puisque Jakaré a trahi son ami, il a bien pu assommer le devin. Maintenant, aux yeux des sauvages, la disparition de Jakaré s'explique assez, et ils se préparent à se mettre à sa recherche.

De son côté, l'ami de Tamandua, dont le cœur est simple, revient à Cotiva. Il veut apprendre aux Tupinambas que le tyran, rappelé par quelques traîtres qui sont parmi eux, doit bientôt arriver. A l'entrée du village, son père est assis sous un arbre; il pleure..... Jakaré s'approche de lui, et dit :

« — Le père de Jakaré verse des larmes? »

Au son de cette voix, le vieillard lève la tête, et pâlit en apercevant son fils.

« — Jakaré, s'écrie-t-il, c'est toi! Qu'as-tu
« fait!..... Le devin,..... il est mort,..... tu
« l'as tué !.....

« — Tu dis vrai, mon père, oui; mais
« écoute.

« — Ah! fils du vieux Koniam-Bebe, tu as
« tué un devin!!!

« — Il mentait, il voulait tromper la tribu, il
« voulait.....

« — Jakaré, fuis ces lieux; si les Tupinam-
« bas t'aperçoivent, ils te frapperont de leurs
« massues.

« — Ils me frapperont, moi, qui veux les
« sauver tous!

« — Oh! fuis! Murucujé a été trouvé par des
« chasseurs. Il était mort: ta massue est forte.
« Mais quoique mort il a parlé, parce qu'il
« est devin; il a dit : « Jakaré est celui qui
« m'a tué! » Oh! mon fils, si tu ne veux pas
« être étranglé, éloigne-toi !

« — Mais il faut que je leur dise.....

« — Ils ne t'écouteront pas. Mon fils, je
« t'aime encore, je t'en conjure, je pleure;
« cache-toi dans la forêt, ou bien ils briseront
« ta tête si tu veux résister; et si tu deviens
« leur prisonnier, ils t'étrangleront. »

Jakaré réfléchit un moment : il ne craint pas
pour sa vie, mais s'il meurt avant d'avoir pu
parler, il ne pourra sauver les Tupinambas. Il

vaut mieux rester dans les alentours de Cotiva, sans se montrer. Il espère trouver un moyen de faire savoir aux siens l'approche du tyran, avant qu'il soit sur la côte.

Ces considérations le décident. La plus grande preuve de patriotisme que pouvait donner le brave était de se cacher.

« — Tu as raison, dit-il à son père; les che« veux blancs de Koniam-Bebe lui ont donné « de la sagesse..... Je m'éloigne, mais bientôt « tu reverras ton fils. »

Il disparaît.

Pendant quelques jours, les sauvages cherchent Jakaré; mais comme chacun l'aime, chacun trompe sa conscience. Les Américains voudraient bien obéir aux ordres du piaye, quoique intérieurement ils désirent que Jakaré leur échappe. S'ils le trouvent, ils accompliront les dernières volontés du devin; mais ils forment des vœux pour le salut du fils de Koniam-Bebe.

Témoins de ce naufrage, les Tupinambas, qui avaient reconnu et signalé leur oppresseur, s'arment de leurs massues de guerre, ... et, se jetant en foule dans leurs pirogues, ils joignent les insulaires qui étaient aux prises avec l'équipage de Coutinho.

(Alphonse de Beauchamp, *Histoire du Brésil*.)

Coutinho, retiré dans la capitainerie d'Os-Ilheos, que Georges Figueredo faisait coloniser, avait long-temps dévoré sa honte. Il n'avait cessé de réunir tous les aventuriers résolus à partager sa fortune, dans l'espoir de s'emparer une seconde fois des côtes de Bahia. Il voulait relever ce fort qui dominait les flots, et cette ville naissante qui se fût élevée rapidement, s'il avait su mettre à profit les premiers travaux de Caramourou et de son épouse. Les perfides messagers de ces misérables Indiens, traîtres à leur patrie, vinrent raffermir ses projets, augmenter son espoir, et hâter son départ. Son ambition se réveille plus impétueuse que jamais; son imagination s'exalte. Ses ressources, il se les exagère; ses ennemis, il compte les massacrer ou les subjuguer tous, en profitant de la division qui régnera parmi les Tupinambas.

Le gouverneur s'écrie, en saisissant la main d'Almada :

« — Chevalier, nous allons rentrer vain« queurs dans notre belle capitainerie. Au« raient-ils pu croire, ces misérables idolâ« tres qui se nourrissent de chair humaine, « que nous les laisserions jouir en paix de ce « pays où il nous a fallu déployer tant de cou-

« rage et de persévérance; où nous avons af-
« fronté tous les périls, où nous avons lutté à
« la fois contre des animaux inconnus, et con-
« tre des hommes plus féroces que ces ani-
« maux. Almada, le moment est arrivé où vous
« allez venger une épouse.

« — Et vous deux enfans, dit Almada.

« — Lâches sauvages! assassiner un jeune
« homme faible et souffrant! car je ne doute
« point que Gonzalez n'ait péri sous leurs mas-
« sues lorsqu'il ne pouvait se défendre, et qu'il
« nous était impossible de le secourir.

« — Si les Tupinambas ne l'ont point frappé,
« ils n'en ont pas moins causé sa mort; ils
« l'ont enseveli sous les ruines de San-Sal-
« vador.

« — Oui, je le vengerai; mais avant de
« mettre à la voile, moi, vous et mes troupes,
« hâtons-nous de remplir nos devoirs de chré-
« tiens, et nous pourrons faire savoir bientôt
« à notre bon roi Jean [*] que nous sommes
« rentrés en pleine et juste possession de cette

---

[*] Jean III.

« grande capitainerie qu'il nous a donnée, et
« dont il est le véritable maître. »

Le gouverneur ne tarde point à rassembler ses soldats; il les harangue, et s'embarque avec eux dans une caravelle, qu'un vent favorable entraîne loin des possessions de Figueredo.

Les regards de l'impatient Coutinho découvrent l'espace qui le sépare de la côte de Bahia; mais sur cette côte veille une sentinelle infatigable, Jakaré. Après s'être séparé de son père, il avait gagné le rivage. Là, à côté des ruines du fort, sur un tertre élevé, il porte ses regards dans le lointain de l'Océan. Quelquefois il monte à la cime des arbres les plus élevés; et alors le vautour, la griffe ouverte, le bec tendu, ne met pas tant de persévérance à guêter sa proie.

Cependant Jakaré a jeté un cri terrible; un point grisâtre se dessine sur l'horizon. Bientôt après, le sauvage aperçoit distinctement une voile dans la haute mer.

Alors il dit :

« — J'ai bien fait de casser la tête du devin;

« maintenant, s'ils le veulent, qu'ils me tuent
« là-bas, à l'aldée; ils verront que je disais
« vrai, que je n'étais pas un méchant. Que
« m'importe de mourir, puisque je suis mal-
« heureux ! »

Jakaré quitte le rivage à la hâte, et se met à courir vers Cotiva. Il y arrive couvert de poussière et de sueur, le visage enflammé :

« — Tupinambas, s'écrie-t-il, voici Jakaré
« que vous avez tant cherché, afin de le tuer!
« Jakaré a bien fait de ne pas se laisser pren-
« dre, d'aller sur le sable de la mer, de monter
« sur les grands arbres. Jakaré a bien fait de
« ne pas dormir, de ne pas marcher, de ne pas
« manger, parce que son œil a vu les Portugais.
« Voici les Portugais! Tupinambas, prenez vos
« massues; hâtez-vous de sortir de l'aldée !
« l'Européen ne mettra point les pieds sur votre
« terre ! »

Étonnés et pleins de fureur, les sauvages oublient en cet instant qu'ils ont juré de faire périr Jakaré. Ils ne voient en lui qu'un homme qui les sauve peut-être. Son crime a disparu un moment à leurs yeux. Des cris de vengeance et de guerre remplissent le village; tous les hommes qui peuvent lancer la flèche ou lever la massue se rassemblent aussitôt sous des chefs de guerre élus à la hâte, et se précipitent vers le rivage. Aucun Tupinambas ne s'est déclaré pour l'oppresseur; Tangara et Janipaba, en apprenant la mort du devin et des deux autres conjurés, avaient vu s'évanouir leurs espérances. Sans doute leur complot irritait les Génies, puisqu'ils s'étaient si fortement manifestés contre eux; et, dans leur ame basse et timide, la crainte triomphait de l'avarice et de la perfidie. Tangara et Janipaba n'avaient donc pas cherché à s'entourer de partisans qui se déclarassent pour le gouverneur, et protégeassent son débarquement.

Pendant que les Américains accourent sur la plage de la baie, une tempête s'élève; les flots battent la caravelle de Coutinho, qui lutte en vain contre l'orage. Les vents l'entraînent avec violence, et le poussent sur les bas-fonds de l'île d'Itaparica, où il échoue. Les vagues entrent avec fracas dans l'intérieur du bâtiment, qui éprouve d'horribles secousses. Une pâleur effrayante couvre le front du gouverneur et des aventuriers. Chaque coup de mer peut les engloutir. Déjà leur vaisseau s'entr'ouvre; un craquement se fait entendre : la caravelle est brisée!

Les infortunés Lusitaniens, se débattant contre une mer en courroux, parviennent avec des efforts inouïs à toucher le rivage de l'île. Échappés à peine aux gouffres de l'Océan, de nouveaux malheurs les attendent. Les insulaires d'Itaparica, appartenant à la nation des Tupinambas, viennent les attaquer. Ils se défendent vaillamment. Ceux qui n'ont point d'armes arrachent des fragmens de rochers, qu'ils lancent sur leurs adversaires. Tous les aventuriers combattent enfin avec ce courage qui naît du désespoir. Coutinho cependant voudrait parlementer, et gagner les ennemis par de brillantes promesses; mais trois de ses anciens soldats qu'il leur a envoyés sont impitoyablement massacrés à ses regards.

Coutinho! imprudent gouverneur! que sont devenus tes projets, tes rêves ambitieux? Vois comme ils se réalisent! Malheureux! il aurait mieux valu pour toi ne jamais quitter ta patrie, où quelque honneur s'attachait à ton nom ! Mais n'accuse que toi dans ces jours d'infortune. Si tu dois tomber sans gloire sous la massue d'un sauvage, toi seul fus l'artisan de ta ruine. Qui t'a appelé sur ces bords inconnus ? la soif des richesses et l'insatiable désir de la domination. Qu'y trouveras-tu ? la honte et la mort.

Cependant Jakaré et ses compatriotes, parvenus sur le rivage de la baie, ont distingué le naufrage, et poussé des hurlemens de joie. Les guerriers se jettent aussitôt dans leurs pirogues; et, la mer étant devenue plus calme, ils approchent facilement de l'île, et joignent les insulaires, qui accablent les aventuriers d'une grêle de flèches, au milieu des rochers où ils se sont mis à couvert.

Tamandua, choisi pour l'un des chefs de guerre, est parmi les braves de Cotiva. Ses yeux ont rencontré plus d'une fois les yeux de Jakaré, qui ne commande aucune troupe ; mais il ne lui a pas parlé. S'ils se trouvent à côté l'un de l'autre, ils gardent un morne silence. Néanmoins Jakaré ne peut pas toujours renfermer le chagrin poignant qui le dévore. Souvent il laisse tomber sur son ami un regard déchirant, mais Tamandua détourne la tête.

A l'arrivée des sauvages de Cotiva, Coutinho a senti l'espoir renaître au fond de son cœur. Il pense que ces Indiens sont en grande partie dévoués à Tangara et à Janipaba. Déjà, par son ordre, ses troupes se sont repliées vers le bord de la mer, afin de recevoir leurs alliés au sortir de leurs pirogues. Quelle est la rage du gouverneur lorsqu'il se voit si cruellement désabusé! Maintenant, il n'en saurait douter, sa perte est certaine; le nombre de ses ennemis est triplé. S'il pouvait encore faire usage de ses armes à feu, si terribles pour les naturels! Mais elles sont englouties dans les eaux : l'épée doit se mesurer avec la massue.

Coutinho, écumant et furieux, ne se possède plus. Abandonné de toutes parts, il veut du moins vendre chèrement sa vie. Il s'écrie en désespéré :

« — Amis, plus de salut! Vous le voyez,

« tout est ici contre nous; hé bien! que nos
« derniers coups soient terribles! Jetons-nous
« au milieu de ces horribles sauvages, qui lan-
« cent sur nous leurs misérables flèches comme
« sur de vils animaux! Portugais! ne tombez
« que sur des monceaux de cadavres! »

A ces mots, les aventuriers se précipitent en
masse sur les ennemis. Rien ne peut arrêter
leur audace : ils enfoncent trois rangs épais de
sauvages, et couvrent le sol de Brésiliens ex-
pirans et mutilés. Enfin, après avoir fait des
premiers insulaires une épouvantable boucherie, les naufragés, couverts de sueur et de sang,
parviennent jusqu'au centre même de leurs adversaires. Là, ils sont enveloppés, assaillis de
toutes parts.

Un jeune cacique, qui a déjà frappé trois
fois Almada au fort de la mêlée, se trouve enveloppé lui-même avec quelques uns de ses
guerriers par un gros de Lusitaniens. Le cacique est blessé, épuisé. Vingt glaives étince-
lans le menacent à la fois. Un hurlement terrible se fait entendre. Un Tupinambas s'approche de cette poignée de courageux Portugais.

au milieu desquels les autres sauvages n'osent pénétrer. Il défend sa tête du fer ennemi, en la cachant dans les rapides détours que fait sa lourde massue : c'est Jakaré. Le bon Indien va sauver son ami. Il reçoit dans ses bras Tamandua, qui, pâle et sanglant, reste sans connaissance.

Les Tupinambas, honteux d'un moment d'hésitation, suivent la route que Jakaré leur a tracée. Cet ami généreux et étonnant remet à trois Brésiliens le précieux fardeau dont il est chargé, et les suit pas à pas, afin de protéger Tamandua contre le bras désespéré des soldats de Coutinho.

Le gouverneur, attaqué vigoureusement, se défend avec un courage extraordinaire. Plus d'une fois il fait gémir la chair des sauvages, son glaive est rouge de sang; mais après avoir fait des prodiges de valeur, et déployé le caractère portugais dans toute sa mâle énergie, après avoir vu disparaitre Almada et succomber tous ses soldats, il tombe sans faiblesse, mais non pas sans remords. Sa tête est détachée de son corps, ornée de plumes, et les Tupinambas vainqueurs, rejoignant leurs pirogues, la portent en triomphe à Cotiva.

Jakaré, en y arrivant, dépose son ami dans sa case. Là, il dit à Ombu :

« Vieillard, je vais dire aux matrones d'ap-
« porter bien vite des herbes pour guérir Ta-
« mandua. Lorsque mon ami ouvrira les yeux,
« et qu'il verra son père, son père ne doit pas
« prononcer le nom de Jakaré, parce que Ta-
« mandua n'aime plus Jakaré; il faut qu'il
« croie que c'est un autre guerrier tupinambas
« qui l'a sauvé. »

. . . .
Encherei de suspiros outros ares,
Turbarei outras aguas com men pronto.
CAMOENS.

Je remplirai d'autres airs de mes soupirs ; mes larmes troubleront d'autres fontaines.

APRÈS avoir vu périr presque tous les Portugais, Almada s'était jeté dans une barque. A la faveur des voiles de la nuit, il avait fui, inaperçu, le lieu du combat, et avait mis pied à terre sur la côte. Il se coucha à l'ombre d'un arbre, et, malgré ses craintes, harassé de fatigue, il ne tarda pas à s'endormir profondément.

Le lendemain, à son réveil, les scènes de la journée précédente s'offrent à son esprit comme le souvenir d'un rêve accablant. Cependant la triste réalité ne tarde pas à se faire sentir. Seul, sans ressources, jeté sur cette plage déserte, quel peut être son espoir? Pour comble de maux, Almada, élevé au sein des plaisirs, ne connut jamais de religion. Le malheureux est impie; nulle consolation dans ses jours d'infortunes! Il ne croit point à la puissance de Dieu; quelle autre pourra l'arracher à son sort affreux? qui empêchera que son corps ne soit la pâture des animaux, ou bien qu'il ne tombe vivant entre les mains des sauvages, qui le feront prisonnier, le forceront de chanter, le tueront et le dévoreront?... Qui le sauvera? Le hasard, le souverain régulateur de toute chose... Insensé! le hasard! Crois-tu que c'est le hasard qui dira au jaguar: Tu ne mangeras pas cet homme? Crois-tu que c'est le hasard qui t'a donné la pensée? Est-ce le hasard qui a construit l'univers, et qui au dernier jour l'anéantira de son souffle? Ah! malheureux, si tu crois cela, c'est que tu es privé d'une ame qui sente le Dieu créateur; tu n'es point un homme! tu n'es qu'un vil amas de boue!

Après s'être abandonné à son désespoir, Almada cherche quelque nourriture pour apaiser sa faim; des branches chargées de fruits se courbent sous sa main, et sa pensée ne s'élève pas vers l'Éternel! Ah! c'est dans les forêts d'Amérique, bien moins que partout ailleurs, que l'homme ne saurait être ingrat envers son Dieu!

Cette première journée se passe sans qu'aucun événement change la position d'Almada; seulement il a trouvé, pour passer la nuit plus sûrement, une grotte dont l'entrée est cachée par le feuillage et les broussailles.

Lorsque les sauvages arrivèrent à Cotiva en chantant leur victoire, Caramourou fut vivement affligé des scènes qui s'étaient passées à Itaparica. Quoique le gouverneur eût agi cruellement envers lui, il était loin de souhaitersa mort; aussi ordonna-t-il aux Tupinambas, qui insultaient à l'envi à ses restes mutilés, de lui rendre les honneurs de la sépulture.

Cette cérémonie achevée, il se rendit vers la fille de Coutinho, pour remplir un pénible devoir. Il instruisit d'abord Inez du naufrage des Portugais; et après l'avoir, par degrés, préparé à cette affreuse nouvelle, il lui apprit la malheureuse fin de son père.

A ce coup inattendu, Inez fondit en larmes. En vain Caramourou lui disait de se résigner à son sort : la vierge était inconsolable. Heureusement elle pouvait épancher ses chagrins dans le cœur d'un frère qui les sentait vivement, et lui aidait à en supporter le poids.

Gonzalez fut informé par elle de ce fatal événement. Il mêla ses pleurs aux pleurs d'Inez. Son premier mouvement avait été de voler à Cotiva pour venger la mort de son père; mais la reconnaissance enchaînait son bras. N'était-ce point aux sauvages qu'il était redevable de sa vie? N'était-ce point le généreux Tamandua qui lui avait rendu la liberté? Et d'ailleurs que faire, seul, contre une multitude de sauvages? Les combattre, ce ne serait que de la témérité, et non pas de la vertu. Il fallut se contenter de gémir et de prier Dieu, afin qu'il lui procurât les moyens de sortir de ce pays d'infortunes.

Cependant Almada, au lever du soleil, s'était dirigé vers le rivage. A peine avait-il fait quelques pas, qu'un bruit frappe son oreille. Il s'avance, caché par les arbres, du côté d'où partent les sons : il est près des voix. Il avance encore. Grand Dieu! ses yeux ne le trompent point! c'est Inez, c'est son épouse! Elle est avec son frère, avec Gonzalez qu'Almada a vu tomber sous ses coups. Il croit que son imagination en délire lui présente des fantômes, et jette un cri de surprise. Inez et le fils de Coutinho se retournent : qu'aperçoivent-ils? Un homme au teint pâle et cadavéreux, aux vêtemens en désordre, aux cheveux ensanglantés,.... un époux..... un assassin!!!

Revenu de sa frayeur, Almada s'approche d'eux. Il a repris son assurance, et témoigne sa surprise de retrouver en ces lieux les enfans de Coutinho; puis, s'adressant à Inez, il lui reproche de n'être point partie avec son père :

« — Je suis votre époux, ajoute-t-il. Pour-
« quoi n'avez-vous point fui avec ceux que
« votre devoir vous ordonnait de suivre ?

« — Le Ciel m'est témoin, répond la vierge,
« que ce n'est point par ma propre volonté que
« je fus séparée de mon père, et..... »

Elle hésite un moment :

« — Et de mon époux.

« — Seigneur, dit Gonzalez, prenant alors
« la parole avec force, Inez est maintenant sous
« la garde de son frère. Quels que soient les
« événemens qui arrivent, elle ne s'en sépa-
« rera plus.

« — Gonzalez, en ce moment le malheur
« nous réunit. Ne renouvelons point nos dis-
« putes; oublions tout. Je vous ai com-
« battu.....

« — Loyalement, dit Gonzalez avec un sou-
« rire ironique.

« — Les chances ont été pour moi; mais
« ce n'est pas l'instant de reparler de cette fâ-

« cheuse affaire. Cherchons plutôt les moyens
« de salut qui nous restent. Puissions-nous
« revoir notre patrie ! Vous n'ignorez point le
« sort des malheureux Portugais qui reve-
« naient avec le gouverneur à San-Salvador.
« Une seule espérance me reste. Une caravelle
« que l'infortuné Coutinho avait chargée de
« munitions devait partir peu de jours après
« lui, et n'a point encore paru. Elle peut ar-
« river en ces lieux, si les sauvages ne l'a-
« perçoivent pas, et s'ils ne vont point au
« devant d'elle avec leurs pirogues ; car elle
« ne pourrait se défendre, n'ayant que les
« hommes nécessaires pour la diriger. »

En disant ces mots, son œil cherche à découvrir sur la mer le navire sauveur. Soudain
il lève les mains ; sa figure devient rayonnante.
Il aperçoit au loin, sur la plaine liquide, un
point noir qui semble immobile, mais qui
cependant est le bâtiment si impatiemment
attendu.

Au bout de quelques instans le point qui
approche grossit, et l'on distingue bientôt la
caravelle des aventuriers.

Almada se mit à agiter dans les airs une partie de son vêtement. Ses signaux furent vus, et une chaloupe aborda. Alors Almada s'étant fait reconnaître de ceux qui la conduisaient, elle retourna vers la caravelle, qui jeta l'ancre en cet endroit.

Le bâtiment n'avait pas été aperçu des sauvages, qui, rentrés à Cotiva, croyaient avoir vaincu tous leurs ennemis, et, plongés dans une orgie complète, s'abandonnaient aux réjouissances et aux fêtes, chantant, dansant, et buvant du cauin.

« — Rendons grâce au destin qui nous favorise, s'écrie l'époux d'Inez. Il faut partir sur-le-champ. Nous ne sommes point en force pour combattre les sauvages..... Fuyons !

« — Seigneur, dit Inez, mon devoir m'est tracé : je saurai le remplir. Mais, avant de quitter ces lieux, permettez-moi de revoir une dernière fois celui qui m'a préservée des périls que je courais au milieu des sauvages, mon second père, Caramourou. Que je puisse seulement lui témoigner toute ma

« gratitude, et je serai prête à vous suivre en
« Europe. »

Almada, quoiqu'à regret, consent à ce que lui demande Inez.

« — Seigneur, ajoute la jeune Portugaise,
« dans quelques instans nous vous rejoindrons
« sur ce rivage. »

Puis se tournant vers Gonzalez :

« — O mon frère, dit-elle, tu ne m'aban-
« donneras pas !

« — Sœur chérie, répond Gonzalez, ja-
« mais ! »

Le frère et la sœur se dirigent vers Cotiva. Gonzalez s'arrête dans la forêt, et l'Européenne se rend à l'habitation de Caramourou. Elle lui raconte alors, les yeux mouillés de larmes, qu'elle a revu Almada, et qu'elle va retourner en Portugal.

« — Cher Alvarez, dit-elle, puisse le Ciel
« vous récompenser de tout ce que vous avez
« fait pour moi ! Et vous, Catherine, puissiez-
« vous vous rappeler quelquefois la malheu-
« reuse Inez ! »

Caramourou verse des pleurs. Catherine fait

mille caresses à l'Européenne. Mais les momens pressent : la fille de Coutinho les embrasse, et s'éloigne.

Elle a retrouvé son frère. Tous deux rejoignent Almada. Ils montent dans la chaloupe qui les conduit au vaisseau.

L'ancre est levée.

Ils sont partis.

Les rochers en sont teints, les ronces dégouttantes
Portent de ses cheveux les dépouilles sanglantes.
. . . .
. . , ... Le héros expiré
N'a laissé dans mes bras qu'un corps défiguré.
                    RACINE, *Phèdre*.

Après être guéri de ses blessures, Tamandua se rendit à la case de Caramourou. C'est là qu'il allait apprendre la fuite de l'Européenne.

Caramourou lui dit qu'il devait renoncer à

l'espérance de la revoir. Il lui expliqua comment elle avait rencontré son époux, de quelle manière ils avaient retrouvé un vaisseau du gouverneur; il termina en lui disant que c'était la veille qu'ils s'étaient embarqués.

Tamandua interrompit vingt fois Caramourou par ses cris et par ses larmes. Lorsque celui-ci eut achevé de parler, lorsque le cacique fut certain de son malheur, il resta muet de désespoir. Ses yeux se remplirent de larmes, tout son corps frissonna, et il se mit à sangloter comme un enfant. Il rentra dans sa case, et s'y cacha pour être seul avec ses souvenirs.

Cependant la joie occasionée par la victoire avait passé comme un éclair. Elle avait passé comme toutes les joies du cœur de l'homme : la tristesse devait lui succéder promptement. Le fils de Koniam-Bebe, Jakaré-le-Fort, était prisonnier..... prisonnier,..... et chez les Tupinambas !

Après la mort de Murucujé, un devin avait pris sa place. Connaissant le sort que Jakaré avait fait subir à l'imposteur, et craignant que l'on ne respectât pas ses ordres, s'il ne faisait respecter les ordres de celui qui l'avait précédé, il déclara que Murucujé n'était pas un traitre; qu'il était l'ami des Génies; que Jakaré était un méchant, et que l'arrivée des Portugais était la punition du crime commis par un Tupinambas. Néanmoins il ajouta que les bons Esprits veillaient encore sur la tribu, puisqu'ils lui avaient accordé la victoire; mais que pour qu'ils continuassent à protéger les enfans de Tupan, il fallait que celui qui avait massacré Murucujé, un devin, l'ami des Génies du bien, fût étranglé sans perdre de temps.

Le nouveau devin choisit, pour l'exécution de son forfait, un moment où Caramourou et Catherine s'étaient éloignés de Cotiva, afin de visiter les différentes peuplades tupinambas qui habitaient les environs du Reconcave, et de répandre parmi ces barbares les lumières du christianisme.

Le devin fait entrer dans ses projets un grand nombre des anciens de l'aldée. Pendant que Jakaré dort dans son hamac, quelques guerriers s'emparent de lui, et lui lient les pieds et les mains, afin qu'il ne puisse leur échapper, tandis que, pour la forme, les vieillards délibéreront sur son sort.

Jakaré est renfermé dans une case séparée, et gardée par cinq Indiens placés à la porte. En voyant toutes ces précautions, le sauvage sourit : que lui importe l'existence? son ami ne l'aime plus. Mais il ne peut s'empêcher de jeter un regard de pitié sur ses gardiens :

« — Si je voulais, leur dit-il, je vous tue-
« rais, et je m'enfuirais. Vous savez que je
« suis Jakaré-le-Fort. Mais je veux bien mou-
« rir : je suis malheureux. »

Quoiqu'il paraisse calme, son cœur est torturé; il souffre des maux mille fois plus cruels que la mort qu'il méprise..... Il voit qu'il va périr sans que son ami reconnaisse qu'il est innocent. Après la défaite des Portugais, Jakaré était revenu à Cotiva, espérant le désabuser; maintenant il n'a plus d'espoir..... Il mourra,..... et son ami maudira sa mémoire!.....

Le devin presse le jour qui doit décider du

sort de Jakaré. Bientôt les vieillards auront prononcé.

Tangara, l'un des deux traîtres qui ont conspiré contre la patrie, est tombé sous les coups des Portugais. L'autre, Janipaba, est blessé mortellement, et retenu dans son hamac. Il entend dire que Jakaré est prisonnier, et qu'il ne tardera pas à recevoir le châtiment de son crime.

Janipaba, en cherchant à rappeler Coutinho, n'avait désiré son retour qu'afin d'avoir des choses d'Europe, et surtout de la liqueur de feu. Se sentant près de mourir, il a des remords d'avoir ainsi rendu les deux amis malheureux. Il ne les a trompés que pour aider au rappel de Coutinho; maintenant que Coutinho n'est plus, il ne lui reste que le chagrin d'avoir séparé Tamandua et Jakaré. Il veut réparer autant qu'il est en lui les torts qu'il a eus. Ils seraient curieux à observer les remords que peut éprouver à ses derniers momens un sauvage qui ne pense point que les vices sont châtiés dans une vie future!

Janipaba fait venir Tamandua :

« — Tamandua, dit-il, écoute. Je vais
« mourir. Autrefois ma bouche disait le men-
« songe; à présent elle va dire la vérité : Ta-
« mandua, je t'ai trompé. Promets-moi de ne
« rien dire à la tribu de tout ce que je vais te
« révéler. »

Tamandua accède à sa demande. Alors le sauvage lui raconte, sans omettre un seul détail, le projet de ceux qui négocièrent avec Coutinho la trahison du devin, et le moyen qu'il a employé pour lui faire haïr Jakaré; il finit par lui démontrer l'entière innocence de son ami. Pendant ce discours, Tamandua a senti un frisson mortel qui glaçait ses membres. Plusieurs fois il avait été sur le point de se jeter sur le misérable qui se confessait à lui; mais la crainte de ne pas connaître toute cette odieuse trame l'avait retenu. Son sang bouillait dans ses veines.

Janipaba lui dit en achevant :

« — Tu peux tuer celui qui te parle. Je
« mourrai quelques momens plus tôt; mais
« Jakaré..... il est prisonnier..... on l'accuse.
« Ma bouche ne dira pas devant les vieillards

« tout ce qu'elle a dit à Tamandua..... Il faut
« que tu le sauves; car on l'étranglera, si,
« avant la fin du jour, il n'a pas fui de la case
« où il est captif. »

Janipaba s'est tu.

Le cacique est abîmé dans ses pensées. Les reproches qu'il s'adresse sont poignans; rien ne peut égaler les tourmens de son cœur. Le repentir et le désespoir agitent son sein; il frappe la terre du pied; il enfonce ses ongles dans sa poitrine brûlante; il se regarde comme un monstre : il voudrait s'anéantir.

« — O Jakaré, dit-il, bon Jakaré, tu n'as
« pas cessé de m'aimer, et je voulais te tuer!
« O comme tu as dû être affligé, en voyant que
« je te repoussais! Je suis plus méchant que le
« jaguar. Je ne me consolerai jamais; et lors-
« que mes cheveux seront blancs, je pleurerai
« encore mon ingratitude! »

Mais Janipaba rappelle le cacique à lui-même; il lui fait souvenir que Jakaré a besoin de ses secours.

« — Tu as raison, s'écrie Tamandua; il faut
« sauver mon ami! »

Et il s'éloigne précipitamment.

Il court à la case où est renfermé Jakaré; mais les gardiens refusent de le laisser entrer. Il disparait un moment, et revient bientôt, portant avec lui un vase plein de cette boisson ardente que les Tupinambas obtenaient par le commerce des Européens, dans les premiers temps de l'arrivée de Coutinho.

« — Les gardiens du guerrier sont de sages
« gardiens, dit Tamandua; ils n'ont pas voulu
« me laisser pénétrer dans la case où est ren-
« fermé l'homme méchant : c'est bien. Ils crai-
« gnent que quelque Tupinambas l'enlève à
« leur vigilance : ils ont raison..... Je faisais
« cela pour voir s'ils étaient fidèles : ils sont
« fidèles, je vais les récompenser. »

En disant ces mots, il leur verse de la boisson en abondance; les sauvages saisissent avidement ce qui leur est présenté, et l'avalent d'un seul trait.

Tamandua reprend :

« — Que fait le prisonnier? Il est lâche
« tremble-t-il ? »

Jakaré, dans l'intérieur de la case, a distingué la voix de son ami.

« — Les vieillards vont le condamner à
« être étranglé, poursuit Tamandua ; il a tué
« Murucujé, un devin : il le mérite bien. Il était
« mon ami, mais il m'a trompé. »

Ces paroles déchirent le cœur du malheureux Jakaré.

« — Mais ses bras ont de la force : bu-
« vez encore, car s'il essayait de vous com-
« battre, il vous renverserait ; buvez, la li-
« queur de feu donne du courage. »

Il verse une seconde fois la liqueur aux Indiens, qui la dévorent des yeux.

Après avoir bu, ils chancellent ; Tamandua redouble.

« — Guerriers, sages guerriers, veillez bien
« sur l'homme qui a tué le devin ; car s'il s'é-
« chappait, vous seriez mis à sa place. Mais
« pour vous faire attendre avec patience le mo-
« ment où il sera étranglé, voici mon vase, le
« voici ; je vous le donne : buvez. Je vous aime
« parce que vous gardez bien Jakaré-le-Fort,
« qui a tué un devin. »

En disant ces mots, il feint de s'éloigner, et se cache derrière les arbres.

Les sauvages se jettent tous cinq sur la liqueur qui est devant eux, et en prennent une telle quantité qu'ils ne tardent point à tomber à terre.

Tamandua les voit sommeiller profondément; il avance sans bruit, et entre dans la prison. Jakaré est étendu sur une natte.

« — Viens, dit Tamandua en le prenant
« par une main qu'il serre de toutes ses forces;
« viens, tu es libre.

« — Tamandua! est-ce mon ami?

« — Oui, ton ami; tu l'as retrouvé. Mais il
« faut nous hâter.

« — Tamandua, m'aimes-tu?

« — Oui, bon Jakaré.

« — Cela est-il vrai?

« — Cela est vrai.

« — Ce que tu disais aux gardiens était
« donc un mensonge pour sauver ton ami, le
« pauvre Jakaré?

« — Oui; mais viens, suis-moi.

« — Oh! si tu m'aimes, je ne veux plus
« mourir! »

A ces mots, Jakaré et Tamandua sortent silencieusement de la case. En traversant l'aldée, où règne le plus profond silence, comme Tamandua serre la main de son ami ! le visage de Jakaré est inondé de douces larmes. Celles-là, le guerrier ne les cache pas. Vingt fois Tamandua est obligé d'appuyer ses doigts sur les lèvres de ce bon Jakaré, inhabile à dissimuler les transports de sa joie.

« — Oh! se dit-il, que je suis heureux ! S'ils
« voulaient me tuer maintenant, je me défen-
« drais; je ne veux pas mourir ; le mauvais
« Génie qui avait passé entre mon ami et moi,
« qui nous avait touchés de ses ailes noires, a
« cessé de tourmenter de pauvres guerriers qui
« ne lui faisaient aucun mal. »

A peine les deux Indiens sont-ils hors du village, que Jakaré, entraînant Tamandua, se met à courir d'un arbre à l'autre, et s'écrie :

« — Cet arbre a vu Jakaré heureux de
« l'amitié de Tamandua : il faut que je lui
« dise que je suis toujours heureux. Voici un
« autre arbre qui m'a vu pleurer, parce que
« des chasseurs disaient : « Jakaré est vraiment
« simple; il croit que le cacique lui rendra

« son amitié. » Oh! Tamandua, dis à cet arbre
« que je ne pleurerai plus, parce que tu es un
« bon jeune homme. Oui, Tamandua est bien
« bon; Jakaré n'est pas digne de ce qu'il a fait
« pour lui; moi, je suis un mauvais ami, un
« méchant. Toi seul es généreux, car je souf-
« frais dans la case de la mort comme la jeune
« mère penchée sur le cadavre de son nouveau-
« né; et tu es venu, parce que tu es meilleur
« que moi. Je te remercie : j'avais besoin de toi,
« ou du lacet des vieillards. »

Combien de tels discours, poussés jusqu'à la
folie, torturent l'ame de Tamandua! Combien
il est coupable envers Jakaré! Il fallait que sa
passion fût bien aveugle et bien grande, puisqu'elle l'avait fait persister avec la dernière barbarie dans son horrible ingratitude. Cruel Tamandua! celui qui t'avait sauvé la vie au mépris
de la sienne, celui qui t'aimait d'une amitié si
forte et si constante, tu l'as vu se traîner à tes
pieds, et tu ne l'as point relevé; tu l'as accablé
de reproches injustes, tu l'as indignement ou-
tragé! Si tes yeux se tournaient sur lui, tes
yeux exprimaient le dédain : c'était assassiner

ton ami. Insensé! maudis, maudis encore cet amour détestable qui te rendait plus implacable que le tigre.

La distance qu'ils ont su mettre entre eux et le village rassure les fugitifs sur la crainte d'être poursuivis. Tamandua, ne pouvant résister à son émotion, déchiré par de poignans souvenirs et étouffé par ses sanglots, se précipite aux genoux de Jakaré, qu'il presse avec des mouvemens convulsifs, et qu'il baigne de larmes brûlantes.

« — Jakaré! ô Jakaré! s'écrie-t-il, par-
« donne, pardonne! Ton ami n'avait plus sa
« raison lorsqu'il t'a offensé. Oh! lorsque j'ai
« cru des hommes menteurs qui parlaient mal
« de toi, il aurait mieux valu pour moi courir
« sur le rivage, monter sur un rocher, sauter
« au fond de la mer, et ne plus reparaître!
« Misérable! j'ai oublié tout ce que tu as fait
« pour moi. J'étais plus ingrat que ces lianes
« qui s'attachent au tronc d'un arbre qu'elles
« étouffent, après s'y être couvertes de belles
« fleurs. Ah! pardonne! pardonne!...... l'étran-
« gère!.....

« — Plus d'étrangère, s'écrie Jakaré en rele-
« vant Tamandua, qu'il serre contre son cœur;
« non, plus d'étrangère : elle a fait trop de mal
« à ton ami ! que son nom ne sorte pas de tes
« lèvres. »

Tamandua n'a point encore assez prouvé combien il est déchiré de remords, combien il a horreur de lui-même. Lorsqu'il se retrace sa faute, et les tourmens qu'il a fait souffrir à son ami, il se jette de nouveau à ses genoux. Avec quelle ardeur il se fait répéter vingt fois le pardon de sa longue ingratitude !

Son ami dit enfin :

« — Tamandua, il ne faut plus penser à
« toutes ces choses, qui font pleurer des guer-
« riers comme de simples femmes.

« — Jakaré, je ne veux pas t'affliger encore;
« mais que je t'explique.....

« — Cela est inutile. Je sais que de mauvais
« Génies ont abusé Tamandua, qui n'aurait
« jamais repoussé Jakaré. Il n'était pas cou-
« pable; il me dit qu'il m'aime : voilà qui est
« bien, voilà tout ce qu'il me faut.

« — Des menteurs m'ont trompé; ils me disaient.....

« — Les menteurs sont de mauvaises gens qui ne gagnent rien à dire des choses fausses; le Grand-Esprit voit tout, et les punit. Ne me parle donc plus des menteurs. Écoute. Toi, Tamandua, fils d'Ombu, et moi, Jakaré-Ouassou, fils de Koniam-Bebe, nous sommes des amis qui ne nous quitterons plus.

« Nous sommes connus des Tamoyos comme de vaillans guerriers. Allons donc au grand village des Tamoyos, moi, parce qu'on veut me tuer à Cotiva; toi, parce que tu ne m'abandonneras pas. Nous resterons chez les alliés, et nous y serons fêtés, parce que nous pourrons défendre nos hôtes. Nous leur ferons des prisonniers. Nous irons à la guerre avec eux, et les Tamoyos se réjouiront de nous avoir.

« — Jakaré! les Tupinambas connaîtront un jour la vérité. Ils auront besoin de ta massue; ils te rappelleront, et diront, en secouant la tête comme les arbres agités par

« le vent : « Nous autres de l'aldée, nous avons
« été de grands ingrats ! »

A ces mots, un bruit lointain frappe l'oreille des deux amis ; ils écoutent : on distingue des voix.

Le devin n'avait point tardé à être instruit de la fuite de Jakaré, et il envoyait à sa poursuite une troupe de Brésiliens qui lui étaient dévoués.

« — Des guerriers nous poursuivent, dit
« Tamandua.

« — Il faut combattre ces guerriers, répond
« son ami.

« — Et comment ? Tu n'as pas de massue,
« et ils sont braves et nombreux. »

A peine achevait-il ces mots, qu'il aperçoit à une faible distance trois Tupinambas, à demi masqués par de grands arbres ; il frappe sur l'épaule de Jakaré, lui montre silencieusement du doigt un antre tapissé de ronces et recouvert de broussailles, vers lequel il se dirige le premier. Jakaré suit Tamandua ; mais à un léger bruit, produit peut-être par la chûte d'une orange ou d'un coco, à l'entrée de la caverne, il se retourne précipitamment, et écoute. Tandis qu'il prête une oreille attentive, Tamandua est parvenu au fond de l'antre, qui reçoit quelque lumière par les fentes du rocher. Ce n'est qu'alors qu'il aperçoit un énorme jaguar, près duquel il avait passé d'abord sans le voir. Le jaguar se trouve placé entre Tamandua et Jakaré. Ce dernier, dont le visage est tourné vers l'entrée de la caverne, ne remarque point l'animal prêt à s'élancer sur lui. Tamandua, le digne ami de son généreux ami, ne se donne pas même le temps d'achever une réflexion d'où naît une résolution sublime; il se précipite au devant du jaguar, le reçoit dans ses bras nerveux, et l'étreint avec force. Le jaguar, dont il serre fortement la gorge, le mord et le déchire avec rage. Tamandua n'a que le temps de s'écrier : « — Mon ami! mon ami!!! » et il tombe sous son adversaire, qu'il a étouffé. Au cri du cacique, Jakaré accourt. Qu'aperçoit-il? une masse informe d'os brisés, de chairs meurtries, défigurées, et renversées sous le jaguar mort.

Tamandua avait sauvé son ami; mais comment peindre l'état du malheureux Jakaré! Un jour ne s'était pas encore écoulé, et déjà il avait passé de cette morne douleur qui le minait depuis si long-temps, à une joie indicible. Maintenant à ces transports d'allégresse succède la rage du désespoir. Ses hurlemens ébranlent les voûtes de la caverne. Il meurtrit horriblement sa tête contre les angles du rocher; il ne peut trouver une larme pour soulager sa poitrine, qu'un feu ardent dévore. Il étouffe, sa respiration ne s'échappe que par secousses rares et violentes. On dirait le râle de la mort au milieu d'épouvantables convulsions. C'en est trop. Les facultés intellectuelles du sauvage succombent; tous les ressorts de son ame ont été froissés : sa raison l'abandonne. Alors un sourire amer agite ses lèvres, et donne à sa figure une expression effrayante. Il s'assied lentement à terre, et cache son front entre ses mains, qui tremblent comme celles d'un vieillard. Au grincement de ses dents, on voit que quelques éclairs de cette raison éteinte par de si terribles émotions se font sentir encore. Puis tout-à-coup il s'écrie d'une voix sombre :

« — Mon ami n'est-il pas mort pour moi ? Oui, j'ai tué mon ami ! »

Il s'approche alors du jaguar, dont il déchire froidement les membres [64]; et, sans prononcer une seule parole, il saisit entre ses bras le cadavre mutilé de Tamandua, qu'il tient collé contre son cœur :

« — La chair de mon ami ne me quittera plus ! s'écrie l'infortuné. »

Il sort de la caverne échevelé et meurtri; il marche au hasard.

Une seconde troupe de Brésiliens envoyés à sa poursuite le trouve dans un épais fourré d'épines qui l'ensanglantent, mais dont il ne cherche point à sortir; une stupide insensibilité le paralyse tout entier.

Les sauvages, au milieu desquels il s'est placé machinalement, ont d'abord reculé à son aspect. Après l'avoir entouré, ils se parlent ainsi :

« — Jakaré est poursuivi par tous les Anhagas; le devin l'a dit. Tamandua est celui qui l'a délivré, et le méchant a tué Tamandua;

« voyez, il n'a pas honte d'emporter son corps! »

Jakaré, dans un de ses momens lucides, répond avec un sourire indéfinissable :

« — O vous qui parlez, vous dites une chose
« vraie..... Jakaré a tué son ami ! »

Ce furent les dernières paroles que prononça Jakaré. Il resta toujours plongé dans un morne silence. Quelques Indiens voulurent lui arracher le cadavre de Tamandua ; ils ne purent y parvenir. Ce cadavre ne lui fut ôté qu'à l'aldée, où il se laissa conduire sans résistance.

Cependant plusieurs jours se passèrent; le devin et les vieillards les avaient employés à éloigner, sous différens prétextes, Koniam-Bebe et Ombu, auxquels on cachait leur malheur. On se hâta d'écarter aussi les amis de Jakaré ; et, en présence du devin, des Tupinambas qui lui étaient dévoués, et de quelques chefs étrangers, on fit les préparatifs d'une mort.

Et les chefs étrangers, de retour aux aldées, dirent à leurs amis:

« Une chose a été faite : on a étranglé Ja-
« karé-Ouassou, le Fou de Cotiva ! »

ÉPILOGUE.

ÉPILOGUE.

Il n'est presque rien resté de l'ancienne Amérique que le ciel, la terre, et le souvenir de ses épouvantables malheurs.

PAW, *Recherches philosophiques sur les Américains.*

. . . . . L'homme libre est un prodige
Que l'homme libre seul comprend.

A. DUMAS, *Ode à Victor Hugo.*

MAINTENANT que les aventures des deux bons guerriers, Tamandua et Jakaré, ont été racontées dans le désert, où ils s'aimaient tant, où ils ont tant pleuré, où leur ame a été brisée de douleur avant leur corps; maintenant que l'on sait et le dernier soupir de Moëma, la fille des Tupinambas, et la victoire remportée par l'homme libre sur un tyran implacable; que l'on a vu, blanchissant sur les flots, le navire qui entrainait loin de cette contrée, où fuma le sang de l'imprudent Coutinho, Inez, femme triste, née pour les jours d'infortunes, qui tua deux amis, qui n'aborda dans sa patrie que pour frémir, en songeant à un passé tout chargé de malheurs, et pour verser des larmes sur un avenir sombre comme sa pensée; maintenant disons la fin de ces fameux Tupinambas, si courageux avec leurs immenses tacapes et leurs flèches de guerre, si étranges par leurs mœurs, et dont l'histoire est un beau monument élevé à la liberté dans les forêts d'Amérique. Cette histoire devrait apparaître bien belle sous la plume de ceux qui, tourmentés d'une idée forte qui pèse sur eux comme quelque chose de grand, et, poëtes observateurs, écrivent d'inspiration: comme cela leur vient : aiment à s'emparer d'une belle époque, d'où ressortent, frappés au coin d'une bonne pensée, des caractères neufs et de nobles émotions.

Si ce n'eût été la crainte de ne pas être goûtés dans notre digression, nous eussions désiré reprendre ici, comme une espèce de prologue à l'épilogue, l'histoire générale du Brésil, où Bahia joue toujours le principal rôle, et où les Tupinambas, jetant des couleurs bien sombres sur le fond du tableau, s'y dressent de toute leur grandeur sauvage. Mais pourquoi regretter d'être obligés de nous restreindre! Pourquoi? Les histoires des conquêtes faites par les Européens se ressemblent toutes. C'est un peuple qui en écrase un autre, et un grand nombre de douleurs se presseraient sous notre plume, car depuis la mort de Coutinho jusqu'au mouvement inattendu qui s'opéra tout-à-coup dans la nation des Tupinambas, les plus affreux malheurs accablèrent ces vaillans indigènes. En 1572, on les voit trahis, abandonnés de toutes parts; on en fait une dégoûtante boucherie; ils se retirent dans les montagnes et dans les forêts qui peuvent les dérober à la rage de leurs ennemis, après avoir incendié leurs cases et tous leurs villages. Plusieurs d'entre eux même, avant de fuir, égorgeaient les blessés et les vieillards qui ne pouvaient s'éloigner avec eux.

Et ils tombèrent dans un accablement total.

Un soleil ardent brûlait déjà les monticules que l'on voit près de la ville de San-Salvador, et, plongeant ses rayons dans la baie, soulevait de paisibles flots d'or; puis il colorait le vert foncé des montagnes d'un long reflet de pourpre.

Une foule de papillons étalaient en volant la prodigieuse richesse de leurs couleurs, ou, se balançant au calice des fleurs, semblaient des fleurs animées.

Un homme, un prêtre, marchait à travers les campagnes. Son grand âge ne ralentissait pas sa course..... Elle était précipitée.

Il se trouvait à plusieurs lieues de San-Salvador, qu'il avait quitté pendant la nuit. Il renfermait une bonne action dans son cœur; et l'on se cache pour bien faire parmi les hommes.

Arrivé au-delà d'une vallée, près d'une

grande file de ces arbres qui, entièrement couverts d'une espèce de mousse longue et blanche, ressemblent à de majestueux vieillards, le voyageur laissa tomber ces paroles :

« — Peut-être que Japy-Ouassou n'existe
« plus !...... Ces malheureux sauvages peuvent-
« ils compter sur le lendemain ! »

Et celui qui parlait ainsi était un Portugais.

Le père Rodrigue, un digne ministre de sa religion chez les siens, était un vase d'encens au milieu de vases infects. Appelé, par sa vocation, à prêcher dans le Nouveau-Monde, il réussissait dans le cœur des naturels, car il était tolérant, et il parlait bien de Dieu sous la case du sauvage. Il aimait les hommes, blâmait franchement les excès de ses compatriotes : on lui défendit de quitter la ville.

Rodrigue avait connu autrefois à San-Salvador un Brésilien qu'il aimait ; ce Brésilien était un vieillard qui, après avoir fréquenté long-temps les hommes civilisés, et s'être fait initier à leurs usages, avait préféré les forêts et la liberté. Il devint, pour ainsi dire, le chef suprême des Tupinambas par la supériorité de son esprit. Il se battit contre les Portugais; et, forcé plus tard à une douloureuse retraite, il encourageait ses compatriotes, au milieu des montagnes où ils s'étaient retirés. Cet homme était Japy-Ouassou.

Après bien des fatigues, au risque d'être massacrés par des sauvages fous de désespoir, étouffant de rage dans les montagnes qui leur servent d'asyle, et dont ils partagent les repaires avec les bêtes féroces, le prêtre, guidé par l'instinct du bien, arrive au milieu des familles indiennes éparses le long des ravins, cachées dans l'intérieur des massifs, et s'écrasant dans les antres ténébreux, d'où l'on entend sortir, par intervalle, des rugissemens prolongés, des cris affreux, arrachés à tout ce peuple proscrit et mutilé.

Sous ce vêtement noir, le P. Rodrigue cache un cœur à la façon des premiers chrétiens.

N'étant point envoyé vers les Tupinambas par le gouvernement de Bahia, ni porteur d'offres trompeuses, et ne cachant pas de glaive à l'ombre du crucifix, le missionnaire n'éprouve aucune crainte, lorsque, en le voyant s'avancer

vers leur retraite, douze sauvages hurlans se jettent sur lui. Ils le menacent, et vont frapper... « —Mes enfans, dit le Portugais avec un
« sourire angélique, mes chers enfans, je ne
« suis pas un ennemi ; je n'ai point d'armes ;
« je ne viens pas pour vous trahir, et pour
« vous préparer de nouveaux malheurs ; je
« suis un ami. Tupinambas, voudriez-vous
« briser la tête d'un ami, d'un vieillard ?...
« Mais comme vos yeux sont sanglans ! Pau-
« vres Indiens, vous avez tant souffert ! Mes
« compatriotes ont été bien cruels envers
« vous ; s'ils avaient voulu m'écouter....!!

« — Chef noir, que veux-tu ?

« — Parler à Japy-Ouassou.... Comme vous
« êtes tristes !

« — Tu es donc l'ami de ce vieillard ?... et
« Portugais !

« —Oui, mes enfans, je suis son ami : je
« suis Rodrigue, le prêtre blanc, que presque
« tous vos chefs et vos vieillards connaissent.

« —Rodrigue, le prêtre, tu es le bien venu
« parmi les Tupinambas, et notre massue ne
« veut pas de ton sang. Oh, tes compatriotes !...

« — Je savais bien que vous ne me tueriez
« pas ; je ne vous ai jamais fait de mal.

« — Non... Mais tes compatriotes !

« — Oh oui ! ils ont été trop cruels.

« — Si tous les Portugais avaient été comme
« toi... !!

« — Menez-moi vers Japy. »

Les Tupinambas conduisent le blanc sur le revers d'une montagne, au fond du lit d'un torrent desséché, dans une caverne noire et profonde, — c'était horrible comme un tombeau. — L'Européen trouve, assis sur des pierres usées par les eaux, Japy-Ouassou, ses femmes et deux de ses enfans dans la plus profonde misère.

Le voyageur et le sauvage sont dans les bras l'un de l'autre. « Rodrigue, bon Rodrigue ! Pauvre Japy ! Méchans Portugais ! malheureux Portugais !!! » Voilà ce que l'on entend dans la caverne. Et puis de grosses larmes tombent de l'œil sombre du chef, et brûlent la main de Rodrigue.

« — Regarde, s'écrie sourdement Japy, re-

« garde : je n'ai plus de case, de patrie... et plus
« de sang, ajoute-t-il en montrant ses bras
« maigris et couverts de blessures : tes compa-
« triotes ont fait tout cela... Hier, oh! hier,
« j'ai été forcé de tuer moi-même trois de mes
« femmes et leurs enfans !!!

« — Malheureux !...

« — Ils étaient blessés...., à quelques pas des
« tiens, et tu sais ce que c'est que d'être es-
« clave des Péros.....!! * Nous avons mis le
« feu à nos grands villages, et voilà que nous
« sommes les hôtes du jaguar dans les monta-
« gnes... Ah! »

Il y avait quelque chose d'horrible dans ces
confidences de la douleur faites par le sauvage
à l'homme civilisé : c'était comme une malédic-
tion lancée du fond du désert contre l'ancien monde et ses bourreaux. Rodrigue prend
les deux mains du vieux cacique, et les serrant avec force, il dit :

« — Je connais, ô Japy, tous les malheurs
« qui ont accablé la nation des Tupinambas;

---

* Les Tupinambas désignaient les Portugais sous ce nom gé-
nérique de Péros.

« et tandis qu'on s'en réjouissait à Bahia, je plai-
« gnais ton sort et le sort des tiens. Écoute : tu
« sais que je t'ai toujours regardé comme mon
« ami, hé bien ! il ne faut plus me quitter...
« jamais.

« — O Rodrigue, les Portugais !

« — Ne les crains pas ; j'ai obtenu du gou-
« vernement de San-Salvador... »

Un sourire affreux agite la lèvre de Japy.

« — J'ai obtenu, reprend le missionnaire.
« ta grâce comme chef insurgé, et la permis-
« sion de t'amener parmi nous, où tu vivras
« libre...

« — Libre, libre, s'écrie l'Américain d'une
« voix de tonnerre ! libre...!!! Et les Portu-
« gais m'accordent ma grâce..... Ils sont géné-
« reux à San-Salvador ! »

Ici l'indignation et une morne tristesse se
peignent sur tous les traits de l'Indien ; sur
son front ridé il y a quelque chose de profondément gravé, d'irrévocable, et à son
tour il prend, avec vivacité, les mains de son
hôte.

« — Rodrigue ! tu as pensé à moi dans les

« jours de malheur : je te remercie... mais,
« pauvre Rodrigue, tu n'es pas assez puissant
« pour me sauver.

« — Comment ?

« — Peux-tu m'assurer qu'on accordera le re-
« pos à mes compatriotes, qu'ils seront libres
« aussi, eux...? A la façon des Portugais, ajou-
« te-t-il en contractant les muscles de son vi-
« sage.

« — Japy, si je le pouvais, tu ne m'aurais
« pas adressé cette question....... il y a long-
« temps, si je le pouvais, que ta nation serait
« libre, heureuse et chrétienne...

« — Je n'abandonnerai pas, moi, les guerriers
« que j'ai vus combattre et souffrir. Ne me
« presse point....... tout est inutile. Je suis un
« vieil arbre qu'un orage a courbé, et qui ne
« se redressera point chez les Portugais ! Si
« cela doit être, si je puis être consolé de tout
« ce que j'ai vu souffrir et de tout ce que
« j'ai souffert,....... ce sera bien loin d'ici.....
« Non, non : il ne sera pas dit que moi,
« Japy-Ouassou, le vieillard respecté des
« vieillards, j'aurai été un lâche, un traître,

« un arc d'enfant dont la corde résiste un
« moment pour se rompre tout-à-coup! Ro-
« drigue, j'ai un projet. Et peut-être qu'au
« lieu de m'en aller avec toi, ce sera toi
« qui viendras avec nous. Oui, il ne faut
« plus nous quitter : tous deux, dans les forêts,
« nous atteindrons à la vieillesse des hommes,
« et puis nous mourrons ensemble.

« — Où veux-tu donc aller ?
« — Je ne sais.
« — Mais explique-moi.....
« — Demain tous les chefs se rassem-
« bleront ; je leur parlerai, et nous fui-
« rons au milieu des déserts ; nous quitterons
« notre pays........., le pays qui est aux Portu-
« gais. Toi, bon Rodrigue, il faut nous sui-
« vre : tu aimes tant à faire des chrétiens.....
« Et que feras-tu, si tu restes chez les Péros ?
« Où trouveras-tu des hommes à convertir....?
« N'ont-ils pas tout massacré? Va, va, nous
« sommes de bons amis, pars avec nous.......
« je me ferai chrétien; je t'aiderai à parler
« de ta religion à mes compatriotes ; mon
« autorité te protégera près des devins ....

« Allons, allons! Prends ton vieux livre que
« tu aimes tant et qui dit de belles choses ;
« viens avec tes enfans.

« — O Japy! tu as frappé à l'endroit sen-
« sible de mon cœur : lorsque tu étais à San-
« Salvador, j'ai voulu te parler du vrai Dieu,
« et tu n'as pas voulu écouter la voix de ton
« ami.....

« — Mais aussi de quelle religion me par-
« lais-tu alors? de celle des Portugais! Ici
« je ne veux que d'une seule, de la tienne ;
« je l'aimerai la religion de Rodrigue......

« — O Japy ! que j'embrasse tes genoux. »
Et le vieillard chrétien tombe aux pieds du
vieillard sauvage, puis il reprend :

« — O mon Dieu! je te remercie ; les jours
« de ton vieux serviteur n'auront donc pas été
« inutiles sur la terre!...... Ma joie est bien
« grande, Japy...... Mais ne va pas me trom-
« per! Ce serait pour moi un coup de mort. »

Le bon missionnaire pleure à chaudes larmes. Japy lui répond :

« Je te promets d'être chrétien.

« — Je te suivrai partout.

« — Les Tupinambas deviendront chré-
« tiens.

« — Je mourrai avec toi dans le désert. »

Le prêtre se tait. Ses pleurs, comme une rosée divine, inondent ses joues ridées et creuses. Et il prie en silence.

Entraîné par un mouvement irrésistible, Japy pose ses deux genoux sur la terre à côté des genoux de son ami, et il se passe d'autres choses étranges et consolantes dans l'intérieur de cette caverne.

Pendant que Japy, le front couvert de tristesse, s'entretient avec Rodrigue, et partage avec lui et ses femmes quelques rayons de miel et un quartier de chevreuil à moitié cru, les autres chefs tupinambas, que Japy a convoqués pour la matinée suivante, emploient leur nuit à des pratiques superstitieuses....... souvent l'unique et la grande consolation du malheur. Ils se rassemblent, et tournant vers le sud de la montagne dont ils occupent le milieu, ils se glissent à travers les arbres, les rochers et les broussailles jusqu'à l'ouverture d'un antre évasé, dont l'entrée se hérissait

d'arbustes épineux et de pierres aiguës............
C'était la retraite des piayes. Une autre caverne placée à côté de celle des jongleurs renfermait une troupe hurlante de femmes indiennes qui, pour la plupart, avaient perdu leurs maris et leurs enfans. A l'approche des chefs, ces pauvres femmes, qui n'ont plus rien sur la terre, se taisent, et n'osent montrer toute leur affliction. Elles se tordent silencieusement les bras, arrachent leurs longs cheveux noirs, et foulent aux pieds ces ornemens qui les couvrent encore, tels que leurs coiffures et leurs manteaux de plume, ainsi que les croissans d'os blancs qui reposent sur leur poitrine, suspendus à un collier de graines de toutes couleurs, et un grand nombre d'objets embellis de verroterie obtenue par le commerce des Européens [*].

Les piayes, parés de manteaux, de bonnets, de bracelets de plumes, et, tenant à la main leurs maracas qu'ils font retentir, disent

[*] Si l'on peut appeler commerce ces échanges presque tous trompeurs que l'ancien monde a faits avec le nouveau. On laissait toujours du sang sur le lieu où se passait le marché.

aux guerriers, qui ont annoncé leur arrivée par cinq cris perçans :

« — O vous qui venez pour recevoir l'Esprit « de force, qui venez dans des jours de mal- « heur, guerriers forts et libres, ô vous qui « venez recevoir l'Esprit de force et de cou- « rage, entrez! Les piayes assemblés vous le « permettent. »

C'est ainsi que ces prêtres imposteurs conservaient toujours leur autorité, et semblaient l'accroître même au milieu d'un peuple accablé.

Et les guerriers se précipitent dans la caverne, se placent en rond, à côté l'un de l'autre, et forment ainsi trois cercles; au milieu de chaque cercle sont plusieurs devins, qui ordonnent, d'une voix menaçante, que chacun reste immobile à sa place.

L'obscurité règne dans l'assemblée.

Les sauvages, le corps incliné en avant, le bras gauche pendant au côté, la main droite fortement appuyée sur les reins, et ne faisant remuer que la jambe et le pied droit, entonnent tout-à-coup des chants interrompus par des cris prolongés. Au milieu de tout ce choc de voix barbares, on entend des mots de liberté et de guerre que les Tupinambas se renvoient avec un accent de rage.

Au bruit qui se fait dans la caverne, aux yeux qui étincellent dans l'ombre, on dirait une assemblée de démons. Les femmes, entassées au fond de l'antre voisin, joignent d'horribles vociférations aux hurlemens des guerriers. Quand vient un moment de silence, les piayes conjurent les Esprits; lorsque les voix se font entendre de nouveau, elles aussi, les pauvres femmes, chantent des chants plaintifs, si tristes qu'ils brisent l'ame, et que les hommes répondent par ceci :

« — Femmes, femmes, vous pleurez, et
« nous, nous demandons le secours des Génies,
« et qu'on nous venge des Européens qui ont
« tué vos maris, les guerriers, vos pères, les
« vieux guerriers, et vos enfans, les petits
« guerriers. »

Tous les maracas s'agitent à la fois, et l'on se tait. Les Tupinambas ôtent un moment ces touffes de plumes qu'ils suspendent sur leurs reins, et restent dans une nudité complète, pour que rien n'empêche l'Esprit de force et de courage de les couvrir entièrement.

Saisissant un tube long de cinq pieds, à l'extrémité duquel brûlent des feuilles sèches de tabac, dont la fumée est soufflée sur tous les assistans, les prêtres indiens se dispersent au milieu des sauvages, en disant d'une voix solennelle, qu'ils accompagnent du bruit assourdissant des maracas :

« — Recevez l'Esprit de force, afin de sur-
« monter vos ennemis ! » Et comme il s'agit d'un conseil pour le soleil levant, ils ajoutent :
« — Recevez l'Esprit de force et la sagesse des
« vieillards ! »

Tout le reste de la nuit, les Brésiliens entonnent des chants assez harmonieux, et marqués par une mesure exacte. Un long traînement de voix termine chaque couplet, et l'on répète continuellement ce refrain : « *Heu!*
« *heuaure! heura! heuaure! heura! heura!*
« *ouch !!!* »

Aux premiers feux du soleil, l'assemblée est dissoute. Les chefs frappent la terre du pied droit beaucoup plus fortement qu'ils ne l'avaient fait jusqu'alors, crachent devant eux, et se quittent en répétant trois fois d'un air sombre : *He! hua! hua! hua!* La sueur ruisselle de tout leur corps, mais ils ne vont prendre aucun repos; ils se rendent à l'endroit indiqué par Japy-Ouassou. Ce chef vénéré s'y trouve déjà, avec le bon Rodrigue; une foule immense l'entoure. Mais ce n'était plus ce peuple qui connaissait de quel poids il était parmi les peuples voisins; les superbes fils de Tupan avaient enfin appris ce que c'était que de ne pas être vainqueurs. Une morne tristesse était empreinte sur leurs traits; la maigreur creusait leurs joues, la faiblesse rendait leur corps moins souple, des larmes de rage éteignaient à la dérobée le feu de leur regard; et de tous ces guerriers, assemblés devant Japy, aucun n'était sans cicatrices : on aurait cru voir les restes d'un massacre.

Japy monte sur une éminence; le peuple se presse autour de lui : le vieillard parle alors, et il se hâte de le faire d'une voix forte, de cet accent profond et vrai qui part de la conviction et impose à la multitude; car déjà, en traversant la foule, il avait entendu..... ô surprise! ô chose étrange! des Tupinambas qui parlaient d'implorer la pitié de leurs ennemis. On eût dit le condamné demandant grâce au bourreau, sur les degrés de la guillotine!

« — Frères, nous vivons dans des jours de
« malheur, et l'on voit maintenant des choses
« surprenantes et tristes sur la terre; les mé-
« chans boivent le sang des bons; tout ce qui
« est venu d'Europe en est venu pour mal faire.
« Voilà une vérité. Tupan lui-même nous
« abandonne, ou veut nous éprouver. S'il nous
« abandonne, faut-il pour cela nous abandon-
« ner nous-mêmes? S'il nous éprouve, frères,
« il verra que nous sommes des guerriers
« braves et qui savent souffrir.

« Nous avons combattu.

« Nos pères avaient chassé les Portugais.

« Les enfans de nos pères ont été malheureux.

« Notre pays est habité par des étrangers qui
« ne sont pas plus courageux que nous, mais
« qui sont plus forts.

« Voulez-vous être, vous et vos fils, esclaves
« de ceux dont vous avez fait couler le sang,

« et qui, pour se venger, ont tué un grand
« nombre d'entre vous? Voulez-vous travailler
« pour les Portugais, vivre, chasser, pêcher
« pour les Portugais, danser, chanter, mourir
« pour ceux qui ont volé vos femmes et tout ce
« qui vous appartenait?

« Le voulez-vous?.... s'écrie Japy en frap-
« pant du pied; » et l'éclair de son regard
tombe sur la foule qui s'agite sous lui; un cri
s'en échappe :

« — Non! »

Puis un autre :

« — Que faut-il faire ?...

« — Ce qu'il faut faire, reprend le vieillard
« tonnant avec un sourire triste mais ferme,
« ce qu'il faut faire! Tupinambas!! il faut
« fuir... » Et il lève son front avec cette fierté
et cette dignité qui sied si bien à l'homme en-
nobli par la fortune. Puis il achève en disant :

« Marchons tous au désert, et, lorsque nous
« serons loin des Portugais, nous bâtirons des
« cases et des villages. Allons chercher un pays
« où les armes d'Europe n'aient point encore
« fait de mal. Je ne vous dis point de fuir

« comme des lâches : frères, vous aimeriez
« mieux mourir; mais il n'y a pas de honte à
« chercher un refuge contre le danger. Ici
« vous mourrez esclaves; loin, bien loin,
« vous vivrez libres, et vos enfans chanteront
« de vous de belles et longues histoires.

« Chanterait-on l'histoire d'un esclave des
« Portugais ? »

A ces derniers mots, Japy promène sur ses
compatriotes un long regard plein de la plus
profonde indignation, et le peuple baisse les
yeux. Quelques sanglots se font entendre;
bientôt ils sont étouffés par des acclamations.

« Japy est un sage et un bon chef qui nous
« aime. C'est bien. Partons, allons au désert. »

Alors Japy élève une dernière fois la voix :

« Frères, c'est bien ; vous voulez partir; mais
« vous savez que les autres chefs doivent parler
« aussi. Nous allons entendre leurs bonnes
« paroles ; » et il fit un signe. Un sauvage s'é-
lance à la tribune, et dit :

« —On m'a nommé Avati-Ouassou, le Grand-
« Maïs; et moi aussi j'ai de la sagesse. Je vou-
« drais qu'on partît avant l'arrivée de la lune.

« Il n'y a qu'un moyen de ne pas être es-
« claves, c'est de fuir. »

Un second Tupinambas s'adresse ainsi au peuple :

« —Je suis Courouroupebe, le Crapaud-En-
« flé, à qui ses amis trouvent un peu de sagesse.
« Frères, je veux bien quitter notre pays, le
« beau pays où il y a de vieux os de nos pères ;
« mais que Japy-Ouassou dise où il veut nous
« conduire... Frères, je veux bien quitter notre
« pays. » En cédant sa place à un autre orateur, Courouroupebe essuie une larme qui trahit sa faiblesse ; il remarque que Japy a été témoin de son émotion ; il se couche tristement par terre, et, honteux, cache son visage entre ses mains. L'autre Indien dit :

« —Je suis Paranapuza, la Vaste-Mer ; Ja-
« py-Ouassou, Avati-Ouassou, et Courourou-
« pebe ont bien parlé, je parle comme eux,
« et voilà ce qui vous prouve ma sagesse. »

Paranapuza est remplacé par Tacapa-Ouassou, la Grande-Massue. Il prend son arc, le bande, décoche une longue flèche qui s'enfonce rapidement, et se perd dans les airs ; puis il descend.

Coaquira se présente, et dit : « Cherchez « maintenant la flèche de Paranapuza... C'est « ainsi qu'il faut cacher votre visage aux vi- « sages ennemis. »

Après Coaquira paraît Guaïbe. Il monte péniblement sur l'éminence : Guaïbe est un bon vieillard, qui aime bien son pays. Mais, appelé par son âge et son rang à donner son avis, il veut qu'il soit sincère, il le donne dans l'intérêt des restes malheureux de sa nation. Il dit : « Je vais parler : fuyons !!! »

Ce mot semble avoir déchiré l'ame du vieil homme ; ses bras sont agités, sa gorge sèche et sa voix tremblante. Il étend tout-à-coup les deux mains sur son visage, et détourne la tête, comme si les rayons du soleil l'éblouissaient : c'est pour cacher des larmes. Les pleurs d'un vieillard qui ne souffre que moralement ont quelque chose qui fait mal.

Plusieurs autres Brésiliens montent à la tribune ; les anciens parlent des heures entières ; les guerriers proprement dits sont laconiques ; les jeunes gens s'interrompent, se disputent, et mettent la confusion dans le conseil, qui se déclare néanmoins tout entier pour le projet de Japy-Ouassou.

Et ce projet est mis au même instant à exécution. On se rassemble de tous côtés ; de longues et larges files de tout sexe et de tout âge percent les massifs, semblables à un convoi bien triste, ou à des fleuves qui vont s'engloutir dans des parages inconnus.

C'est ainsi que s'effectua cette grande migration des Tupinambas que les forêts ont dévorés.

C'était beau et triste à voir que tout un peuple marchant, au hasard, vers des contrées inconnues.

Rodrigue est à côté de Japy. Parmi ces pauvres exilés il compte déjà de nombreux chrétiens, et lui aussi se cache aux regards des Portugais dans les replis du désert. Les sauvages ne laissent après eux que des solitudes immenses, et, jetant plus d'une fois un regard en arrière, marchent au nord, vers la ligne équinoxiale. L'œil inquiet des prêtres indiens se porte à plusieurs reprises sur le serviteur de Dieu ; déjà ils échangent des signes, des paroles suspectes, et des sourires qui promettent du sang... Mais la massue de Japy protège la tête du vieux missionnaire, et dans les regards de ces deux hommes il y a quelque chose de fort, quelque chose qui fait pâlir le crime.

Vient la nuit.

Plusieurs Brésiliens chantent.

UN GUERRIER.

« Les hommes braves, les Tupinambas, au
« désert! Au désert!...... Dans les déserts qui
« sont loin!!!

« Les jours heureux sont passés!

« Un jour est venu...

« Le jour malheureux est arrivé!!

« Bien! bien! oh! très-bien! Voilà qui est
« triste, mais voilà qui est bien.

« Frères, tout cela n'est-il pas bien? »

A travers de grosses larmes qui tombent rapidement sur la terre, le Tupinambas essaie de sourire. — Des bravades d'un pauvre sauvage! Puis il reprend d'une voix étouffée :

« Frères, les hommes de la sagesse disent,
« lorsque le Génie du mal met le pied sur leur
« vieille tête : « Cela est très-bien, parce que cela

« pourrait être plus mal.» Or, vous savez que les
« vieillards disent la vérité parmi les hommes.

« Il y a des tyrans dans le pays des Tupi-
« nambas; dans le pays des Tupinambas il y a
« beaucoup de tyrans.

« Les mauvais Génies, où sont-ils?

« Dites...?

« Oh! oh! ils sont dans les cases en pierre
« des étrangers.

« Les mauvais Génies sont les grands chefs
« des étrangers.

« Oh! les mauvais Génies!

« Oh! oh! Tupan !!! »

Ici la voix du guerrier ressemble au dernier hurlement du jaguar qui expire sur un roc sauvage, cloué à la pierre par la flèche des Indiens; et des pleurs de rage roulent, terribles, dans son œil de feu. Mais bientôt — des souvenirs attendrissans :

« La nation des Tupinambas était un arbre
« fort élevé. Il y eut un orage, un grand orage
« du désert; la chair des hommes tressaillit;
« l'orage cria dans les airs, et dans les airs il
« y eut une grande frayeur, et le cri de l'orage

« était un cri de mort, un grand cri... Nous
« l'avons entendu, vraiment !!

« L'arbre fut rompu par le milieu ; un feu
« brûla le tronc et beaucoup de branches ; les
« branches qui restaient, oh ! oh ! le vent les
« poussa dans le désert, et tout ne périra point.
« L'arbre qui a disparu laisse une grande place
« vide : la nation des Tupinambas occupait une
« grande place parmi les nations.

« Et tout est triste.

« Les Tupinambas ne savent point où ils
« vont. Ils marchent, ils pleurent.

« Où s'arrêteront-ils? Quand ne pleureront-
« ils plus? Et la vérité est que toutes ces choses
« sont douloureuses. Les Tupinambas quittent
« leur pays, et s'éloignent des arbres qui les
« connaissent. Ils ressemblent au jacoutinga
« qui s'éloigne lentement des chasseurs, parce
« que toutes les parties de son corps sont bles-
« sées, et qu'il saigne...

« Écoutez...

« Pauvre jacoutinga !!!

« Pauvres Tupinambas!!!

« Les Portugais n'étaient pas à craindre sans

« les Esprits méchans qui les ont aidés dans le
« mal. Vous ne savez pas vaincre les Esprits du
« mal, pauvres Tupinambas !

« Vous étiez forts, vous n'aviez jamais fui...
« Fuir ! oh ! oh ! fuir !! Vous qui étiez les grands
« arcs du désert où vous avez répandu le sang
« de vos ennemis !!... »

L'Indien s'arrête, et sa tête tombe sur sa poitrine. Son visage apparaît tout baigné de larmes, à la lueur des myriades de vers phosphorescens qui brillent dans les forêts.

UN VIEUX CHANTEUR.

« — Tupinambas, je vais chanter des
« chants.

« Ce sont des chants de votre pays que je
« vais vous chanter; ce sont des chants qui
« sont beaux.

« Il y a bien long-temps, il est venu un
« homme du pays des Portugais.

« Cet homme commandait, et il avait avec
« lui d'autres hommes qui étaient lâches, et
« qui étaient esclaves, et qui tremblaient.

« Les Tupinambas, qui sont braves, et

« forts, et vaillans, se dirent entre eux :
« Frères, des tacapes ; frères, des flèches :
« voici des tyrans.

« Et ils combattirent : bien.

« Et ils furent vainqueurs : bien.

« Il vit la fille du chef des hommes es-
« claves, Tamandua, le cacique Tamandua,
« Tamandua, beau et jeune.

« Il aima la fille du chef des hommes es-
« claves.

« Tamandua avait un ami que nos pères
« appelaient Jakaré-Ouassou ; un ami qui l'a-
« vait délivré lorsque les Portugais avaient
« enchaîné ses bras.

« Tamandua et Jakaré-Ouassou étaient deux
« hommes bons.

« Mais voilà que les Esprits du mal par-
« lèrent ainsi en voyant les deux amis : « Nous
« sommes de mauvais Génies, et nous ne vou-
« lons pas que ces deux guerriers soient heu-
« reux. Nous sommes de mauvais Génies, et
« nous haïssons le bonheur, et nous aimons le
« mal. Nous sommes de mauvais Génies, nous
« sommes de mauvais Génies. »

ÉPILOGUE.

« L'un d'entre eux, le plus méchant, dit
« aux autres : « Je vais aller, moi, avec mes
« ailes noires, vers les deux amis. Et je m'em-
« parerai de l'un des deux, et je lui ferai faire
« de vilaines actions, et je le rendrai méchant
« comme moi. »

« Ces paroles furent dites : il partit, et s'ap-
« procha de Jakaré-Ouassou. Il le toucha avec
« une des plumes de son aile noire, et Ja-
« karé devint un homme faux et perfide. Ja-
« karé n'aima plus Tamandua; il voulut le
« tromper.

« Mais il y avait alors à Cotiva, chez les
« Tupinambas, un sage, un devin !!!

« Le devin se nommait Murucujé.

« Murucujé le devin dit à des guerriers tu-
« pinambas : « Pauvre Tamandua ! Jakaré n'est
« plus son ami ! »

« Les guerriers dirent à Tamandua : « Pauvre
« Tamandua ! Jakaré n'est plus ton ami ! »

« Tamandua avait le cœur simple; Taman-
« dua répondit : « Cela n'est pas. »

« Mais les guerriers donnèrent à Tamandua
« des preuves de ce qu'ils avaient dit.

« Alors Jakaré voulut se venger du devin.
« Il se cacha, et frappa Murucujé avec sa
« massue.

« Il tua Murucujé.

« Des guerriers tupinambas trouvèrent le
« devin dans la forêt.

« Le devin était mort.

« Cependant sa bouche parla.

« Elle dit : « C'est Jakaré-Ouassou, Jakaré
« le méchant, qui a tué Murucujé, l'ami des
« Génies du bien. Il faut étrangler Jakaré. »

« Les Tupinambas cherchèrent Jakaré; ils
« le trouvèrent, lièrent ses pieds et ses mains,
« et l'enfermèrent dans une case, en attendant
« qu'on exécutât les ordres du devin.

« Mais Tamandua aimait encore Jakaré. Il
« endormit ses gardiens, et le fit sortir de sa
« prison, afin qu'il échappât à la vengeance
« des Tupinambas.

« Quand ils furent dans la forêt, le mé-
« chant se jeta sur le bon, et l'étouffa.

« Jakaré étouffa Tamandua.

« Des guerriers envoyés à la poursuite du
« prisonnier le trouvèrent au moment où il

« tenait entre ses bras le cadavre de son ami,
« dont il avait déjà mangé.

« Ils lui demandèrent si c'était lui qui avait
« tué Tamandua, si c'était lui qui avait meur-
« tri et mangé sa chair.

« Jakaré répondit : « Vous dites vrai. »

« Les guerriers emmenèrent Jakaré, et, par
« ordre des vieillards, Jakaré fut étranglé.
« Honte à Jakaré !

« Alors les Génies du mal sourirent ; les
« Génies du mal ont souri, et on les a en-
« tendus dire : « Bien ! le bon et le méchant
« sont morts ! »

Pauvre Jakaré ! te voilà donc maudit dans la mémoire des tiens ; et ils te croient coupable, et chantent de toi des histoires mensongères !

UN DEVIN.

« — Je vais conter une chose qui est arrivée.

« Je ne mens pas contre la vérité.

« Et les hommes écoutent un devin.

« Voilà comment les Péros ont vaincu :

« Voilà comment les Tupinambas ont été
« forcés de fuir leur pays.

« Durant le sommeil des Esprits qui aiment
« le bien, les Esprits qui aiment le mal se sont
« mis à voler, la nuit, avec leurs longues ailes,
« vers la grande case de Tupan, la grande case
« que les hommes voient pendant l'orage, la
« grande case de feu, couverte de lances de
« feu, de flèches de feu, et appuyée sur trois
« massues de feu.

« Et tout cela brûlait au milieu du grand
« lac d'eau bleue qui est sur la tête des Tupi-
« nambas.

« Tupan dormait.

« Il avait bu son bon cauin avec ses amis,
« dans un festin qu'il leur avait donné, et
« qui avait duré neuf soleils.

« Or, le cauin ayant endormi Tupan, les
« Esprits le regardèrent en face, et rirent de
« lui.

« Le mal étant donc entré dans la case de
« Tupan, les fils de Tupan devaient souffrir.

« Les mauvais Esprits, qui étaient les alliés
« des Péros, prirent le grand feu d'en haut,
« le grand feu qui tue les hommes, et le don-
« nèrent à nos ennemis.

« Et voilà que nous fuyons avec nos vieil-
« lards et nos femmes, qui ont tous des vi-
« sages tristes.

« Nous fuyons!

« Et cependant la nation des Tupinambas
« était comme une mer au milieu des nations! »

Ce chant était à peine achevé, qu'une troupe
d'hommes armés, d'une tribu inconnue, croi-
sèrent la migration des Tupinambas, et dirent :

« — Vous marchez pendant la nuit.....
« pourquoi?.... où allez-vous?

« — Loin! bien loin! répondirent les sau-
« vages. »

FIN.

NOTES.

NOTES.[*]

Le Brésil.

« La nature a posé elle-même les bornes du
« Brésil : l'Amazone et la rivière de la Plata for-
« ment ses véritables limites au nord et au sud;
« les montagnes du Mato-Grosso le séparent du
« Pérou, et l'Océan atlantique baigne ses côtes à
« l'est; cependant, selon les traités les plus ré-
« cens, il doit commencer maintenant à l'em-
« bouchure du Rio-Marony, par les 6° nord. »
(Ferdinand Denis, *Résumé de l'histoire du Brésil.*)

Les discussions meurtrières élevées depuis si long-temps, relativement aux limites du sud, ont cessé. Le Brésil n'aura pas le fleuve de la Plata pour limite au sud : entre lui et ce fleuve se trouve la *Banda-Oriental* (dont la capitale est Monte-Video), qui reste indépendante.

[*] Tout ce que l'on verra guillemeté est textuellement extrait des différens ouvrages qu'on a consultés.

« Ce vaste pays est divisé en provinces, qui
« tirent plutôt leur importance de leur situation
« géographique que de leur étendue. En allant
« du nord au sud, le long de la côte, on trouve
« Guyana, Para, Maranham, Piauhy, Siara, Rio-
« Grande-do-Norte, Parahyba, Pernambuco, qui
« renferme Alagoas, Seregipe-d'el-Rey, Bahia,
« Ilheos, Porto-Seguro, Espirito-Santo, Rio-de
« Janeiro, San-Paulo, Santa-Catharina, Rio-
« Grande-do-Sul. L'intérieur ne forme que trois
« grandes divisions : Minas, Goyaz, Mato-Grosso,
« qui se subdivisent, comme les autres provinces,
« en plusieurs départemens (comarcas), dont on
« fera sans doute un jour des capitaineries sépa-
« rées, à cause de leur étendue.

« Si la facilité des communications est une
« des premières bases de la prospérité des états,
« le Brésil a été on ne peut plus favorisé sous
« ce rapport : des rivières innombrables, qui
« prennent naissance dans l'intérieur, viennent
« se jeter dans les grands fleuves, ou apporter
« leur tribut jusqu'à l'Océan ; mais il est nécessaire
« que les hommes réunissent leurs efforts pour
« profiter de cet immense avantage. Dans un
« grand nombre d'endroits, il faut renverser des
« rochers qui interrompent le cours des eaux ;
« dans d'autres, il faut élargir les canaux, et il
« est absolument nécessaire d'ouvrir des chemins
« le long des portages. Je ne parle point des

« ponts, des chaussées, des ports, et de tous ces
« travaux qui viennent à la suite d'une longue
« civilisation; je me contente d'indiquer ceux qui
« sont vraiment indispensables pour donner quel-
« que importance à l'agriculture, en répandant
« ses productions. Si nous commençons par le
« nord, je ferai voir combien la nature y a établi
« de communications. L'Amazone, qui prend
« naissance dans le Pérou, permet une naviga-
« tion facile jusque dans les possessions espa-
« gnoles. Ses immenses tributaires divisent la
« capitainerie du Para en quatre districts, et for-
« meront par la suite des débouchés importans
« pour le commerce. Jusqu'à présent ce sont les
« seules routes connues pour pénétrer dans un
« pays presque entièrement désert, malgré son
« étonnante fertilité.

« Ce qui eût été pour les hommes un travail
« de plusieurs siècles, la nature a encore pris
« soin de le faire dans ces contrées, l'extrémité
« du Brésil et toute la Guiane se trouvant unies,
« grâce au plus étonnant système de rivières qui
« existe dans le monde; car le Rio-Negro, que
« l'on pourrait comparer à l'Amazone, si l'on
« considère le volume de ses eaux, communique
« avec l'Orénoque par le Pimichim et le Cassi-
« quiare. Ce n'est que de nos jours que l'on a acquis
« la certitude de l'existence de ce passage. Il est
« facile de prévoir qu'il en doit résulter de grands

« avantages pour les deux pays ; mais l'on ne peut
« savoir où ils s'arrêteront. Les villes situées
« entre l'Orénoque et l'Amazone seront peut-être
« un jour les plus florissantes de l'univers. Les pro-
« vinces du nord, qui viennent immédiatement
« après celle du Para, sont moins arrosées ; mais
« de vastes espaces sablonneux, qui séparent des
« campagnes fertiles, permettent de se rendre assez
« facilement d'un lieu à un autre. Il ne faut pas
« comparer ces plaines aux déserts de l'Afrique :
« elles offrent assez fréquemment des sources au
« voyageur, et comme elles ne se trouvent jamais
« entièrement dépourvues de végétation, il sera
« facile d'y former des établissemens qui favo-
« riseront les communications jusque dans l'in-
« térieur. Le Maranham, le Piauhy, Siara, Rio-
« Grande du nord, Parahyba, renferment plus
« ou moins de ces steppes incultes. Ce serait là
« qu'il faudrait propager l'espèce si utile du cha-
« meau*, et que l'on tirerait les plus grands ser-
« vices de cet animal, que les Arabes ont nommé
« avec tant de raison le navire du désert.

« On rencontre encore des plaines arides dans
« la fertile capitainerie de Pernambuco ; cepen-
« dant la montagne des Carirys renferme les
« sources de plusieurs rivières importantes, mais

* M. Ferdinand Denis a eu là une idée réellement excellente
si on la mettait à exécution, il aurait rendu un véritable service
à cette partie du Brésil.

« elles sont loin d'égaler le majestueux San-Fran-
« cisco, qui prend naissance dans Minas-Gea-
« rès : c'est là surtout où il serait nécessaire que
« quelques hommes actifs déployassent leur génie :
« des cascades interrompent continuellement le
« cours de ce beau fleuve, qui facilite les com-
« munications de l'intérieur avec les provinces
« du nord, et cet inconvénient nuit plus qu'on
« ne le croit au commerce. J'ai vu plusieurs ha-
« bitans des mines traverser d'immenses espaces,
« plutôt que de s'exposer sur le San-Francisco à
« des retards inévitables.

« La capitainerie de Bahia est suffisamment
« arrosée pour l'agriculture ; mais les colons n'y
« trouvent pas de très-grands secours pour le
« transport de leurs marchandises, et ils sont
« fréquemment obligés d'avoir recours à des
« routes par terre, comme si la nature avait
« prévu que les deux villes les plus importantes
« du Brésil auraient un jour un pressant besoin
« de communication par eau avec l'intérieur : le
« Jiquitihnonga vient se jeter dans l'Océan, sous
« le nom de Belmonte, entre Porto-Seguro et
« Ilheos. Quoique cette partie de sa côte soit la
« plus anciennement peuplée, il n'y a guère que
« vingt ans qu'on connaît la véritable source du
« fleuve qui doit amener les productions de
« Minas-Novas dans les ports de San-Salvador et
« de Rio-Janeiro. En s'avançant vers le sud, les

« grands fleuves diminuent de nombre, mais les
« routes par terre sont peut-être plus faciles à
« établir : dans le Muto-Grosso* on retrouve tous
« les avantages d'une navigation intérieure, et
« c'est une chose admirable de voir les tributaires
« de Rio-de-la-Plata, qui pourront peut-être un
« jour s'unir à ceux de l'Amazone.

« Tout le monde sait combien les ports du
« Brésil sont remarquables par leur grandeur et
« par leur commodité : c'est un avantage qu'a ce
« pays sur les provinces de la Plata. Cependant
« les hommes n'ont encore rien fait pour utiliser
« une foule de hâvres qui exigeraient quelques
« travaux, et qui faciliteraient le cabotage.

« La navigation des côtes devient tous les
« jours plus importante pour ce beau pays ; c'est
« elle qui établira quelques relations politiques
« où il n'en existait point. En devenant commer-
« çans, un grand nombre de colons, qui s'occu-
« paient à peine de l'exportation de leurs denrées,
« s'intéresseront davantage à la prospérité de l'état
« et à ses opérations.

« Une des choses qui étonnent le plus l'Euro-
« péen qui visite ces contrées, c'est la rareté des
« routes par terre : elles sont en si petit nombre,
« qu'il est facile de les désigner. Les plus impor-

* Il paraît qu'on a découvert dernièrement dans cette province des perles d'une très-belle eau ; les coquilles qui les renferment sont sur le bord de certains lacs.

« tantes et les plus fréquentées, celles qui con-
« duisent de San-Salvador et Rio-Janeiro à Minas-
« Geraës, ne permettent point d'entreprendre le
« voyage en chariots. Tous les transports se font
« à dos de mulet, et il est aisé de voir les dom-
« mages qui doivent en résulter pour le commerce.
« La route de Saint-Paul à Minas présente encore
« le même inconvénient ; mais on rencontre des
« ressources qu'il est impossible de se procurer si
« l'on se rend de Rio-Janeiro à la capitainerie de
« Bahia. Cette province ne peut guère communi-
« quer avec la capitale que par eau. Je n'ignore
« point que le grand nombre de ponts qu'il y au-
« rait à construire a été jusqu'à présent un ob-
« stacle à ce qu'on établit le long de la côte un
« chemin désiré de tout le monde ; toutefois il
« deviendrait facile dans quelques endroits d'éta-
« blir des bacs, qu'on remplacerait plus tard par
« des ponts en bois : nulle part il ne serait pos-
« sible de se procurer d'aussi bons matériaux ; des
« forêts magnifiques offrent de tous côtés des bois
« de construction les plus solides et les plus du-
« rables.

« Il existe un chemin de Bahia à Pernambuco,
« et il est continué de cette capitainerie jusqu'au
« Maranham. Il offre de si grands inconvéniens,
« par la difficulté de se procurer des bêtes de
« somme, que peu de personnes en font usage.
« On doit donc attendre son amélioration de l'a-

« griculture. Si cette difficulté de communiquer
« d'un lieu à un autre par terre s'oppose à l'inva-
« sion d'une puissance étrangère, elle nuit trop au
« commerce et à la civilisation pour que le gou-
« vernement ne s'empresse point de la faire dis-
« paraître. Je sais que l'active végétation de ces
« climats est un des obstacles qu'on a le plus fré-
« quemment à surmonter pour établir des com-
« munications, et que des chemins nouvellement
« ouverts, au milieu des forêts, sont devenus im-
« pénétrables au bout de quelques mois, parce que
« les arbres abattus étaient remplacés par une in-
« nombrable quantité d'autres végétaux ; mais le
« même inconvénient existe dans l'Inde, où l'on
« trouve les plus belles routes de l'univers. »
(FERDINAND DENIS, *Résumé de l'Histoire du
Brésil et de la Guiane.*) *

¹ *Le navigateur portugais Cabral.*

La brillante expédition de Gama dans l'Inde
avait enflammé l'imagination ardente des Portugais : chez les uns, c'était l'appât de l'or, chez les
autres c'était l'ardeur de la gloire ; mais chez tous

---

* Le Brésil appartenait au roi de Portugal, qui y a fait
quelque temps sa résidence. Il a reconnu son indépendance
sous le nom d'*Empire du Brésil.* Sa population est d'environ
quatre millions d'habitans, y compris les indigènes

l'amour des découvertes et des voyages aventureux était porté jusqu'au délire.

Emmanuel partageait l'enthousiasme de son peuple ; de toutes parts on lui demandait une nouvelle expédition ; il se rendit au vœu général.

Pedro Alvarès Cabral mit à la voile au mois de mars 1500 ; sa flotte, montée par quinze cents hommes de troupes, sans compter l'équipage, était composée, dit-on, de treize navires. Emmanuel ne prévoyait pas sans doute l'issue de ce voyage.

Cabral devait visiter les rois de l'Inde, s'assurer de leur alliance, et obtenir, soit par la douceur, soit par la force des armes, que le zamorin de Calicut permît l'érection d'un comptoir portugais dans ses états.

Cabral suit la route qu'a tenue Gama ; jusqu'au cap Vert il poursuit heureusement sa navigation. Un de ses navires s'est détaché de la flotte ; après deux jours d'attente vaine, il continue son voyage ; voulant éviter les calmes de la côte d'Afrique, il gagne trop au large ; assailli bientôt par la tempête, il dérive vers l'occident, et, le 24 avril 1500, à l'ouest, vers le dixième degré au-delà de la ligne, une côte inattendue se déroule aux yeux de l'amiral : le Brésil est découvert.

La capitainerie de Bahia.

« La capitainerie de Bahia, qui comprend ce-
« pendant deux anciennes provinces, n'a point
« un territoire très-considérable, en le comparant
« à celui des autres districts; elle s'étend du pa-
« rallèle de 10° de latitude australe jusqu'à ce-
« lui de 15° 40'.

« On calcule que sa longueur est de cent quinze
« lieues nord-sud; sa largeur n'est point encore
« bien déterminée, mais on pense qu'elle peut
« être de soixante-dix à quatre-vingts lieues. Au
« nord, elle confine avec celle de Seregype-d'el-
« Rey; au midi, avec Porto-Seguro et Minas-
« Geraës; au couchant, elle touche au Pernam-
« buco, dont elle est séparée par le Rio-Fran-
« cisco : l'Océan lui sert de bornes à l'orient.

« Le pays est coupé de forêts et de collines:
« on y trouve aussi des landes appelées *catingas*,
« qui occupent beaucoup plus de la moitié du
« terrain; elles ne sont guère propres qu'à l'édu-
« cation des bestiaux, et il est impossible de les
« employer à aucun genre d'agriculture; mais la
« fertilité des portions de terrains appelées *cha-
« padas*, et situées ordinairement sur le penchant
« des collines, est vraiment extraordinaire; elle ne
« peut se comparer qu'à celle des vallées baignées
« par quelques fleuves, et couvertes d'antiques

« forêts que l'on abat pour faire des plantations
« de manioc, de maïs, de tabac et de coton.

« On considère depuis long-temps, comme le
« meilleur territoire de tout le district, celui qui
« est connu sous le nom de *reconcave*, et peut
« avoir huit à dix lieues de largeur autour de la
« grande baie de Tous-les-Saints. » (*Le Brésil,
ou histoire, mœurs, usages et coutumes des
habitans de ce royaume, par* M. HIPPOLYTE
TAUNAY, *correspondant du Muséum d'Histoire
naturelle de Paris, et* M. FERDINAND DENIS,
*membre de l'Athénée des sciences, lettres et
arts de Paris.*)

On sait que les restes des différentes tribus des
Tupinambas de la capitainerie de Bahia, après
avoir combattu long-temps contre les Portugais,
préférèrent s'enfoncer dans des déserts inconnus,
plutôt que d'être esclaves. Les Tupinambas franchirent des espaces immenses, et trouvèrent un
asyle dans les vastes forêts du Para, où le nom de
certains lieux indique encore leur séjour [*]. On
prétend que quelques troupes de ces intéressans
sauvages allèrent au Pérou.

Ne quittons pas la capitainerie de Bahia sans

[*] *Voyez* le même ouvrage qui a été cité plus haut.

extraire, de l'ouvrage déjà cité de M. H. Taunay et de M. F. Denis, le passage ci-après :

« En suivant le chemin de Victoria, et après
« avoir visité son église, on parvient, en détour-
« nant à gauche, à un plateau couvert d'une bril-
« lante verdure, et là de nouvelles idées viennent
« à l'esprit. On prétend que le fondateur y forma
« son premier établissement; et l'on vous montre
« encore l'arbre de la découverte, qui s'élève à
« quelque distance.

« Les souvenirs offerts par la nature sont rares
« dans l'Amérique; cependant ce vieil arbre, qui
« peut-être n'existe déjà plus, a fait naître plus
« d'une fois de tristes pensées dans l'ame du
« voyageur; son feuillage semble quitter à regret
« les branches qu'il orna pendant si long-temps;
« ses racines énormes sortent à plus de vingt
« pieds de son tronc. Les Tupinambas ont peut-
« être célébré leurs fêtes à son ombrage; ils étaient
« alors maîtres de cette vaste baie; ils faisaient
« retentir le rivage de leurs cris de victoire; mais
« s'ils ont disparu, le paysage est encore plein de
« leur présence. C'est dans cet endroit qu'existait
« probablement leur aldée; la chapelle da Graça,
« consacrée à saint Benoît, l'a remplacée; c'est
« l'église la plus ancienne de Bahia; c'est aussi la
« première où nous entrerons. Elle offre plusieurs
« choses intéressantes à observer; et il y existe,

« entre autres monumens historiques, une tombe
« consacrée à la mémoire de la femme de Cara-
« mourou. L'épitaphe est remarquable, et nous la
« traduisons textuellement :

Sépulture de Dona Catherine Alvares,
maîtresse de cette capitainerie, qu'elle a donnée
aux rois de Portugal,
conjointement avec son mari
Dioco Alvares Correa, *né à Viana.*
Elle a fait construire et a dédié cette chapelle
au patriarche S. Bento, l'an 1582.

⁴ *La grande rivière de San-Francisco.*

Le San-Francisco, souvent interrompu par des cataractes, coulait à l'extrémité de la capitainerie de Bahia, dont les limites ne pouvaient guère être fixées du temps de Coutinho. Aujourd'hui l'ancienne capitainerie d'Os Ilheos est annexée à la province de Bahia.

« Les fleuves du district de Bahia ne sont point
« très-considérables, et ils vont presque tous se je-
« ter dans la baie.
« Le plus voisin de Bahia est le Rio-Vermelho;
« mais c'est un ruisseau à peu près comme la rivière
« de Bièvre, aux environs de Paris; et il va se per-
« dre dans l'Océan à peu près à une lieue de la
« pointe St.-Antoine : l'Itapuan, le Jacuhyppe, le
« Pojuja, l'Itapicuru, sont également peu consi-

« dérables, d'une très-courte navigation, et se
« jettent par la même côte.

« Le Rio-Jaguaripe, qui prend naissance sur
« le bord de la route de Minas, environ onze
« lieues au couchant du bourg de Cachoëra, dans
« la campagne de Curralinho, se décharge dans la
« Fausse-Barre, et peut recevoir de grandes bar-
« ques l'espace de sept lieues.

« Le Rio-Paraguassou est sans contredit le seul
« très-important du reconcave ; il prend naissance
« dans le voisinage da Serra de Chapada, limite du
« bourg central de Contas : le ruisseau Cocho et
« l'Encantada, qui sort d'un lac ainsi nommé à
« cause d'une île flottante que l'on y trouve, sont
« ses premiers confluens ; le Paraguassinho, l'An-
« drahy, deviennent aussi ses tributaires. Un peu
« plus loin que ce dernier confluent, il reçoit une
« rivière qui, s'étant cachée quelques milles sous
« un terrain solide, renaît avant d'arriver au fleuve.

« A environ une lieue de la grande cascade for-
« mée par la traverse da Serra-do-Cincura, le Pa-
« raguassou se réunit au Rio-Una ; il reçoit encore
« le Capibary, le Jacuhyppe et le Timbaré, forme
« une cascade trois ou quatre lieues au-dessus du
« dernier confluent, passe par les bourgs de Ca-
« chaëra et de Maracogype, et, devenant assez
« large, se décharge dans le milieu de la côte oc-
« cidentale de la baie de Tous-les-Saints. » (*Le
Brésil, etc., par MM. H. Taunay et F. Denis.*)

⁵ *Et s'y ente d'elle-même.*

Il arrive fréquemment au Brésil, comme dans tout le reste de l'Amérique méridionale, où la végétation est d'une force surprenante, où la sève des arbres est très-active, que la branche d'un arbre poussée par le vent sur un arbre voisin s'y ente sans nul autre secours. Je n'ai pas été seul à même d'observer ce fait : quiconque a été au Brésil a pu en être témoin. J'ajouterai qu'une branche coupée au hasard, et enfoncée dans la terre même au bout de plusieurs jours, ne tarde point à prendre racine et à devenir un arbuste.

³ *Les redoutables Tupinambas.*

Nous allons donner ici, dans une note générale, quelques détails sur les Tupinambas, pour lesquels nous n'obser ons point de transitions rigoureuses. Ces détails sont précieux, parce qu'ils sont puisés dans des auteurs très-véridiques, et d'une charmante simplicité.

« Les Indiens tupinambas sont communément
« d'une stature médiocre, environ de la moyenne
« hauteur des Français ; bien est-il vray qu'il s'en
« trouve de fort puissants entre eux, pour le
« moins de six à sept pieds, comme j'ai veu en
« divers lieux, estant tous naturellement d'une
« belle taille et des mieux proportionnés, partie

« à raison qu'ils ne sont forcez ni violentez ou
« contraints, comme les mignons de par deçà, par
« des habits qui les serrent. Coustumierement,
« ils marchent droit, avec geste et maintien
« graves et modestes. » Claude d'Abbeville.

« A leur naissance, ils sont aussi beaux et
« poliz, et ont la chair aussi belle, blâche et
« fresche que ceux qui naissent par deçà. »
Thevet.

« Il n'y a presque point de boiteux, de man-
« chots, de borgnes, de côtrefaits, ni maléfi-
« ciez entre eux. Davantage combien que plu-
« sieurs parviennent iusques à l'aage de six vingt
« ans. » Léry.

« *Sub eodem tecto, ad inversæ modum ca-*
« *rinæ prælongo, palmisque instrato multæ*
« *simul familiæ degunt.—Nudi incedunt viri*
« *et feminæ. — Corpora robusta satis coloribus*
« *pingunt, aut atro succo, pomi genipapi detur-*
« *pant. — In hospitis advenasque facillimi*
« *sunt, et prolixa supra modum humanitatis.—*
« *Numina nulla, deos nullos, colunt, nisi toni-*
« *trua forte aut fulmina, quorum magna ani-*
« *mas incessit veneratio.* » Barlæus.

« Que si ils tuent solennellement un prisonnier
« pour le manger, se voulant lors faire plus braves,
« ils se vestent de robes, bonets, bracelets, rouges.

« bleus, n'ayant plumassier en France qui les
« sût mieux manier. Ils font de même artifice
« les garnitures de leurs épées et massues de
« bois, lesquelles ainsi décorées et enrichies de
« plumes, il fait merveilleusement beau voir. »
LÉRY.

« Ceux qui font le massacre frappent ordinai-
« rement si droit, savent si bien choisir derriere
« l'oreille, que pour leur oster la vie ils n'y retour-
« nent pas deux fois. »   LE MÊME.

Léry parle aussi d'une coutume assez singulière
pour les femmes :

« A toutes les fontaines et rivieres claires
« qu'elles rencontrent, s'accroupissans sur le bord
« ou se mettans dedans, avec les deux mains se
« iettent de l'eau sur la teste, se lavans et plon-
« geans ainsi tout le corps comme canes : tel iour
« sera plus de douze fois. »   LE MÊME.

Dans son intéressant ouvrage, Léry parle d'une
chanson qu'il entendit, et donne le refrain que
les sauvages répétèrent en chœur : *Canidi-iouve,
canidi-iouve, heura! ouch!*

« Ils ne font point la guerre pour garder ou
« estendre les limites de leur pays, ains pour
« l'honneur, toutes et quantes fois qu'ils estiment
« que leurs voisins ou autres peuples eslongnez
« n'ayant tenu conte d'eux. Alors ils se gouver-

« nent par le conseil des vieillards qui se sont
« portez vaillamment au temps de leur jeunesse.
« Avant que délibérer, chacun boit à plaisir, et
« autant que bon luy semble. Tout ce que les
« vieillards concluent pour la paix ou pour la
« guerre est executé par les jeunes sans aucun
« subterfuge. Ils eslisent pour chef celuy qu'ils
« tiennent pour le plus vaillant. S'il montre signe
« de couardise en quelque chose que ce soit, ils
« le dégradent incontinent, en establissant un
« autre au lieu. Ce chef tournoye autour de leurs
« loges, et à grands cris exhorte chacun à la guerre,
« les advertit de quoy ils se doyvent équipper et
« munir, discourant aussi combien il est besoin
« qu'ils se monstrent vertueux. » (*Vieille histoire de Portugal.*)

La fameuse race tupique.

« La nation des Tupis, après avoir vaincu les
« Tapayas, étendit autrefois son empire sur la
« plus grande partie des côtes du Brésil et de la
« Guiane ; il est probable qu'elle avait son ori-
« gine parmi les peuples belliqueux du Paraguay,
« où une peuplade entière porte le nom primitif,
« qui se modifia selon les tribus. De même que
« l'on vit autrefois le Nord nous envoyer ses in-
« nombrables légions, le sud de l'Amérique méri-
« dionale fournit sans doute de nouveaux habitans

« aux contrées fertiles qui se rapprochent de la
« ligne. Les conquérans, après avoir repoussé les
« anciens dans l'intérieur des terres, se divisèrent
« en peuplades ; celle des Tupinambas était la plus
« célèbre. » (*Résumé de l'Histoire du Brésil,
suivi du Résumé de l'Histoire de la Guiane,
par* FERDINAND DENIS.)

La langue *tupique*, que l'on dit privée des lettres f, l, j, z, v, et dont les noms substantifs ou adjectifs sont indéclinables, sans admettre même de pluriel, est, dit-on, un dialecte du guaranis, regardé comme une mère langue, dont les racines se retrouvent dans un espace de soixante-dix degrés. Dans la langue *tupique*, les pronoms indiquent les personnes des verbes qui ont deux modes de conjugaison, puisqu'il existe un affirmatif et un négatif [*].

Les Tupis ne s'exprimaient qu'au *présent de l'indicatif*, à *l'imparfait*, au *prétérit défini*, au *prétérit indéfini*, et au *futur*. On dit que les indigènes civilisés des côtes parlent encore la langue tupique, dont le missionnaire portugais *Anchieta* a composé une grammaire et un vocabulaire ; mais *Jean d'Aspicuelta* fut le premier qui composa, en langue tupique, un catéchisme pour l'instruction des Tupinambas : il traduisit aussi des prières dans l'idiome de ces sauvages.

[*] *Voyez* Le Brésil, etc., par MM. H. TAUNAY et F. DENIS.

Ils l'exerçaient (l'hospitalité) d'une manière assez bizarre.

On prétend que les Tupinambas, à l'arrivée d'un hôte qu'ils veulent bien recevoir, allument un feu autour de leur case. Ce n'est que dans les notes de la traduction du poëme de Caramourou* qu'on parle de ce feu de l'hospitalité, ou du moins je n'en ai rien vu autre part.

Voici un passage de *Léry* qui donnera une idée de la manière dont les Tupinambas recevaient un hôte :

« Pour donc déclarer les cérémonies que les
« *Tououpinambaoults*** observent à la réception
« de leurs amis qui les vont visiter, il faut en pre-
« mier lieu, sitôt que le voyageur est arrivé en la
« maison du *moussacat*, c'est-à-dire bon père de
« famille, qui donne à manger aux passants, qu'il
« aura choisi pour son hoste; ce qu'il faut faire
« en chaque village où l'on fréquente, et, sur
« peine de le fascher, quand on y arrive n'aller
« pas premièrement ailleurs), que s'asseyant dans
« un lit de coton pendu en l'air, il y demeure
« quelque peu de temps sans dire mot; après ce-

---

* Traduit de l'original brésilien (du prêtre José de Santa Rita Durao) par M. E. de Monglave. L'auteur brésilien a célébré dans cet ouvrage les aventures de Caramourou.

** Les Tupinambas.

« la, les femmes venant à l'entour du lit, s'ac-
« croupant les fesses contre terre, et tenant les
« deux mains sur leurs yeux, en plorant* de cette
« façon la bien-venue de celui dont sera question,
« elles diront mille choses à sa louange, comme,
« par exemple : Tu as pris tant de peine à nous
« venir voir ; tu es bon, tu es vaillant. Et si c'est
« un François ou autre étranger de par-deçà, elles
« ajouteront : Tu nous as apporté tant de belles
« besognes dont nous n'avons point en ce pays.
« Si, bref, comme j'ai dit, elles, en jetant de
« grosses larmes, tiendront plusieurs tels propos
« d'applaudissemens et flatteries, que si au réci-
« proque le nouveau venu, assis dans le lit, leur
« veut agréer en faisant bonne mine de son côté,
« s'il ne peut pas plorer tout-à-fait, comme j'en ai
« vu de notre nation qui, voyant la braierie de
« ces femmes auprès d'eux, étoient si veaux d'en
« venir jusques-là, pour le moins, leur corres-
« pondant, jetant quelques soupirs, faut-il qu'il
« en fasse semblant. Cette première salutation
« faite ainsi de bonne grace par ces femmes amé-
« ricaines, le *moussacat*, c'est-à-dire le vieillard
« maître de maison, lequel aussi de sa part aura
« été un quart-d'heure sans faire semblant de
« vous voir (caresse fort contraire à nos embras-
« semens, accolades, baisements et touchements

* Les femmes brésiliennes pleuraient considérablement et très-facilement à l'arrivée ainsi qu'au départ de leurs hôtes

« de la main à l'arrivée de nos amis), vous dira pre-
« mierement :

« *Ere-coube?* Es-tu venu ? »

Je vais faire suivre une partie du dialogue qui
s'établit après cette interpellation bien sauvage,
et en même temps qui est aussi bien usitée chez
nous. C'est une chose assez singulière que cette
rencontre qui se trouve chez des peuples si éloignés les uns des autres; cela prouve que l'interpellation est très-naturelle, quoiqu'assez bizarre.
En effet, le *ere-coube?* du Brésilien n'est-il pas
absolument la même chose que le *ah ! vous voilà*
du Français. Ne retrouvez-vous pas exactement
es-tu venu? dans *c'est vous, monsieur un tel,*
ou bien dans *est-ce vous?*

LE TUPINAMBAS.

« *Ere-coube?* Es-tu venu ?

LE FRANÇAIS.

« *Pa-aiout.* Oui, je suis venu.

LE TUPINAMBAS.

« *Teh! auge-ny-po.* Voilà bien dit.
« *Mara-pé-derere?* Comment te nommes-tu ?

LE FRANÇAIS.

« *Lery-oussou.* Une grosse huitre.

LE TUPINAMBAS.

« *Ere iacasso pieno?* As-tu laissé ton pays
« pour venir demeurer ici?

LE FRANÇAIS.

« *Pa*. Oui.

LE TUPINAMBAS

« *Iende repiac? aout iendere piac aout é
« cheraire eh! oouerete kenoü Lery oussou y
« men!* Voilà donc, il est venu par deçà, mon fils,
« nous ayant en la mémoire, hélas! »

⁹ *Une boisson nommée cauin.*

On lit dans l'ouvrage sur le Brésil, de MM. H. Taunay et F. Denis, à l'article *Mœurs des indigènes à l'époque de la découverte :*

« Ces peuples n'étaient point privés de liqueurs
« enivrantes avant que les Européens leur eussent
« fait connaître l'eau-de-vie, qu'ils ont depuis
« recherchée avec tant d'avidité. Le manioc leur
« fournissait une boisson dont, sans doute, la
« préparation nous paraîtra dégoûtante, mais qui
« servait cependant à animer leurs festins, ou à
« accélérer la guérison de certaines maladies dans
« lesquelles l'eau pure eût peut-être été dange-
« reuse.

« Après avoir coupé par morceaux des racines

« de manioc et d'aypi, on les faisait bouillir dans
« de grands vases de terre, et on ne les retirait
« que lorsqu'elles étaient amollies, pour les lais-
« ser refroidir; alors les femmes s'asseyaient au-
« tour de ces espèces de chaudières, prenaient
« des rouelles de manioc, les mâchaient, et les
« jetaient dans d'autres vaisseaux placés au-des-
« sous du feu, où elles les remuaient avec un bâ-
« ton, jusqu'à ce qu'elles pensassent que cette
« singulière préparation fût suffisamment cuite :
« on vidait alors toutes les chaudières dans de
« grandes jarres pouvant à peu près contenir
« chacune environ une feuillette de Bourgogne,
« et on y laissait fermenter la liqueur jusqu'au
« moment où elle devait être bue ; on obtenait
« par le même moyen une espèce de bière du
« maïs. Ces deux breuvages étaient désignés sous
« le nom de *caouin* ; celui du manioc, qui était
« trouble et épais comme de la lie, avait, à ce
« qu'il paraît, beaucoup d'analogie, pour le goût,
« avec le lait aigre. »

¹⁰ *Francisco Pereyra Coutinho.*

« Coutinho, dit M. Alphonse de Beauchamp
« dans son Histoire du Brésil, avait servi dans
« les Grandes-Indes, et il s'en fallait de beaucoup
« que les Indes fussent alors pour les Portugais
« une école de politique et d'humanité. »

Diogo Alvarez-Correa.

Voici l'histoire de Caramourou, liée intimement à celle de Coutinho, telle que la rapportent MM. H. Taunay et F. Denis :

« Quoique la ville de Bahia, plus connue au-
« trefois sous le nom de San-Salvador, ne soit
« pas fort ancienne, elle a une origine en quel-
« que sorte merveilleuse, et cependant bien avé-
« rée. Un certain Diogo Alvarez-Correa, échappé
« à un naufrage, et recueilli par les indigènes,
« semble être son fondateur. Vers 1516, ce jeune
« navigateur se rendait dans les Indes orientales;
« mais, vers la hauteur des côtes du Brésil, son
« navire fut battu par la tempête, et il alla bientôt
« se perdre sur les bas-fonds qui se trouvent si-
« tués au nord de Bahia. Tous les malheureux
« qui échappèrent à ce naufrage ne tardèrent pas
« à être dévorés par les Tupinambas, vers les-
« quels ils s'étaient empressés d'accourir. Alvarez
« seul, et moins imprudent, pensa à se munir,
« avant de quitter le bâtiment, de quelques ob-
« jets ordinairement agréables aux sauvages :
« cette précaution le sauva ; car, lorsqu'après
« avoir visité la côte, et s'être caché quelque
« temps, il tomba au pouvoir des sauvages, il sut
« captiver leur bienveillance en leur offrant une
« partie de ce qu'il avait pu rassembler; il réserva
« cependant un mousquet, ainsi que des muni-

« tions; et cette arme lui acquit par la suite un
« pouvoir auquel il ne pouvait point prétendre.
« Le même jour, dit-on encore maintenant à
« Bahia, un oiseau de proie alla s'abattre à quel-
« que distance des sauvages, étonnés des présens
« dont on venait de les combler: Alvarez l'ajuste
« avec adresse; il tombe, et, pour la première
« fois, les échos de la baie répètent le bruit de
« nos armes meurtrières. Effrayés de ce prodige,
« les sauvages s'empressent autour de notre héros;
« ils le regardent comme un envoyé du tonnerre;
« ils l'appellent *Carmourou*, ou l'homme de feu,
« en le suppliant de les épargner. Bientôt il de-
« vient en quelque sorte leur chef; il les guide
« au combat contre les Tapuyas; et c'est après
« que la victoire est venue couronner ses efforts,
« qu'il épouse la fille d'un des Tupinambas les
« plus considérés de la tribu. Aidé de ses nou-
« veaux compagnons, il fait élever quelques ca-
« banes sur le rivage de la baie, dans l'emplace-
« ment occupé aujourd'hui par l'église de Graça;
« ses conseils dirigent les Tupinambas; ils con-
« struisent de nombreuses embarcations, et vont
« explorer l'intérieur de la baie, qu'ils connais-
« saient à peine, quoiqu'ils en fussent les domi-
« nateurs; ils adoptent enfin une espèce de police
« intérieure, plus régulière que celle qui les ré-
« gissait précédemment. Exempt de tout chagrin,
« considéré en quelque sorte comme le chef d'une

« nation dont il était en même temps le législa-
« teur, Caramourou aurait dû borner ses efforts
« à conserver la tranquillité dont il jouissait ainsi
« que la tribu; mais un bâtiment marchand ve-
« nant de Dieppe, et arrivé probablement pour
« charger des bois de teinture, lui fit concevoir
« tout-à-coup le désir d'étendre encore les bien-
« faits de la civilisation chez le peuple qui l'avait
« accueilli. Il partit donc pour la France * avec
« une de ses femmes, nommée Paragouasson.
« Henri III régnait alors; il accueillit avec bien-
« veillance un homme dont il espérait tirer quel-
« ques avantages. La jeune Tupinambas, con-
« vertie au christianisme, fut baptisée sous les
« auspices de la reine, qui lui servit de marraine,
« et lui donna le roi pour parrain; mais il ne fut
« pas permis au jeune Portugais de retourner à
« Lisbonne, comme il le désirait si vivement; et
« il se vit en quelque sorte obligé de faire jouir
« la France des avantages qu'il réservait à sa pa-
« trie. D'après un traité passé avec un riche négo-
« ciant, on lui confia deux gros navires chargés
« d'objets utiles à son établissement; il s'engagea
« à lui former une cargaison des différentes den-
« rées qu'il jugerait propres au commerce, et
« promit d'établir une sorte d'alliance avec les
« indigènes.

* Tous les historiens ne s'accordent pas sur ce fait.

« De retour à Bahia, où il fut reçu avec le
« plus vif empressement par ses anciens compa-
« gnons, il déploya tant d'activité, que bientôt
« on vit de nombreuses peuplades, errantes jus-
« qu'alors, se réunir pour se livrer entièrement à
« l'agriculture. Une église même ne tarda pas à
« s'élever, et quelques Tupinambas adoptèrent
« la religion chrétienne.

« Cet état de bonheur ne pouvait point durer
« long-temps; il devait être interrompu par l'ar-
« rivée de Francisco-Pereyra-Coutinho, à qui
« Jean III avait accordé toute la capitainerie, et
« qui venait en prendre possession. Plusieurs an-
« nées auparavant, il avait tenté de s'établir à l'en-
« droit où s'est élevée depuis l'église de Nossa-
« Senhora-da-Victoria ; mais les indigènes lui
« avaient fait une guerre cruelle, qui l'avait obligé
« d'abandonner cette partie de la province pour
« se rendre aux Ilheos, d'où il alla sans doute à
« Lisbonne, et revint à Bahia, pour former l'éta-
« blissement que les lois du royaume lui permet-
« taient exclusivement de fonder. Il eut d'abord
« recours à Caramourou pour la réussite du projet
« qu'il méditait depuis long-temps; mais bientôt
« il ne sut plus dissimuler la violence de son ca-
« ractère, et rejeta les moyens de douceur em-
« ployés jusqu'alors pour captiver la bienveillance
« des indigènes. Ceux-ci ne tardèrent pas à se
« repentir d'avoir accueilli ce nouveau chef et

« les aventuriers qui l'avaient suivi; mais un de
« leurs guerriers fut tué, et leur fureur ne con-
« nut plus de bornes. Caramourou voulut en vain
« rétablir la paix entre les deux partis; ses efforts
« devinrent suspects à Coutinho, qui le fit trans-
« férer à bord d'un navire, en répandant le bruit
« de sa mort. Paragouassou adorait son mari, et le
« désir de la vengeance succéda bientôt au déses-
« poir : elle arme ses compatriotes, elle appelle
« les vaillans Tamoyos; rien ne peut lui résister.
« Méprisant les armes terribles dont ils connais-
« saient les effets sans les craindre, les Tupinam-
« bas et leurs alliés brûlent les sucreries, détrui-
« sent les plantations, tuent l'un des fils de Cou-
« tinho, et célèbrent chaque jour d'horribles fes-
« tins, où ils font entendre des cris de rage, signal
« de la destruction.

« Quand de nombreuses années se seront écou-
« lées, l'on se rappellera encore avec étonnement
« le courage de ces hommes terribles : mais déjà
« leurs exploits ont été célébrés, déjà les muses
« brésiliennes ont chanté leurs efforts et leur
« reconnaissance.

« Coutinho fut obligé de se retirer aux Ilheos;
« mais nos funestes présens d'Europe étaient de-
« venus indispensables aux peuples qui le chas-
« saient. Quelques uns d'entre eux (et ce ne fut
« néanmoins que de l'avis d'un petit nombre)
« allèrent proposer une paix durable que d'autres

« ne voulaient pas conclure. Le donataire l'ac-
« cepte imprudemment ; il met à la voile pour
« Bahia dans une caravelle, suivi d'un petit bâti-
« ment qui porte Caramourou : déjà ils étaient
« en vue de l'immense baie. Le vent souffle tout-
« à-coup avec violence, les vagues s'élèvent, et
« les navires vont échouer sur les bas-fonds de
« l'île d'Itaparica, où ils se brisent. Luttant contre
« la fureur des flots, Coutinho gagne enfin le
« rivage ; mais les Tupinambas ont distingué le
« naufrage : ils s'élancent dans leurs pirogues ;
« ils débarquent en faisant entendre des cris de
« vengeance ; et les malheureux Portugais suc-
« combent après une défense opiniâtre. Coutinho,
« accablé par le nombre, reçoit lui-même le coup
« de mort ; mais les équipages de Caramourou
« sont épargnés, à sa considération. Il est recon-
« duit en triomphe dans son habitation ; il revoit
« sa femme, il embrasse ses enfans, et il rede-
« vient le chef des Tupinambas.

« Nous sommes loin de vouloir excuser la ma-
« nière barbare dont ces indigènes massacrèrent
« l'infortuné donataire ; mais on ne peut guère
« les accuser de perfidie, en se rappelant qu'il n'y
« avait qu'un fort petit nombre de tribus qui l'eus-
« sent engagé à venir habiter au milieu d'elles.

« Caramourou continua à diriger l'établisse-
« ment déjà commencé, jusqu'à ce que Jean III,
« voulant régulariser enfin la colonie naissante,

« envoya Thomé de Souza avec plusieurs jésuites,
« et entre autres Nobréga, afin de convertir au
« christianisme les indigènes. L'expédition partit
« d'Europe au mois d'avril 1549, et, après deux
« mois de navigation, entra dans la rade connue
« dès cette époque sous le nom de baie de Tous-
« les-Saints. Caramourou, déjà fort âgé, s'était
« établi à quelque distance de la ville abandonnée
« de Coutinho. Il joignit ses efforts à ceux de
« Thomé de Souza, et l'on jeta bientôt les fon-
« demens de la capitale de tout le Brésil, à une
« demi-lieue environ de l'ancien établissement. »

Jakaré-Ouassou.

C'était l'habitude des Tupinambas de donner à leurs enfans le nom d'un animal*, d'un arbre, d'une plante ou d'un fleuve. Ainsi Paragouaçou signifie, dit-on, *la Grande-Rivière ;* quelquefois le nom de l'enfant n'avait de rapport qu'à un défaut de conformation.

Les Cahètes.

La capitainerie de Pernambuco, où l'on trouve maintenant si peu d'indigènes, était autrefois habitée par la redoutable nation des Cahètes ou

---

* Mais ils mettaient presque toujours après le nom substantif l'adjectif *grand,* qui s'exprime par *gouassou, oussou,* ou plutôt *ouassou.*

Caétés, qui possédaient tout le territoire compris entre le fleuve San-Francisco et le Rio-Parahyba. Ennemis irréconciliables des Tupinambas, ils leur faisaient une guerre continuelle, et ils savaient franchir la distance qui les séparait d'eux sur des espèces de radeaux d'une construction assez ingénieuse. Douze guerriers pouvaient monter ces singulières embarcations, et des flottes assez nombreuses allaient ravager le territoire des tribus rivales, établies quelquefois à cinquante lieues de là. Cet amour de la guerre devint funeste aux Cahètes ; les Tupinambas se réunirent avec les Tupinaès et les Tapuyas pour les anéantir ; ils réussirent complètement. Parmi les vaincus, il n'y eut que ceux qui gagnèrent les montagnes d'Aquesibas qui purent échapper à la mort ou à l'esclavage, chose à peu près semblable chez ces nations. Les Cahètes avaient une réputation de cruauté que plusieurs traits, rapportés par des écrivains du temps, peuvent confirmer. » (FERDINAND DENIS, *Résumé de l'Histoire du Brésil.*)

On prétend que les Cahètes se défiguraient en se faisant d'horribles cicatrices.

¹⁴ *Le crocodile.*

Le caïman de l'Amérique méridionale est moins grand, en général, que le crocodile d'Égypte : mais cet énorme amphibie est souvent très-redoutable au Brésil, où on le trouve dans les fleuves, dans les lacs, et même dans des mares près des habitations : il paraît que le crocodile, qui ressemble à un gros lézard, change facilement de lieu. Les Brésiliens le nomment *Jakaré*, et croient que ses dents ont une grande vertu pour une foule de choses. On trouve de fort grands crocodiles dans l'intérieur du Brésil. Cet effrayant animal dévore avec une agilité et une voracité étonnantes les cerfs, les chevreuils, et d'autres bêtes qui traversent les fleuves où il se trouve.

Il ne marche pas vite sur terre.

15 *Du lac.*

Il y a un lac, près de Bahia, où l'on trouve une île flottante. Les bords de ce lac sont fort agréables.

16 *Le tigre.*

Le tigre du Brésil, ou jaguar, n'est pas aussi grand que le tigre d'Afrique, mais il a toute la voracité et la méchanceté de ce dernier. Le jaguar est tacheté. Il est très-redouté dans l'intérieur du Brésil, où certains Indiens, qui gardent des troupeaux, savent le prendre et le mettre à mort par le moyen de leurs laçons, qu'ils lancent avec une grande adresse.

17 *Se convertir.*

La manière dont on a converti ceux des sauvages d'Amérique que l'on n'a pas jugé à propos de massacrer est aussi ridicule qu'absurde et impie. On ne s'est jamais adressé au cœur des naturels : on baptisait sous le sabre ou le couteau. Le seul baptême que les Espagnols et les Portugais rendirent bien complet dans le nouveau monde, ce fut le baptême de sang.

¹⁸ *Ce nom veut dire la plus belle.*

On sait que les Tupinambas, comme la plupart des sauvages d'Amérique, ne portaient que des noms qui avaient un rapport direct avec un objet matériel, quel qu'il fût.

¹⁹ *Un Tupinambas vient de naître.*

On peut voir, pour les cérémonies de la naissance chez les Tupinambas, Léry, Thevet, Claude d'Abbeville, et les anciens voyageurs qui ont écrit sur le Brésil.

²⁰ *La malheureuse est stérile.*

Rien de plus honteux chez les femmes sauvages que la stérilité; leurs maris les chassaient, pour l'ordinaire, de leur case, et elles vivaient méprisées.

²¹ *Le manioc.*

Le manioc, qui remplace le pain pour les Brésiliens, est une grosse racine qui demande peu de culture. Crue, c'est un poison violent. Pour s'en servir, on la râpe; et, réduite en farine, on la dégage de toute son humidité, où réside le principe du poison.

" *Les Tamoyos.*

Les Tamoyos étaient maîtres de toute la côte comprise entre le cap de Saint-Thomé et Anga-dos-Reys. Quoique ces indigènes fussent plus habiles que les autres Brésiliens dans l'art de fortifier leurs villages *, ils furent d'abord repoussés dans l'intérieur par les Goaytakazes; mais, revenant bientôt sur les bords de l'Océan, les Portugais les anéantirent.

" *L'esprit du courage.*

A certaines époques, et au moment de marcher à l'ennemi, les jongleurs soufflaient l'esprit du courage aux Tupinambas. Aucune femme n'entrait dans la case où, après des danses mystérieuses, les guerriers, rangés en ordre, recevaient tour à tour, par un long cornet que tenait le devin, la fumée du pétum : on pense que c'est le tabac.

" *Le coup d'honneur.*

« .....Comme celui qui frappait la victime jouis-
« sait d'une considération particulière, plusieurs

* *Voyez* Roteiro do Brasil.

« guerriers réservaient cet honneur à leurs en-
« fans, et attendaient qu'ils eussent la force de se
« charger de l'exécution. Après un tel exploit, le
« sacrificateur changeait de nom, et se faisait à la
« cuisse une incision profonde. » (*Résumé de
l'Histoire du Brésil et de la Guiane*, par Ferd.
Denis.)

¹⁵ *Demande-moi à mon père.*

Il y a plusieurs auteurs qui prétendent (mais
nous ne le croyons guère) que les pères n'avaient
presque pas d'empire sur leurs enfans, et que c'é-
taient les frères qui disposaient de leurs sœurs.
Cela s'accorde mal avec le respect profond que les
Tupinambas avaient pour les vieillards.

¹⁶ *Que les femmes dépeçaient déjà.*

« Après que le prisonnier a reçu le coup de mort,
« les femmes approchent, et iettent le corps mort
« dans un feu, afin qu'il ne luy reste aucun poil,
« et qu'elles le puissent lauer plus aisément. Cela
« fait, elles luy fendent le ventre, et en tirent les
« tripes et boyaux : les autres mettent le corps par
« pieces ; et pour n'alonger dauantage ce propos,
« tous mangent ceste chair humaine auec grand
« plaisir. » (*Vieille Histoire de Portugal.*)

¹⁷ *Le nègre.*

Les nègres ont été introduits au Brésil peu de temps après sa découverte.

« Cet odieux commerce, qui fait frémir l'hu-
« manité, avait été autorisé et accordé aux Portu-
« gais par une bulle du pape, dès l'an 1440. L'in-
« fant Henriquez de Portugal fut le premier prince
« chrétien qui se servit d'esclaves nègres. » (De
Paw, *Recherches philosophiques sur les Américains.*)

¹⁸ *Qu'elle aille parler pour moi.*

On sait que tous les Américains ont cru que le papier parlait, à commencer par ce malheureux empereur qui jeta l'Évangile que lui avait donné l'infâme moine Valverde, parce qu'après avoir approché le livre de son oreille, il n'avait rien entendu.

On rapporte qu'un esclave indien, chargé par son maître d'un panier de figues et d'une lettre pour une personne, mangea, chemin faisant, une partie des figues, et rendit le reste, avec la lettre, à la personne à qui elles étaient envoyées, qui ayant lu la lettre, et ne trouvant pas la quantité de figues dont elle faisait mention, accusa l'esclave d'avoir mangé celles qui manquaient, et lui lut le contenu de la lettre. Mais l'Indien, assurant le contraire, maudissait le papier, et l'accusait de faux témoignage.

Il fut chargé ensuite d'une semblable commission, avec une lettre qui marquait expressément le nombre de figues qu'il devait rendre. En chemin, il en mangea encore une partie comme auparavant, avec cette précaution, pour n'être pas accusé de nouveau, qu'il cacha premièrement la lettre sous une grosse pierre, se croyant assuré que si elle ne le voyait pas manger les figues, elle ne pourrait rien témoigner contre lui. Mais le pauvre ignorant, accusé plus que jamais, avoua sa faute, et regarda avec admiration la vertu magique du papier.

[29] *Vos flûtes.*

Les Tupinambas gardaient certains os de leurs ennemis pour en faire des flûtes, et leurs dents pour des colliers.

[30] *Les feux pour éloigner les tigres.*

Il est toujours d'usage, au Brésil, d'allumer de grands feux au milieu des bois où campent les colons ou les sauvages, pour épouvanter les tigres et les autres animaux féroces; mais ces feux attirent une prodigieuse quantité de cousins ou *moustiques*, qui vous dévorent toute la nuit, si vous n'avez soin de cacher tout votre corps sous un vaste manteau.

³¹ *C'était la Mort.*

Les sauvages de certaines tribus de l'Amérique du nord croient que la Mort est une grande femme, belle, blanche, pâle, et qui n'a pas de cœur*.

Cette image, créée par des peuples barbares, nous semble bien belle.

³² *Sans placer des sentinelles.*

On accuse les naturels du Brésil de ne pas songer à leur sûreté, lorsqu'ils campent hors de leurs villages. Cependant ils agissent avec beaucoup de ruse dans leurs attaques nocturnes. Il y a des auteurs qui ne leur font pas le reproche indiqué plus haut.

³³ *Approche son oreille de terre.*

Lorsqu'ils étaient poursuivis, ou qu'ils poursuivaient eux-mêmes l'ennemi, en appliquant l'oreille contre terre, les naturels du Brésil connaissaient quelle était la distance qui les séparait de ceux qu'ils allaient combattre, ou de ceux dont ils redoutaient l'approche.

³⁴ *Souffrir!*

Il est certain qu'on ne peut guère analyser cette force morale et physique que la plupart des sau-

* *Voy.* les Voyages de Châteaubriand en Amérique.

vages possèdent au suprême degré dans les momens critiques de la vie : on ne lui a point encore assigné de nom.

Voyez ce que dit un Brésilien, au moment où la massue tranchante va briser son front :

« — Iai moi-mesme, vaillaint que ie suis, pre-
« mierement lié et garoté vos parens; iai assommé
« vos freres; iai tant mangé des hommes, des
« femmes et mesme des enfants de vous autres
« **Tououpinambaoults**, que iai pris en guerre,
« que ie n'en sais pas le nombre; et ne doutez
« pas que les Margaias, de la nation dont ie suis,
« pour venger ma mort, n'en mangent encore
« cy-après autant qu'ils en pourront attraper. »

(LÉRY.)

Le bananier.

Il y en a beaucoup au Brésil. Le fruit que porte le bananier est excellent et très-sain; dans les villes, c'est la principale nourriture des esclaves.

Des cocos.

A Bahia, les cocotiers croissaient fort beaux sur le bord de la mer. Dans l'intérieur du Brésil, il y en a des forêts.

Des pacas.

Le paca se trouve vers les bords de la mer. C'est un gibier estimé. Il est de la famille des rongeurs.

Ce quadrupède parvient à la grosseur d'un fort cochon de lait. Il fouille la terre avec le bout de son nez, divisé en deux parties.

³⁸ *Des coatis.*

Le coati n'est pas un grand animal; il est fort original, et rempli de vivacité. Sa chair est assez agréable; elle a une odeur et un goût très-prononcé.

³⁹ *Des chevreuils.*

Le Brésil paraît être le pays des chevreuils. Il y en a prodigieusement, surtout dans les provinces de l'intérieur, où l'on voit aussi de grands cerfs d'une blancheur remarquable.

⁴⁰ *Du paresseux.*

Le paresseux, dont les veines semblent se gonfler péniblement d'un sang que l'on dirait glacé, est un mets excellent pour tous ceux qui sont faits à la cuisine brésilienne, cuisine assez étrange, disons-le en passant. Le paresseux reste long-temps sur le même arbre, où les habitans du pays le laissent tranquille lorsqu'il n'est pas gras. On sait que l'existence de cet animal paraît être malheureuse

Femme nue

On retrouve la peine du talion chez tous les

sauvages. Elle était strictement observée parmi les naturels du Brésil.

« Les parents du meurtrier sont contraints de
« le livrer aux mains et alliez du meurtry, les-
« quels poursuiuent la vengeance de sa mort.
« Iceus l'estranglent et l'enterrent : puis les pa-
« rents de l'vn et de l'autre pleurent et font le
« deuil des trépassez; quoy fait, le banquet est
« préparé, où ils se reconcilient ensemble. »

(*Vieille Histoire de Portugal.*)

4) *Un sauvage aymore.*

« Les Aymores, qui ont acquis une si funeste
« célébrité dans le Brésil, ne se montrèrent sur le
« bord de la mer que long-temps après la décou-
« verte, et lorsque de nombreux établissemens
« étaient déjà formés. On pense généralement
« que ce peuple descendait d'une tribu de Ta-
« puyas, qui, relégués dans les solitudes de l'in-
« térieur, avaient même oublié les arts grossiers,
« inventés par une nation puissante qui vivait dans
« une sorte d'abondance.

« Étrangers à la construction d'une cabane, ils
« étaient bien éloignés de se parer de ces orne-
« mens en plumes dont on retrouvait l'usage dans
« toutes les autres tribus. Mais ils avaient encore
« un caractère bien distinctif : c'était une invin-
« cible horreur pour l'eau, qui les empêchait
« même de poursuivre leurs ennemis quand ceux-

« ci traversaient un fleuve *. Cette circonstance,
« selon moi, pourrait faire penser qu'ils venaient
« des plaines arides que l'on rencontre dans Per-
« nambuco, Siara et Piauhy ; car un peuple sau-
« vage qui habite le bord des fleuves ne doit pas
« ignorer long-temps l'art de nager. On prétend
« que ces barbares faisaient un plus grand usage
« de la chair humaine que les autres. Ils la con-
« servaient, dit-on, comme toute autre espèce de
« nourriture, et sans qu'il se joignît à cela aucune
« idée de vengeance. » (Ferdinand Denis.)

43 *Une femme accoucha.*

Il paraît certain que, chez les indigènes du Brésil, lorsqu'une femme venait d'accoucher, c'était le mari qui se tenait dans son hamac, comme un homme fort occupé et fort malade ; il recevait, pendant quelques jours, les félicitations de ses amis.

44 *Les fourmis.*

« Les fourmis ravageaient tellement les contrées
« du sud de l'Amérique, qu'on y surnommait cet
« insecte *le roi du Brésil.* » (De Paw. *Voyez* aussi Pison, *Introduction à l'Histoire naturelle du Brésil.*)

---

* Southey, *History of Brazil*

⁴⁵ *L'abeille.*

Le miel des abeilles du Brésil est excellent et très-parfumé. Il y a une espèce d'abeilles qui ne piquent pas.

⁴⁶ *Le soleil, etc., etc.*

Nous avons mis ici une note pour faire observer que notre morceau, assez long, consacré à une description proprement dite, quoique fait pour la province habitée par les Tupinambas, peut s'appliquer à la physionomie générale de la nature du Brésil. Il est malheureux que, faute d'espace, il nous ait fallu passer sous silence une foule de choses plus ou moins intéressantes.

⁴⁷ *Les palmiers.*

« *Palmarum plures habet species : unam quæ dactylos fert, alteram quæ nuces indicas, tertiam ex quâ oleum, vinum, acetum, panem conficiunt.* » (Barlæus.)

⁴⁸ *Ibirapitanga* ou *ibiripitanga.*

C'est le bois de Brésil, qui donne un si beau rouge. Il vient à la hauteur de nos chênes. Son écorce est très-épaisse. Il y en a beaucoup au Brésil, où l'on en fait un grand commerce. C'est un monopole du gouvernement.

⁴⁹ *La clicia.*

Nous offrons aux amateurs de la langue portugaise des vers assez gracieux, faits sur la *clicia* par un poëte brésilien :

> « Das flores naturaes pelo ar brillante
> He com causa entre as mais rainha a rosa,
> Branca si hindo a aurora rutilante,
> E ao meio dia tinta en cor lustrosa. »
> (*Le prêtre Jose de Santa-Rita-Durao.*)

⁵⁰ *Lieux humides.*

On est étonné de la quantité de reptiles dégoûtans qui pullulent au Brésil dans les endroits marécageux : la vase en renferme des espèces sans nombre.

⁵¹ *Le giboya* ou *liboya.*

Voici, sur cet horrible animal, qui ne se trouve heureusement pas dans tout le Brésil, un beau morceau tiré d'une *Histoire du Brésil*, où il y a de bons matériaux, mais à laquelle on peut adresser néanmoins de très-justes reproches :

« ...... Le liboya, reptile énorme, gros comme
« le corps d'un homme, et quelquefois long de
« quarante pieds, couvert d'écailles et de taches
« irrégulières, ayant le dos d'un noir verdâtre et
« les flancs d'un jaune brun. Sa tête est plate, et
« sa large bouche renferme une double rangée de

« dents aiguës. Il est armé sous le ventre de deux
« fortes griffes pour saisir sa proie. Les Portugais
« le nomment *serpent-chevreuil,* parce qu'il dé-
« vore le chevreuil avec une incroyable facilité.
« Sa force et sa voracité sont telles, que, poussé
« par la faim, il attaque et mange des hommes, des
« sangliers et même des tigres. Ses yeux ont-ils
« aperçu sa proie, ils semblent lancer de vives
« étincelles; sa langue fourchue s'agite dans sa
« large bouche. Il saisit sa victime avec ses griffes,
« s'y cramponne, s'entortille autour, la couvre
« d'une bave visqueuse pour l'avaler plus facile-
« ment, et passe grand nombre de jours à la di-
« gérer.

« Ce serpent colossal et amphibie se plaît dans
« la vase et dans l'eau. Il est l'effroi des Indiens
« et des Portugais. Les nègres, plus hardis, l'at-
« taquent souvent avec avantage, soit à coups de
« fusil, soit avec l'arc et la flèche. Si le monstre
« n'est que blessé, il s'agite en tous sens, coupe
« les broussailles et les jeunes arbres, siffle, rugit,
« enfonce sa queue avec violence dans l'eau, cou-
« vre ceux qui le combattent d'une vase infecte,
« et de nuages de poussière mêlés de boue, comme
« dans un ouragan. Est-il blessé à mort, il continue
« à se tordre, à se replier sur lui-même, jusqu'à ce
« qu'un des nègres assaillans s'approche, et, bra-
« vant le danger, lui jette au cou une corde avec
« un nœud coulant. Maître enfin de l'énorme rep-

« tile, et tenant à la main le bout de la corde, le
« nègre grimpe sur un arbre, hisse le monstre,
« qui demeure suspendu; il quitte ensuite l'arbre,
« tenant entre ses dents un couteau fort et acéré,
« s'attache au corps du reptile, qui tournoie et
« s'agite; et, nu, ensanglanté, il serre des bras et
« des jambes la peau luisante du monstre encore
« vivant, la fend près du cou, et l'en dépouille.
« Il tire ensuite de sa proie une graisse clarifiée,
« qu'il convertit en huile, et se régale de la chair
« avec ses compagnons. » (ALPHONSE DE BEAU-
CHAMP, *Histoire du Brésil.*)

[52] *Le porc-épic.*

« On y rencontre, etc., etc...... le porc-épic,
« ou hérisson de la grande espèce, qui, lorsqu'il
« est irrité, lance ses pointes avec tant de force,
« qu'elles peuvent blesser et même tuer un homme.
« Il ne faut pas le confondre avec l'armadilla, ou
« porc cuirassé, qui se roule comme le hérisson,
« et présente de toutes parts sa cotte de mailles
« impénétrable. » (LE MÊME.)

[53] *Plus de bonheur.*

« L'adultere leur est en telle horreur du costé
« des femmes, que sans qu'ils ayent une autre loi
« que celle de la nature, si quelqu'une mariée
« s'abandonne à un autre qu'à son mary, il a puis-

« sance de la tuer ou pour le moins de la répu-
« dier et renvoiier avec honte. » (LÉRY.)

54 *Une caverne dite des Esprits.*

« La voix de leur dieu, c'était la foudre ; chez
« eux mille génies fantastiques animaient la na-
« ture, favorisaient les hommes, ou s'en faisaient
« redouter. » (FERD. DENIS, *Résumé de l'Histoire littéraire du Portugal et du Brésil.*)

55 *Un serpent.*

On a été plusieurs fois à même d'étudier, en Amérique, l'effet surprenant que produit la musique sur les serpens, et presque toujours sur les espèces les plus redoutables.

56 *La montagne Blanche.*

C'est par une foule de pratiques absurdes et superstitieuses que les devins se rendaient maîtres de l'esprit des sauvages.

« Omnibus, auguriis, sortilegiis ad insa-
« niam dediti, levibus suorum et ineptis inge-
« niis, fallaci signorum interpretatione, quæs-
« tuosam mendaciis caliginem objeciunt. »
(BARLÆUS.)

57 *Le pays des ames.*

Les Tupinambas croyaient qu'après leur mort ils

iraient, derrière les *grandes montagnes Bleues*, danser, rire, manger, et boire d'excellentes liqueurs avec les Génies. Ils n'attachaient, du reste, aucune espèce de peine, dans une autre vie, aux vices ou aux crimes des hommes.

56 *Se cache au fond du lac.*

« *Natant ad miraculum, et sub aquis totas
« interdum horas patentibus oculis urinantur.* »
(Barleus.)

« Les hommes et les femmes brésiliens savent
« tous nager. Les petits enfans, dès qu'ils com-
« mencent à cheminer, se mettent dans les ri-
« vières et sur le bord de la mer, grenouillans
« de ça dedans comme de petits canards. »
(Léry.)

« Ils sont si bons nageurs, que, dans la mer et
« les rivières, ils tirent de l'arc en nageant : aussi
« s'y exercent-ils dès leur enfance; ils savent faire
« le plongeon et demeurer sous l'eau.
« Ils poursuivent des poissons qu'ils prennent,
« et qu'ils apportent s'ils ne sont pas trop gros. »
(*Voyage aux Indes occidentales*, de Durret.)

59 *Les montagnes Bleues.*

Les Indiens de l'intérieur du Brésil et de presque toutes les parties du reste de l'Amérique méridionale, appelaient probablement *montagnes Bleues* les Cordillères, qu'ils croyaient habiter après leur mort, comme on l'a dit; ce nom se sera répandu parmi les sauvages des côtes.

6° *Funérailles.*

« Par un sentiment bien naturel à l'homme, les
« cérémonies funèbres offraient, chez ces sau-
« vages, une certaine pompe. Aussitôt que le ma-
« lade avait succombé, les cris les plus douloureux
« se faisaient entendre. Les femmes, en s'embras-
« sant et en plaçant leurs mains sur les épaules
« l'une de l'autre, s'écriaient, en poussant des gé-
« missemens prolongés : « Il est mort celui qui
« nous a tant fait manger de prisonniers! » Et les
« hommes leur répondaient sur le même ton, en
« vantant les qualités du défunt : « Hélas! nous
« ne jouirons plus de sa présence que derrière les
« montagnes, où nous danserons avec nos pères! »
« Ces regrets se faisaient ordinairement entendre
« la moitié du jour; au bout de ce temps, on
« creusait une fosse ronde, et profonde de cinq à
« six pieds, et le corps y était enterré presque de-
« bout *, avec les bras et les jambes liés autour du
« corps; ou bien si c'était un vieillard, la maison
« qu'il avait habitée devenait le lieu de sa sépul-
« ture, et l'on ensevelissait avec lui ses armes et
« ses vêtemens. Par une superstition qui tenait pro-

* On a oublié de dire : Dans un grand vase de terre rouge

« bablement à leur habitude de manger leurs
« ennemis, craignant que le malin Esprit ne dé-
« terrât le corps pour le faire servir à sa nourri-
« ture, ils plaçaient sur la fosse des plats de terre
« remplis de farine, de volaille, de poisson, et de
« toute espèce de viandes ou de breuvages, jusqu'à
« ce qu'ils jugeassent que le corps fût entièrement
« corrompu. Ils couvraient ensuite cet endroit
« d'une espèce de natte qui indiquait une tombe,
« où les femmes allaient répandre des larmes
« quand, dans leurs voyages, elles les rencon-
« traient. » (HIPPOLYTE TAUNAY et FERD. DENIS.)

61 *La plante de la mort.*

« Ils enterrent leurs morts debout, élèvent quel-
« quefois sur la fosse, comme marque d'une dis-
« tinction honorable, des pierres couvertes d'une
« certaine plante qui se conserve long-temps
« sèche. »(ALPHONSE DE BEAUCHAMP.)

62 *Nourrir le maraca.*

Les piayes plantaient, quand cela leur semblait bon, leur maraca devant une case indienne, dont les habitans étaient obligés d'apporter ce qu'ils avaient de meilleur pour *nourrir le maraca*. Pendant la nuit, le devin s'emparait de tous les présens.

63 *La chasse des poissons.*

Les Tupinambas n'avaient point d'hameçons; ils tuaient le poisson à coups de flèches, ou l'étourdissaient en répandant sur l'eau le jus d'une certaine plante, ou la plante elle-même écrasée.

64 *Déchire les membres du jaguar.*

Les sauvages veulent se venger de tout ce qui les a irrités, lors même que ce serait un objet inanimé.

Léry rapporte que lorsqu'un Tupinambas frappe son pied, en courant, contre une pierre, il se retourne avec rage, saisit la pierre, la mord, et la jette violemment loin de lui, comme cherchant à la briser, et à lui rendre le mal qu'il en a reçu.

FIN DES NOTES.

www.ingramcontent.com/pod-product-compliance
Lightning Source LLC
Chambersburg PA
CBHW070607230426
43670CB00010B/1435